Ekhart Wycik

ZAUBERFLÖTE

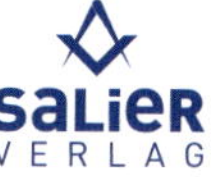

Ein Buch für alle und keinen.

Friedrich Nietzsche, 1883

Niemand hat die Wahrheit,
wir alle suchen sie.

Karl Jaspers, 1953

Für Rudolf, Hans und Klaus-Dieter

Laurae quoque gratias ago,
quae mihi olim
portam novam aperuerit.

Ekhart Wycik

ZAUBERFLÖTE

... die unbekannte Bekannte

Freimaurerische Symbole, Strukturen

und Musik

in Mozarts letzter Oper

SALIER VERLAG

ISBN 978-3-943539-61-5

1. Auflage 2017

Einbandgestaltung und Bildtafeln:
Cornelius Rinne und Ekhart Wycik
Herstellung: Salier Verlag
Printed in the EU

www.salierverlag.de

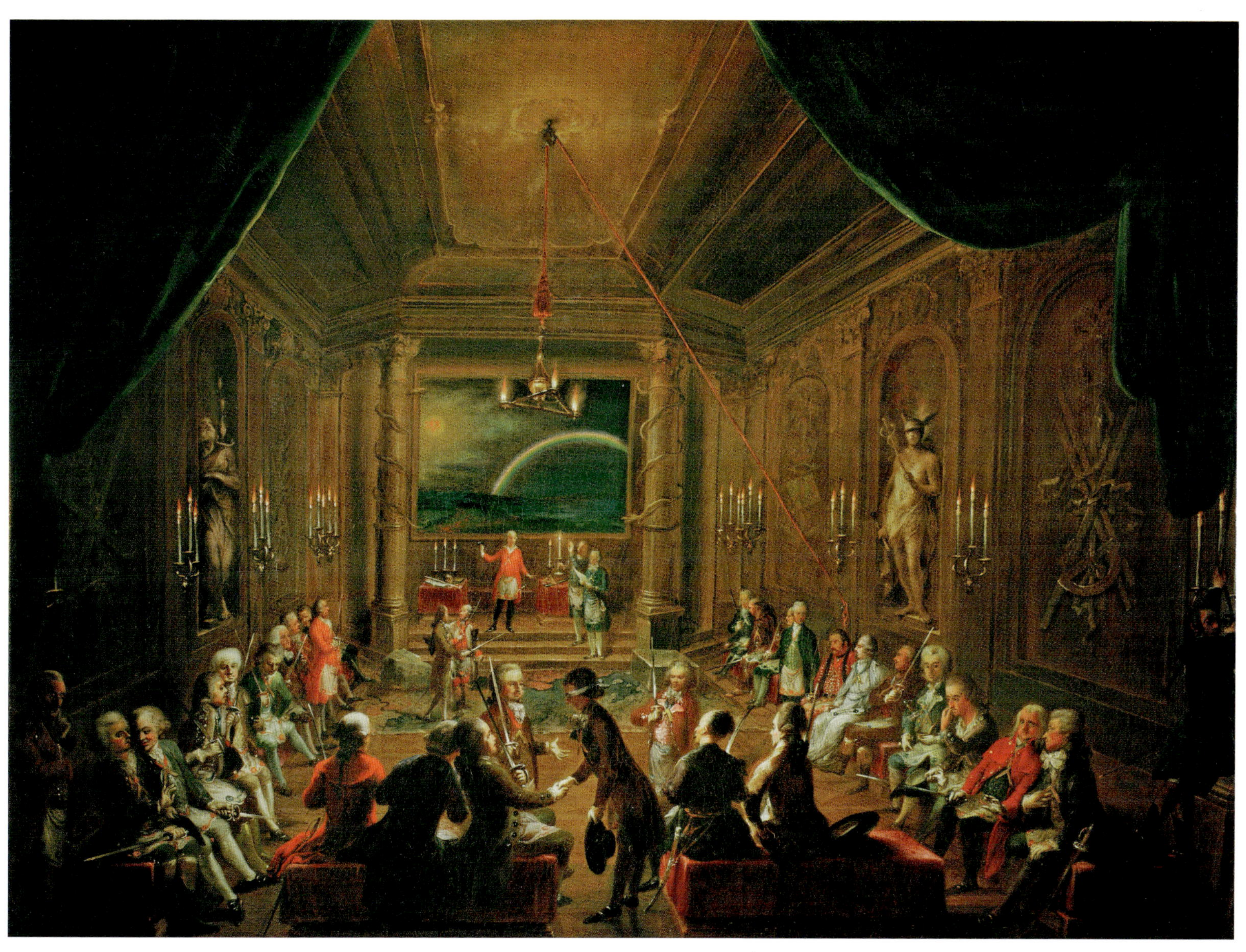

Versammlung einer Wiener Freimaurerloge, 1785, dem Maler Ignaz Unterberger zugeschrieben. Die ganz rechts sitzende Person stellt Mozart dar, neben ihm sitzt mutmaßlich sein Librettist Schikaneder.

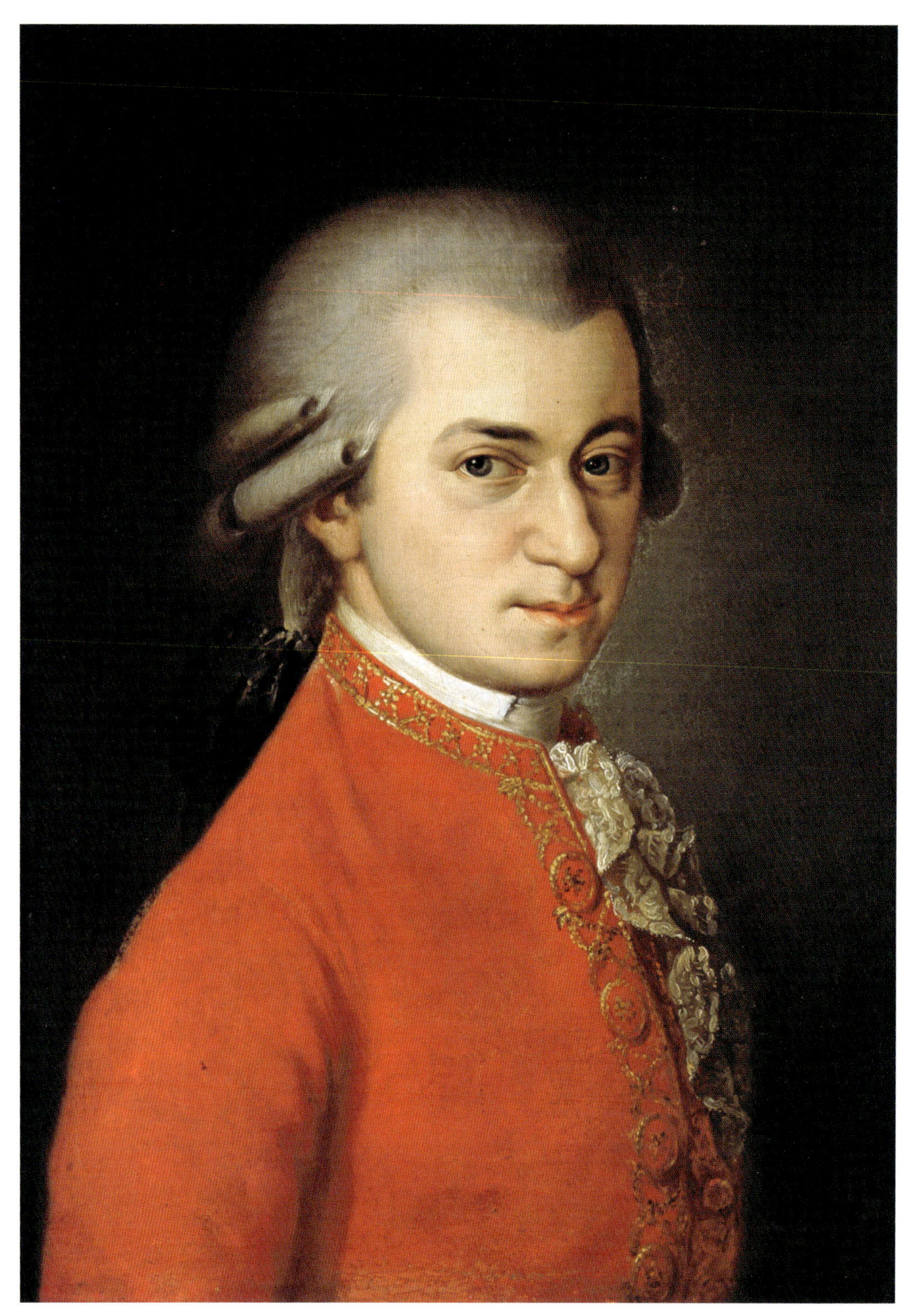

Wolfgang Amadé Mozart,
Gemälde
von Barbara Krafft, 1819

OUVERTURE

Wenn ein verständiger Koch ein artig Gastmahl bereitet,
Mischt er unter die Kost vieles und vieles zugleich.
So genießet auch ihr dieses Büchlein, und kaum unterscheidet
Alles ihr, was ihr genießt. Nun, es bekomm euch nur wohl.

Johann Wolfgang von Goethe, Epigramm, Venedig 1790

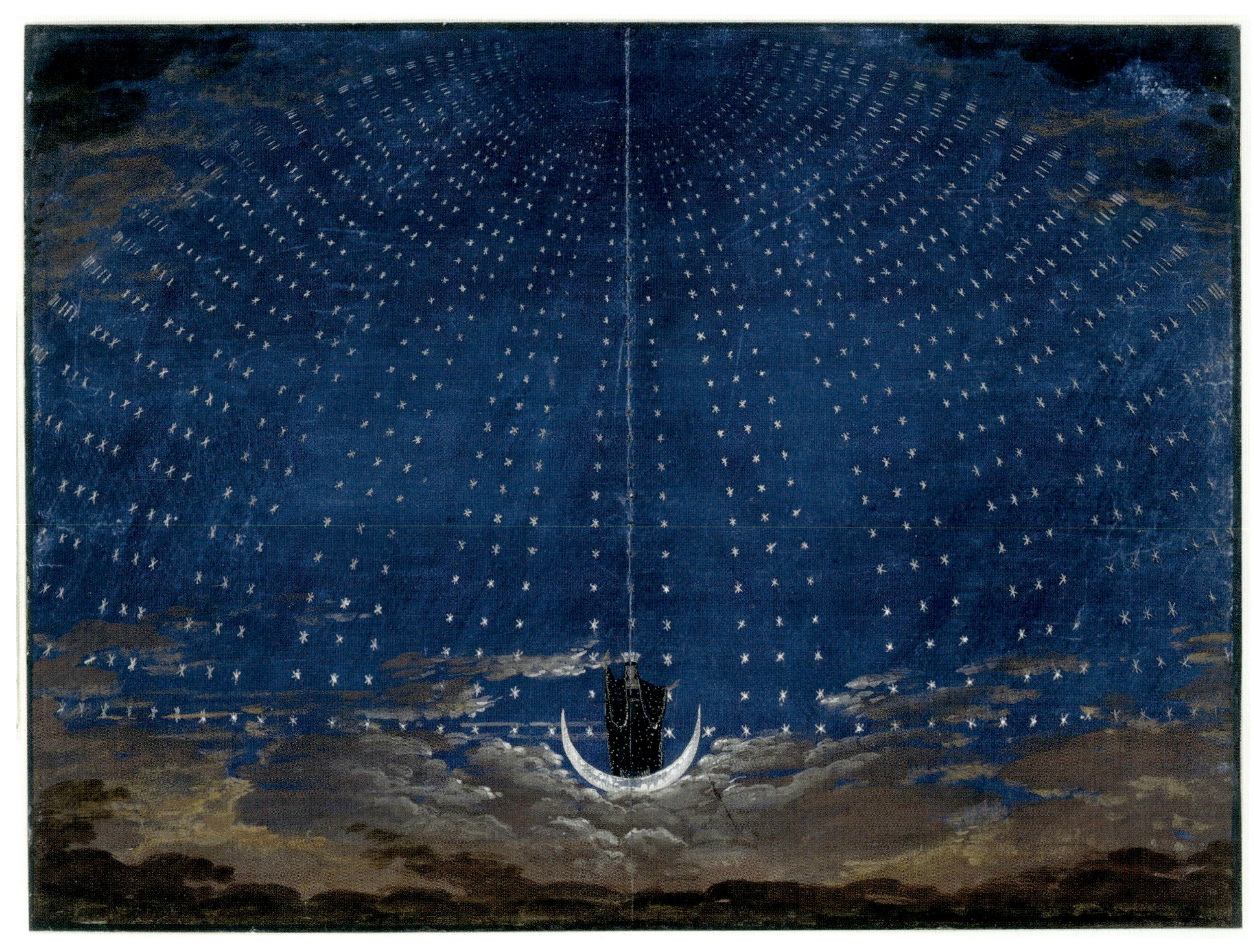

Karl Friedrich Schinkel:
Bühnenbild »Die Sternenhalle der Königin der Nacht«,
Entwurf zur 2. Dekoration, 1816

Nicht noch ein Buch über die *Zauberflöte*! Ganze Bibliotheken sind schon über Mozarts letzte Oper geschrieben worden, sie ist Dauerbrenner auf sämtlichen Bühnen der Welt. Ein Drittel aller Opernaufführungen weltweit finden in Deutschland statt[1], und hier beim Weltmarktführer ist die *Zauberflöte* in gleich drei Disziplinen unangefochtener ewiger Spitzenreiter: Anzahl der Inszenierungen, absolute Aufführungszahlen und – na klar! – Besucherzahlen[2].

Und jeder hat eine Meinung zur *Zauberflöte*. Auch Sie. Denn Sie lieben diese Oper! So schön volkstümlich. Und erhaben – mit genau dem richtigen Schuss Geheimniskrämerei, der bizzelt, aber nicht wehtut. Freimaurerei, da war doch was. Huhu, Mozart war auch einer von denen. Hat man irgendwo gehört. Die *Zauberflöte* – eine Freimaureroper.

Oder – Sie beweisen Ihren Intellekt, indem Sie die Nase rümpfen – gerade weil alle diese Oper lieben. Die *Zauberflöte* als *Musikantenstadl* der ernsten Muse? Ohne Sie. Die Musik – okay, von Mozart eben, ziemlich genial, aber das Libretto? Das ist doch unsäglicher Schund, weiß doch jeder. Die *Zauberflöte* – ein zusammengekleistertes Machwerk.

Lassen Sie sich mitnehmen auf eine Reise in ein wunderbares Land – in das Innere eines der erfolgreichsten Kunstwerke aller Zeiten. Aber seien Sie gewarnt: Dieses Lese-Buch ist wie die Oper, um die es darin geht: Man wird ihm genau die gleiche schräge Mischung aus Kopf und Bauch vorwerfen können, wie sie Mozarts letzter Oper vorgeworfen wird.

Oper, sagt der Opernintendant Michael Hampe, ist ein Spiel ohne Regeln. Es geht einzig darum, die Geschichte zu erzählen. Dies ist ein Opernbuch. Dies ist ein Buch ohne Regeln.

Wie Sie darüber denken, liegt bei Ihnen! Am Ende, so hoffen wir, haben Sie sich wenigstens gut unterhalten. Und das ist genau das, was W. A. Mozarts *Zauberflöte* seit über zwei Jahrhunderten schafft, jeden Tag irgendwo auf der Welt.

Also lassen wir das beiseite, was Sie sowieso in jedem Opernführer und üblicherweise in den Bibliotheken finden. Wenn Sie diese Zeilen lesen, brauchen Sie keine »Zauberflöte for Dummies«.

Beginnen wir also nicht mit der Basisversion, sondern gleich mit dem Upgrade. Sowas wie »Zauberflöte 3.0«. Und fangen wir genau mit den beiden oben skizzierten Klischees an. Auch über diese ist natürlich schon eine Menge Papier beschrieben worden. Aber sie sind gute Aufhänger. Los geht's.

»Ist die *Zauberflöte* eine Freimaureroper?«

»Ist die *Zauberflöte* ein Machwerk?«

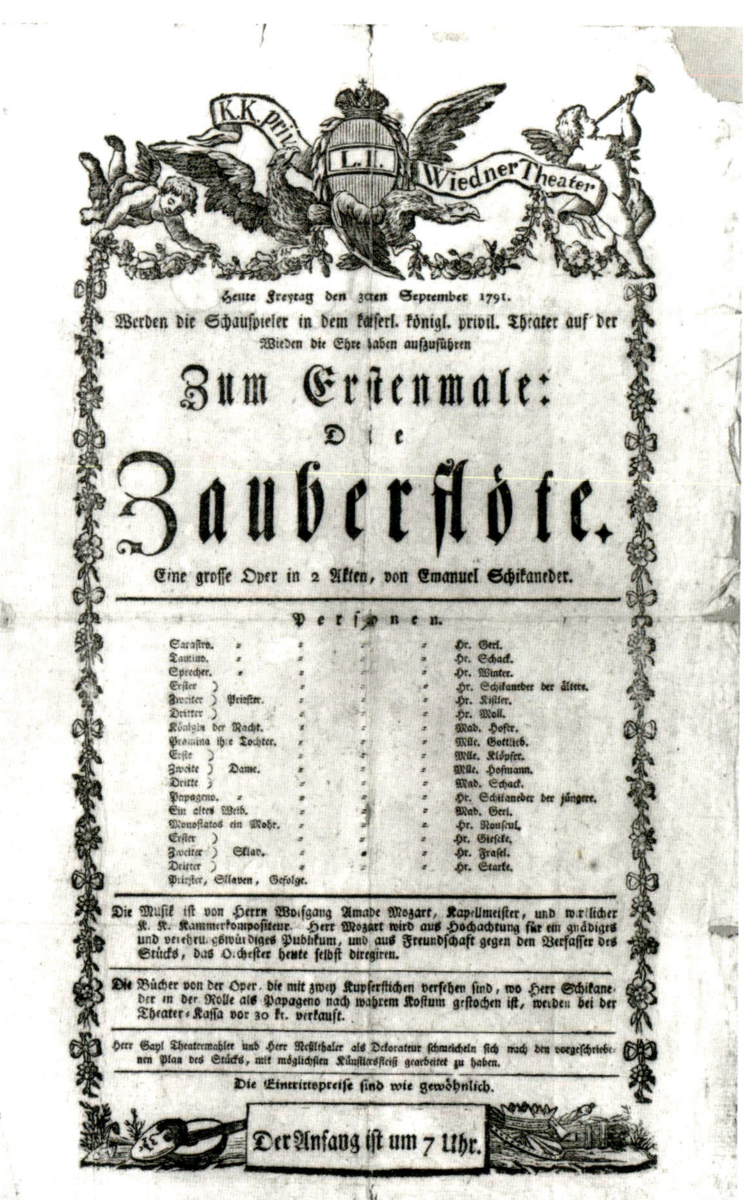

K.K. priv.

L.I.

Wiedner Theater

Heute Freytag den 30ten September 1791.

Werden die Schauspieler in dem kaiserl. königl. privil. Theater auf der Wieden die Ehre haben aufzuführen

Zum Erstenmale:

Die

Zauberflöte.

Eine grosse Oper in 2 Akten, von Emanuel Schikaneder.

Personen.

Sarastro.	Hr. Gerl.
Tamino.	Hr. Schack.
Sprecher.	Hr. Winter.
Erster) Priester.	Hr. Schikaneder der ältere.
Zweiter) Priester.	Hr. Kistler.
Dritter) Priester.	Hr. Moll.
Königin der Nacht.	Mad. Hofer.
Pamina ihre Tochter.	Mlle. Gottlieb.
Erste) Dame.	Mlle. Klöpfer.
Zweite) Dame.	Mlle. Hofmann.
Dritte) Dame.	Mad. Schack.
Papageno.	Hr. Schikaneder der jüngere.
Ein altes Weib.	Mad. Gerl.
Monostatos ein Mohr.	Hr. Nouseul.
Erster) Sklav.	Hr. Giesecke.
Zweiter) Sklav.	Hr. Frasel.
Dritter) Sklav.	Hr. Starke.
Priester, Sklaven, Gefolge.	

Die Musik ist von Herrn Wolfgang Amade Mozart, Kapellmeister, und wirklicher K. K. Kammerkompositeur. Herr Mozart wird aus Hochachtung für ein gnädiges und verehrungswürdiges Publikum, und aus Freundschaft gegen den Verfasser des Stücks, das Orchester heute selbst diregiren.

Die Bücher von der Oper, die mit zwey Kupferstichen versehen sind, wo Herr Schikaneder in der Rolle als Papageno nach wahrem Kostum gestochen ist, werden bei der Theater-Kassa vor 30 kr. verkauft.

Herr Gayl Theatermahler und Herr Neßlthaler als Dekorateur schmeicheln sich nach den vorgeschriebenen Plan des Stücks, mit möglichsten Künstlersfleiß gearbeitet zu haben.

Die Eintrittspreise sind wie gewöhnlich.

Der Anfang ist um 7 Uhr.

Programmzettel zur Premiere der Zauberflöte *am 30. September 1791*

ERSTER ACT | STRUKTUREN

Nennt ihr die Alpen so groß? Leicht könnt ich viel größer sie denken:
Aber den Markusplatz nicht, niemals den Dom von Florenz.

Hugo Laurenz August Hofmann, Edler von Hofmannsthal, 1898

Nur auf dem Pfad der Nacht erreicht man die Morgenröte.

Khalil Gibran, 1926

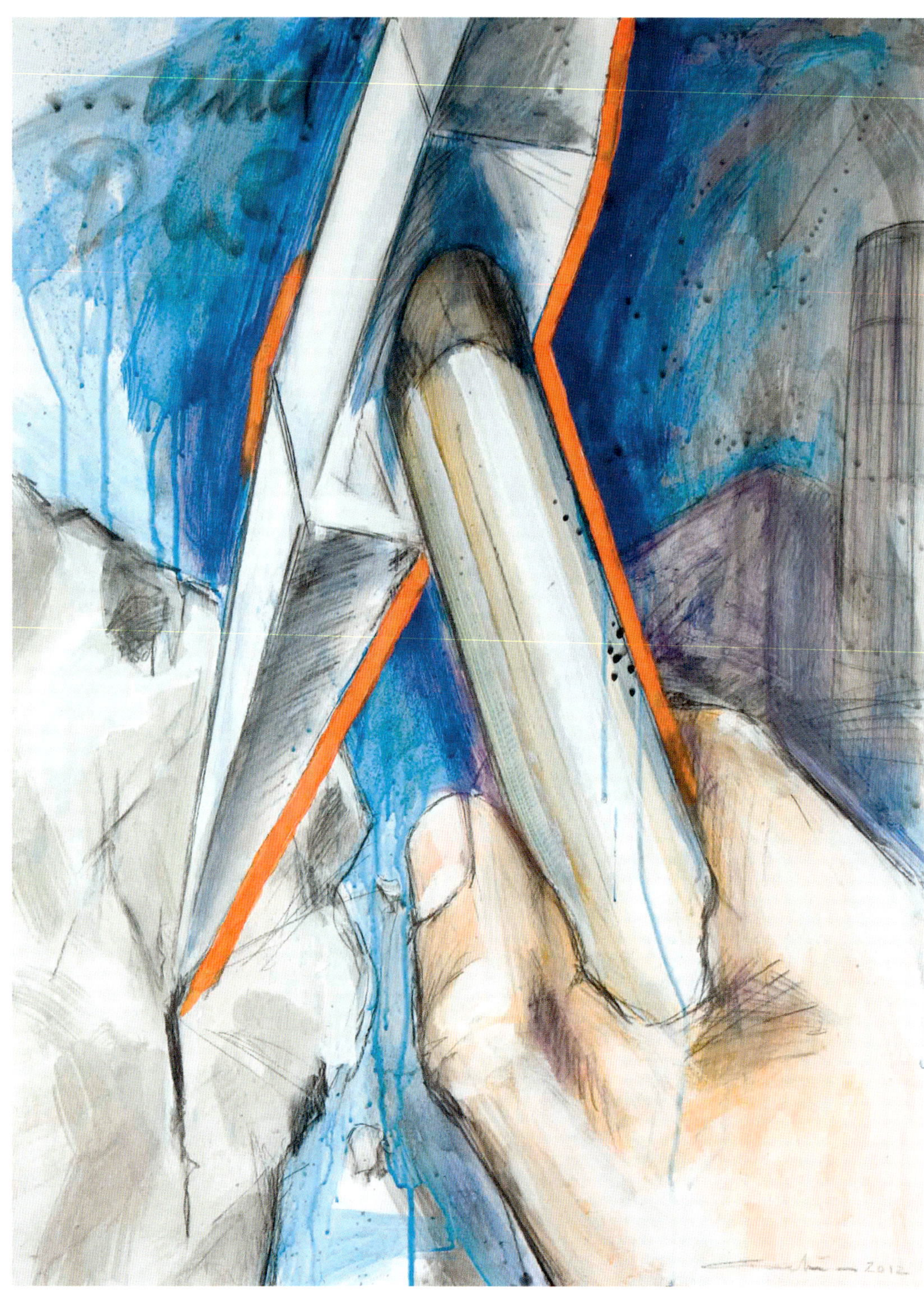

Cornelius Rinne: »Arbeit am rauen Stein« (2012), aus der Serie: »... und Du?«

I DIE ZAUBERFLÖTE – EINE FREIMAUREROPER?

Perhaps you have been already told that The Magic Flute *was a masonic opera …«*[3] Seit ihrer Entstehung klebt dieses Etikett an dem Bühnenwerk, und seit Generationen wird es nachgeplappert. Meist mit dem wohligen Gruseln des Geheimnisumwaberten: Genaues weiß man nicht darüber. Männer, die sich nachts bei Kerzenschein zu merkwürdigen Riten treffen. Frauen sind nicht zugelassen, so was kennt man ja. Auf der amerikanischen Dollarnote sollen ihre geheimen Zeichen zu sehen sein – und so weiter.

Moment mal. Sie lesen dieses Buch, weil Sie den Dingen auf den Grund gehen wollen. Sollten wir dann nicht erst einmal *diese* Dinge ergründen und uns darüber klar werden, was Freimaurerei eigentlich ist?

Mit Freimaurerei verbinden die meisten einen Geheimbund, okkulte Riten, geheime Machenschaften und Netzwerke. Aber Freimaurerei ist überhaupt nichts Geheimes, nichts Verschwörerisches, und schon gar nichts Zwielichtiges.

Freimaurerei – so definiert sie sich heute selbst[4] – ist nichts anderes als eine innere Lebenseinstellung. Es ist eine freiwillig eingegangene Selbstverpflichtung zur lebenslangen Arbeit an sich selbst, anstatt an anderen herumzumeckern. Es ist permanente Selbstermahnung zu Toleranz, tätiger Mitmenschlichkeit und unermüdlicher Arbeit am eigenen »rauen Stein«, der Baustein der Schöpfung werden soll. Freimaurerei dient der *»geistigen Entfaltung und menschlicher Selbstvervollkommnung der Brüder, die miteinander die Entwicklung und Übung einer sittlichen Lebenshaltung erstreben«*[5]; Freimaurer verpflichten sich zu lebenslangem Lernen und geistiger Aufgeschlossenheit gegenüber allen neuen Gedanken[6].

Mit dem Spitzhammer symbolisch die Ecken der eigenen Unvollkommenheit abzuschlagen, mit dem Senkblei bei sich selbst in die Tiefe zu loten, mit dem Zirkel die Beziehungen zu anderen Menschen abstecken, um zu winkelgerechtem – richtigem – Handeln im Alltag zu kommen und Humanität und

Fairness im Leben zu verwirklichen – frei von der Dunkelheit, die Vorurteile und Dogmen erzeugen: Das sind die Ziele des Freimaurers. Er überträgt die reale Tätigkeit des Werkmaurers mit Kelle und Mörtel in eine spirituelle Arbeit am eigenen Ich.

Kein Wunder, dass die Freimaurerei Ende des 18. Jahrhunderts boomte: Die Ziele Humanismus, Toleranz, Gleichberechtigung und Freiheit des Individuums trafen den Nerv des aufgeklärten Bürgertums wie progressiver Adliger. Die Freimaurerei war »bei ihrer Entstehung ein Hightech-Laboratorium neuester, extrem innovativer und wichtiger Ideen und geistiger Strömungen für gesellschaftliche Strukturen …«[7] (Arved Hübler). Der soziale Sprengstoff, der damals in diesen Zielen lag, ist heute nur noch zu erahnen – immerhin sind heutzutage die meisten dieser freimaurerischen Ideale als allgemeine Menschenrechte in vielen Ländern verwirklicht, haben Verfassungsrang.

Zur Zeit Mozarts hingegen war die Freimaurerei in ganz Europa, wahrscheinlich sogar weltweit, »die einzige Plattform, auf der die Elite des Bürgertums sich mit dem Adel treffen und von der aus sie politisch und gesellschaftlich wirken konnte. Dies erklärt, warum alle bedeutenden Köpfe des Bürgertums zu jener Zeit zu den Freimaurern zählten. […] Das Eintreten der Freimaurer für die Ideale der Freiheit, Gleichheit und Brüderlichkeit ist zu jener Zeit nicht zu übersehen und war von jedem einzelnen Mitglied an seinem Platz im Leben gefordert. […] Dementsprechend sollten die Eingeweihten in der ›Zauberflöte‹ nicht einer mystischen Meditation zugewandt, sondern als ein Bund tätiger, aktiv am Wohle der Menschheit arbeitender Männer gezeigt werden.«[8] (Michael Hampe)

Genau diese innere Haltung tätiger, toleranter Menschlichkeit weckt das Interesse Taminos, der als junger, verwöhnter Prinz beginnt. Nach Ohnmacht und Krisen entdeckt er, dass nicht alles so *ist*, wie es auf den ersten Blick *scheint*.

Aus diesem Zweifel erwächst der Wunsch, sich geistig weiterzuentwickeln – frei von Vorurteilen, vor-

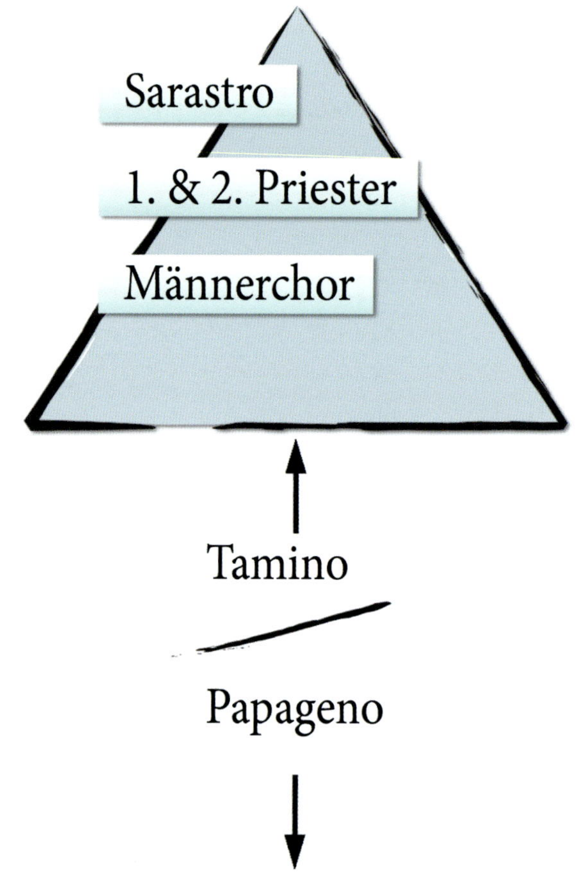

gefassten Meinungen, Scheinlösungen. Dieser erste Schritt aus dem bequemen Dunkel der Unwissenheit tut weh, ist merkwürdig und ungewohnt. Die Oper beginnt nicht anders als der klassische Bildungs- und Entwicklungsroman, wie er Ende des 18. Jahrhunderts populär war.[9]

Prinz Tamino vertraut sich Eingeweihten an, die diese geistige Weiterentwicklung gemeinsam pflegen – unter Führung ihres Großmeisters Sarastro.

Dieser Bund wird von Außenstehenden nicht verstanden, diffamiert und verunglimpft. Tamino wird neugierig, möchte mehr herausfinden und der Wahrheit auf den Grund gehen. Er besteht ein merkwürdiges Aufnahmeritual, bei dem das Schweigegebot eine wichtige Rolle spielt, und wird am Ende in die Bruderschaft der Eingeweihten aufgenommen.

Papageno ist der Gegenentwurf zu Tamino: lächerlich, unwürdig, getrieben von niederen Instinkten. Zum Spaßmachen ist er gut genug – aber als Mitmensch? Als Vorbild, als Zielscheibe unserer Selbst-Identifikation taugt er nicht recht. Wir fassen ihn gedanklich eher mit spitzen Fingern an, und je intellektueller wir uns fühlen, umso mehr wird er von uns in dieser geistig-moralischen Besserungsoper nur geduldet.

Das ist die *Zauberflöte*, wie viele sie sehen.

Also: Ist die *Zauberflöte* eine Freimaureroper?

Nein.

Jedenfalls ist sie *nicht nur* eine Freimaureroper.

»In der Zauberflöte nur den freimaurerischen Aspekt zu sehen, mutet sogar etwas oberflächlich an. Dieses Singspiel ist mehr.« (Giacomo Fornari)[10] Zwar enthält die *Zauberflöte* freimaurerische Weisheit, strebt nach freimaurerischen Idealen der Humanität und Toleranz. Librettist und Komponist, Emanuel Schikaneder und Wolfgang A. Mozart waren Freimaurer; dem Freimaurer erschließen sich in besonderem Maße Inhalt und Symbolsprache der Oper.

Aber – Inhalt und Botschaft der *Zauberflöte* werden auch von Profanen verstanden! Drama und Musik vermitteln sich problemlos allen Gesellschaftsschichten, ja allen Kulturen. Sogar Aufführungen in fremdsprachigen Übersetzungen – bei anderen Opern immer eine Quelle für Verwässerung der Qualität, der Wirkmächtigkeit – nehmen dem Bühnenwerk nichts von seiner zeitlosen Anziehungskraft und unfehlbaren Wirkung.

Und kann man allen Ernstes ein Werk als »Freimaureroper« bezeichnen, in dem die Repräsentanten des Bühnen-Geheimbundes davon singen, man solle sich vor »*Weibertücken*« bewahren, denn »*dies sei des Bundes erste Pflicht*«[11]?!

Jeder, der sich auch nur oberflächlich mit den Zielen der Freimaurerei beschäftigt, wird schnell darauf kommen, dass deren Ziel nicht Misogynie sein kann – deren erstes Ziel schon gar nicht. Vielmehr sind es sittlich-moralische Selbstaufgaben und eine an Idealen ausgerichtete Lebensführung. Und das klappt als Frauenhasser einfach nicht so gut. Im genannten Textabschnitt ist die satirische Verballhornung der Freimaurerei – durch zwei freimaurerische Autoren! – unübersehbar.

Das Etikett »Freimaureroper« greift also zu flach – es wird allein schon dadurch aufgehoben, dass Jede und Jeder das Stück intuitiv versteht. Und auch im Werk selbst finden sich mühelos Elemente, die so gar nicht in dieses ach so bequeme, aber kurzbeinige Bild einer Freimaureroper passen wollen.

Was passiert denn mit Papageno? Schon seine prominente Figur steht dem bequemen Etikett von der wohlfeilen Freimaureroper geradezu penetrant im Weg.

Dieser Edelprolet im komischen Federkostüm macht doch eigentlich alles falsch – wird aber am Ende trotzdem glücklich, findet »seine« Erfüllung. Und wie findet er seine Erfüllung? Nicht, indem er eingeweiht wird. Noch nicht einmal, indem er geduldig an sich selber arbeitet. Nein – aber auch er wird am Ende belohnt, und zwar mit den ultimativen Daseinszwecken am Ballermann: Alkohol als Sorgenbrecher und einer passenden Frau.

Dabei entgeht uns Heutigen meist sogar der kleine feine Unterschied, der im 18. Jahrhundert noch von jedem verstanden wurde: »*Ein Mädchen oder Weibchen wünscht Papageno sich* …«[12]

Und das hieß im Klartext: er nimmt jede! Auch eine Frau »mit Erfahrung« wird durchaus nicht ausgeschlossen. Diese Option kommt dramaturgisch für den Edelprinzen Tamino natürlich nicht infrage – da muss es selbstverständlich die unangetastete Prinzessin sein.

Überhaupt – Frauen! Wo hat Pamina ihren Platz in unsrem Bild einer Freimaureroper? Was ist mit der Königin der Nacht und ihren Drei Damen, was mit Papagena?

Also – 'raus aus der Wohlfühlzone überkommenen Denkens. Wenn wir schon beim Aufräumen und Umdenken sind: Was ist mit Manostatos? Ihn einfach als klassischen Bösewicht abzutun, als würzende Zutat in einer ansonsten heiteren Oper, gilt nicht und hilft uns nicht weiter. Er gehört zu Sarastro und seinem Gefolge, das mögen wir drehen und wenden, wie wir wollen. Und die Drei Knaben haben wir noch überhaupt nicht einmal erwähnt!

Die *Zauberflöte* als Freimaureroper, die in klassischer Sichtweise einen reinen Männerbund glorifiziert, ist also ein hartnäckiger Fall von selektiver Wahrnehmung. Dies entspringt entweder simplem Wunschdenken (der Männer?) oder schlichter Unkenntnis von üppigem Text und reichhaltiger Musik.

Die Fokussierung auf eine (freimaurerische?) Männergesellschaft in der *Zauberflöte* zog die angebliche Frauenfeindlichkeit der *Zauberflöte* direkt hinterher.

Auch dieses Klischee wird nicht dadurch zutreffender, dass Journalisten und selbst Wissenschaftler dieses wohlfeile Vorurteil seit Generationen immer weiter ungeprüft voneinander abschreiben.

Auffällig ist – das soll schon hier gesagt werden –, dass in der Literatur fast ausschließlich die frauenfeindlichen Sentenzen der männlichen Extremisten-Figuren zitiert und genüsslich ausgeweidet werden. Die spiegelbildlich vorhandenen *männerfeindlichen* Sprüche der weiblichen Gegenseite werden aber schlichtweg oft nicht zur Kenntnis genommen[13]. Später dazu mehr.

Das Denkdiagramm der *Zauberflöte* muss also deutlich erweitert werden, will man dem Werk irgendwie gerecht werden.

Das Grundgerüst der Handlung um eine Bruderschaft von Eingeweihten herum stimmt ja irgendwie, ebenso die Konstellation von Sarastro und den Priestern. Im Gegensatz zum landläufigen Männerchor-dominierten Bild der *Zauberflöte* singen aber gleich beim ersten Auftritt Sarastros gemischte Chöre, gehören die Frauen also selbstverständlich zu seinem Gefolge!

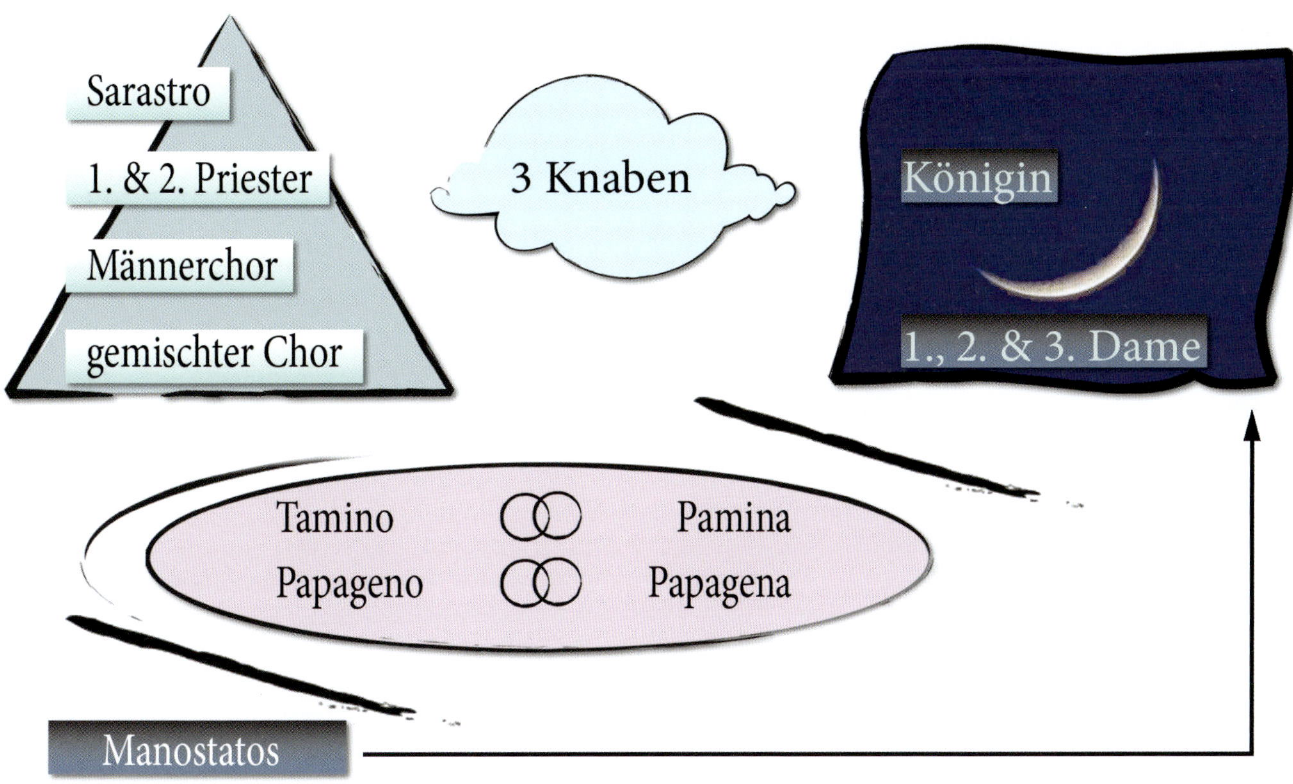

Tamino und Papageno sind zwar komplett unterschiedliche Naturen: der Vernunftmensch, und der Naturmensch. Sie bilden aber trotz dieser Andersartigkeit eine Schicksalsgemeinschaft und wandern ihren Weg gemeinsam – als Gefährten. Papageno ist wie Tamino ein männliches Wesen – zu deutlich ist hier die italianisierende Endung -o. Gleichzeitig dürfen wir bis zum Ende nicht außer Acht lassen, dass er in dieser Schicksalsgemeinschaft wiederum Feminines in sich trägt. Schon vergessen, dass er zu Beginn in Diensten und unter dem Kommando der Königin der Nacht steht – die ihrerseits ein straff matriarchalisches Regiment führt?

Den eigentlichen Gegensatz zu Tamino bildet aber nicht etwa Papageno, sondern Manostatos. Gegenüber dem Prinzen, der den humanistischen Musterschüler gibt, ist er der Archetyp des exzessiv triebgesteuerten Bösen. Ein Triebmensch. Gefährlich. Und unbelehrbar. Und wenn wir als Publikum in seiner Arie »*Alles fühlt der Liebe Freuden*« so etwas wie Sympathie für ihn empfinden, schwingt auch immer Sympathie für unsere eigene dunkle Seite in uns selbst mit.

Es wird Zeit, dass wir dem einen, »männlichen« Prinzip auch das andere, das »weibliche« Prinzip zur Seite stellen; man versteht sofort, um wieviel diese Oper beschnitten ist, wenn man sich nur auf eine, die männliche Seite fokussiert.

Das dramaturgisch-musikalische Gegenstück zu Sarastro ist die Königin der Nacht, auch sie mit ihrem Reich und Gefolge. Der Mann Manostatos wird sich am Ende des Theaterstückes auf ihre Seite, auf die »Nachtseite« schlagen. Mozart charakterisiert ihn in seiner Arie mit auffällig unregelmäßiger Melodiebildung[14] – und ist es ein Zufall, dass seine Arie an 13. Stelle in der Abfolge der Musiknummern steht?

Schon dieses Beispiel Manostatos' zeigt, dass in der *Zauberflöte* nicht einfach männlich = gut, weiblich = böse ist. Vielmehr gibt es bei beiden Geschlechtern Licht- und Schattengestalten: genauso wie Manostatos = männlich + böse gezeichnet ist, sind Pamina und Papagena als Opernfiguren = weiblich + gut.

Tamino und Papageno auf der männlichen Seite entsprechen also Pamina und Papagena auf der weiblichen. Wie in jedem Märchenspiel finden beide Paare am Ende zusammen, das »hohe« und das »niedere« – eine Allegorie auf die soziale Allgemeingültigkeit der Geschichte, quer durch alle Gesellschaftsschichten.

Gleichzeitig war dies die übliche und praktische Aufgabenteilung der damaligen Operndramaturgie: die »prima donna« und der »primo uomo« hatten ein anderes Anforderungsprofil, andere Gagen, andere Privilegien als die »seconda donna« oder die »comprimarii«[15].

Beide Paare finden sich im Happyend der Schlussszene des Abend. Auch diese dramaturgische Konstellation des »lieto fine« ist standardisiert, das war damals einfach so – egal, ob im *Oberon* von

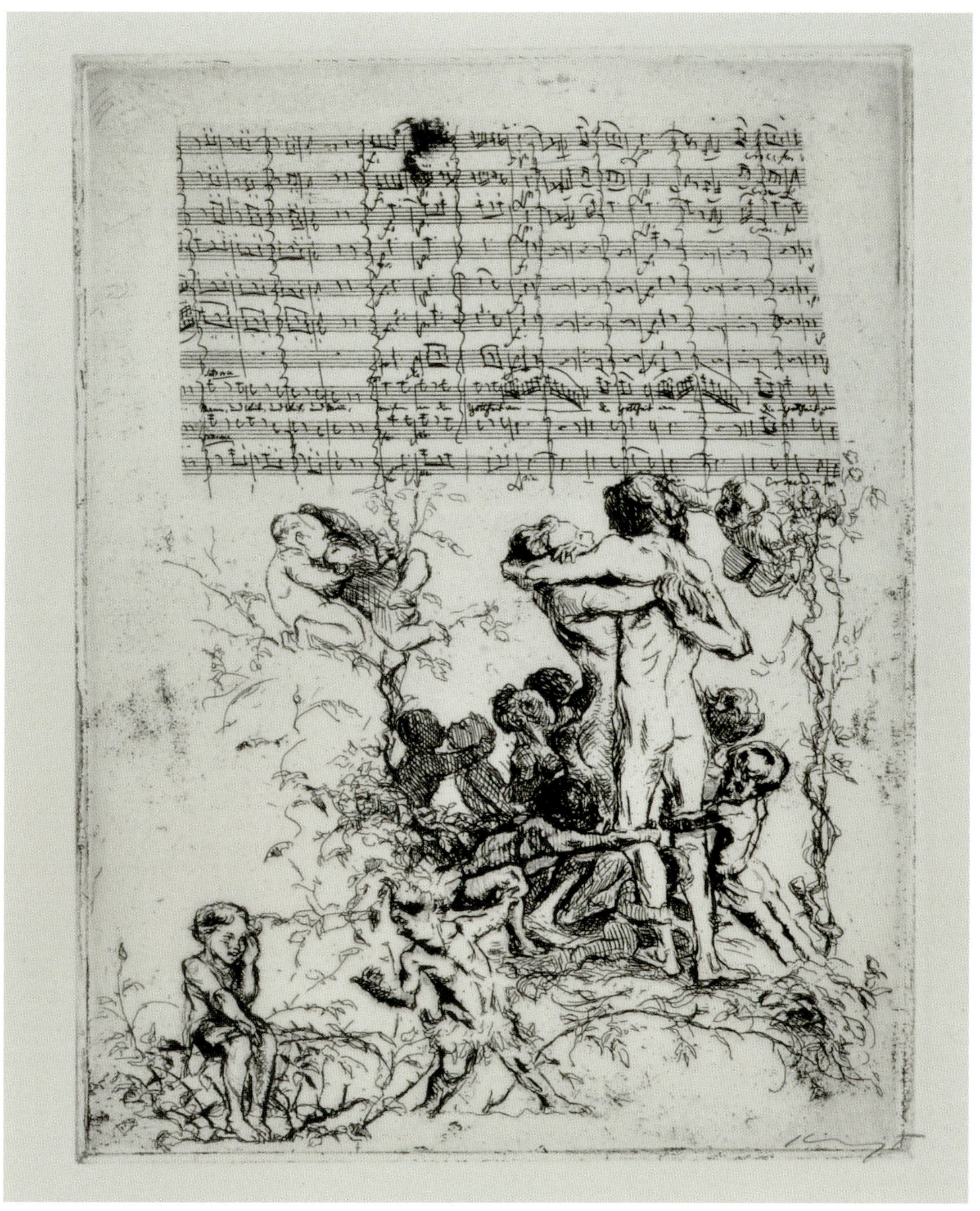

»Mann und Weib, und Weib, und Mann, reichen an die Gottheit an.« Radierung von Max Slevogt zu Nr. 7 Duetto/Blatt 12 aus dem Zyklus »Die Zauberflöte – Randzeichnungen zu Mozarts Handschrift«.

Christoph Martin Wieland[16] oder in volkstümlichen Märchen wie dem *Aschenputtel*. Und das zieht auch heute noch – in jeder Soap Opera, in jedem Hollywood-Film.

Und als wäre das Layout der Personenkonstellationen noch nicht umfangreich genug – was wäre die Personenliste der *Zauberflöte* ohne die Drei Knaben, drei der merkwürdigsten Opernfiguren überhaupt? Als vorpubertäre Jungs gleichsam asexuell, emotionslos, unschuldig-allwissend, schweben sie wie entrückte Genien über allem, ohne dass man sie eindeutig der einen oder der anderen Partei zuordnen könnte.

»Ihr wandelt droben im Licht
Auf weichem Boden, selige Genien! […]
Schicksallos, wie der schlafende
Säugling, atmen die Himmlischen;
Keusch bewahrt
In bescheidener Knospe …«
(Schiller, *Hyperions Schicksalslied*, 1799)

Das komplette Bild der *Zauberflöte* ist also mit dem landläufigen Etikett »Freimaureroper« bei weitem nicht erfasst. Die wirkliche *Zauberflöte* ist sehr viel komplexer, vielfältiger, bunter. Verstörend bunt, wie wir in den nächsten Kapiteln sehen werden.

Übrigens genauso bunt, wie die Freimaurerei zu Mozarts Zeiten war – schillernder, widersprüchlicher, zerstrittener als heute.

Erste Schlussfolgerung: Die *Zauberflöte* handelt zwar auch von freimaurerischen Inhalten, aber noch von viel mehr als diesen. Die Oper spricht im Publikum zwar auch zu Freimaurern, aber gleichermaßen auch zu allen anderen!

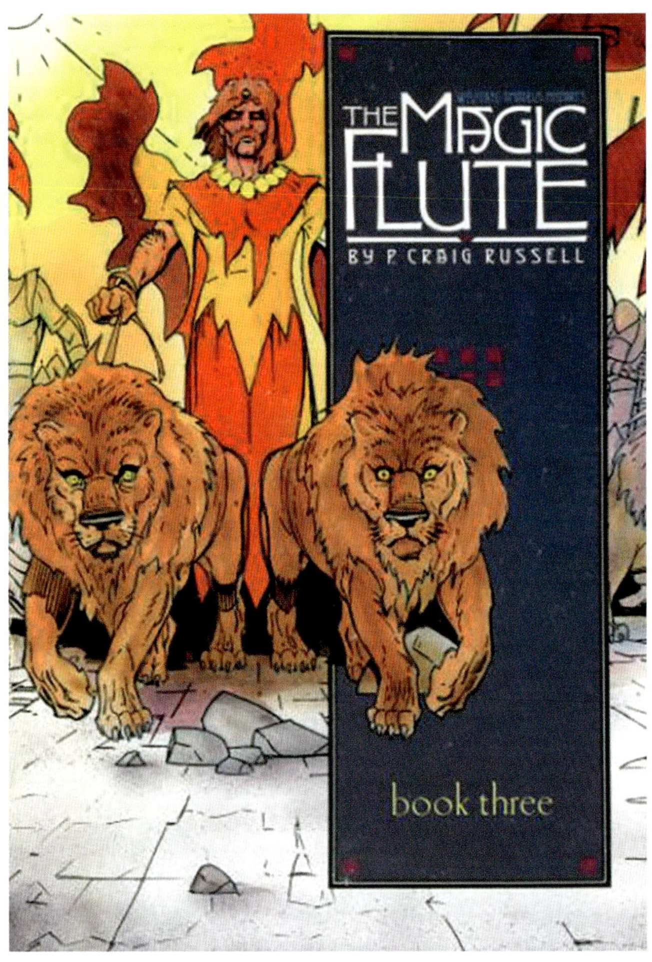

P. Craig Russell: Comic-Buch »Magic Flute«, 1989/90

2 WIR BASTELN UNS EINEN BESTSELLER

Mozarts letzte Oper verfolgte von Anfang an in keiner Weise das Ziel, eine Freimaureroper zu werden – denn das wäre im engeren Wortsinn ein hermetisch abgeschlossenes, ein exklusives Weihespiel nur für die Eingeweihten. Warum konnte das Ziel der Autoren keine Freimaureroper sein? Nun – ganz einfach: Die *Zauberflöte* wurde als einzige von Mozarts Opern ohne äußeren Auftrag komponiert.

Das hieß: Einen Auftrag gab es schon! Der war nämlich: Geld einzuspielen, Kasse zu machen!

Mozart konnte mit diesem Stück gar kein Interesse an Esoterik haben, die nicht auch zugleich die Massen angesprochen hätte. Er brauchte Geld. Schikaneder war als Theaterchef Geschäftsmann. Das bedeutete: Die Oper musste möglichst großen Gewinn einspielen. Mozart, der Salzburger Komponist, hatte früher bereits Stücke für den internen Gebrauch in Logen komponiert. Dieses jedoch nicht! Dieses Werk war ausdrücklich für ein profanes Publikum bestimmt – hier war die Öffentlichkeit mitkomponiert.

Mozarts und Schikaneders Ziel war also: Erfolg zu haben. Und das heißt damals wie heute: das Publikum zu unterhalten. Im besten Sinne!

Oder, wie es der Erfolgsautor Ian McEwan ausdrückt: »Die Aufgabe des Romanciers ist es, interessant zu sein. Wer nur am literarischen Experiment interessiert ist, der verliert seine Leser.«[17]

»Für Schikaneder gab es nur einen Zweck: die Möglichkeit der Aufführung, es gab für ihn nur ein Ziel: den Erfolg beim Publikum, und daher nur eine Richtschnur: den Geschmack des Publikums. Er musste etwas Brauchbares liefern …«
(Egon Komorzynski)[18]

Selbst wenn wir getrost mehr als nur einen Zweck eines komplexen Kunstwerks annehmen dürfen – *dieses* Ziel: einen Verkaufsschlager zu schreiben, haben Textdichter und Komponist mehr als erreicht. Noch mehr: Im Unterschied zu anderen Komponisten von heute allgegenwärtigen Meisterwerken wie Bizets *Carmen*, Tschaikowskys *Sinfonie pathétique* oder Schuberts *Winterreise* konnten sie den Erfolg noch zu ihren Lebzeiten erleben. Keiner der Genannten hat den erst postum einsetzenden Erfolg seiner Meisterwerke erlebt. Und bedenkt man, dass Mozart nur neun Wochen nach der Uraufführung der *Zauberflöte* starb, ist das ein außerordentlicher, öffentlicher und schnell einsetzender Erfolg!

Insgesamt war die *Zauberflöte* diejenige von Mozarts Opern mit den höchsten Aufführungszahlen schon zu seinen Lebzeiten. *Così fan tutte* (9)[19], *Die Entführung aus dem Serail* (15), *Don Giovanni* (in Wien: 15)[20], sogar der erfolgreiche *Figaro*, und erst recht eine Krönungsoper wie *Idomeneo* (nur 2)[21] hatten zu Mozarts Lebzeiten viel niedrigere Aufführungszahlen, teilweise im einstelligen Bereich.

Mozart und Schikaneders *Zauberflöte* hatte bereits im ersten Monat 24 Vorstellungen![22]

Zum Vergleich: Heutige Produktionen der *Zauberflöte* erreichen die 20. Aufführung frühestens nach drei Monaten. Um solch einen hohen Durchsatz zu schaffen, musste man im Oktober 1791 ca. sechs Mal pro Woche spielen, eine Tour de Force für alle Beteiligten. Das musikalische Niveau dieser Aufführungen möchte man sich heute nicht vorstellen …

Allerdings war Schikaneders Theatertruppe an Arbeiten unter Hochdruck gewöhnt. Seine Compagnie spielte 1780, bei ihrem Salzburger Debut, an 93 Tagen in fast 23 Wochen 79 verschiedene Stücke, davon 13 Singspiele oder Opern![23]

Aber zurück zu den Aufführungszahlen. Der Musikwissenschaftler Christoph Wolff kommentiert: »Die Zauberflöte bedeutete für Mozart den größten Erfolg seiner Opernpraxis – eine Erfolgsgeschichte, die sich nach seinem Tode fortsetzte, denn bis 1800 wurde allein im Uraufführungstheater an der Wieden die Oper 200mal gespielt. Ihr ungewöhnlicher Popularitätsgrad bewirkte zudem, daß noch im Spätherbst 1791 Klavierauszüge der musikalischen Nummern in Einzelausgaben erschienen, und zwar gleich in zwei Verlagen.«[24]

Das neue Werk von Mozart und Schikaneder war also trotz des komplexen Aufbaus sehr eingängig, es kam schon sehr bald ganz hervorragend beim Publikum an. Liegt hierin bereits der Keim für den späteren Vorwurf von Intellektuellen und Musikwissenschaftlern, die *Zauberflöte* sei ein Machwerk? Besonders argwöhnisch wird ja oft beäugt, was vom Publikum unmittelbar gemocht und – intuitiv, nicht intellektuell – verstanden wird. Oder, wieder mit Goethe: *»Zwar sind sie an das Beste nicht gewöhnt – allein, sie haben schrecklich viel gelesen!«*[25]

Der Dichterfürst, das »alte Lorbeerhaupt«[26], hat in vielen Dingen einfach den Nagel auf den Kopf getroffen … Er war selbst Theaterfachmann und Theatermacher. Wir werden ihn in dieser Schrift immer wieder antreffen, als augenzwinkernden Kronzeugen für das Theater seiner Zeit – die wir heutzutage »klassisch« nennen.

Ein Werk abschätzig beurteilen, weil es von der Masse bejubelt wird? Zur Zeit Wolfgang Mozarts war das ganz anders! Sein Vater Leopold, mit aller verzweifelten Strenge des zweitklassigen Künstlers einseitig auf Applaus und Anerkennung fixiert, rät 1780 dem genialen Sprössling: »*Ich empfehle dir Bey deiner arbeit nicht einzig und allein für das musikalische, sondern auch für das ohnmusikalische Publicum zu denken, – du weist es sind 100 ohnwissende gegen 10 wahre kenner, – vergiss also das so genannte populare nicht, das auch die langen Ohren kitzelt.*«[27]

Mozart als Pop-Komponist, vom Vater ermahnt, noch kommerzieller zu schreiben, damit es auch der

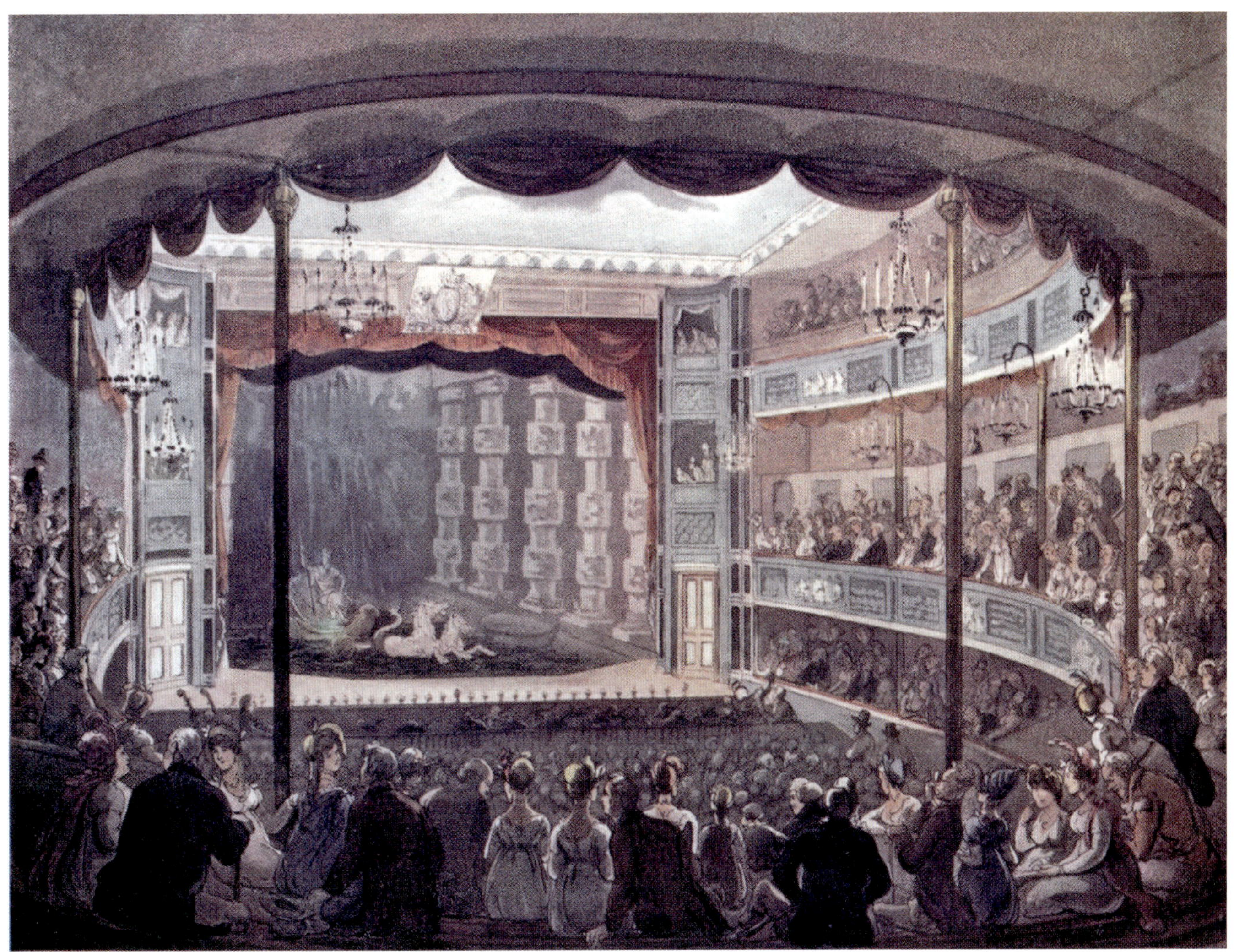

Ein ähnlicher Unterhaltungstempel wie das Theater auf der Wieden: das Londoner Sadler's Wells Theatre mit befüllbarem Wasserbassin, um 1808

letzte Esel begreift – wer würde heute darauf kommen? – Aber freilich, ob es uns passt oder nicht: historisch informiert müssen wir heute zustimmen! Und der Sohn Wolfgang antwortet – strotzend vor Selbstbewusstsein: … *»wegen dem sogenannten Popolare sorgen sie nichts, denn, in meiner Oper ist Musick für aller Gattung leute, ausgenommen für lange Ohren nicht.«*[28]

Ganz anders als im gleichzeitig komponierten »elitären« *Titus* schrieb Mozart in der *Zauberflöte* sehr populär. Die Musik um 1790 war ja noch nicht als »klassisch« katalogisiert, sie war nichts weiter als aktuelle Ware, die gehört werden wollte, um – gekauft und bezahlt zu werden! Die Idee, ein Musikstück, ein Gemälde, ein Gedicht sei *Kunst*, kommt erst später in der Romantik auf. Wir haben uns heute nur unauslöschlich an diese romantische Auffassung gewöhnt!

Schon zur Zeit seines *Idomeneo*, mit gerade einmal 24 Jahren, weiß Mozart sehr genau, was er kann – nämlich schreiben, was er künstlerisch will, und trotzdem das Publikum anzusprechen. Heute heißt das im Manager-Jargon: »seine Zielgruppe abholen«.

Und um dies zu erreichen, ziehen er und sein Librettist Emanuel Schikaneder in der *Zauberflöte* 1791 alle Register ihres Könnens. Als ausgefuchste Theaterleute mixen sie in ihrer Opernküche aus Drama und Musik alles hinein, was brauchbar, interessant, exotisch, bedeutungsschwanger oder ihnen persönlich lieb und teuer ist.

Genau hier liegt das größte Problem der *Zauberflöte*.

Herausgekommen bei dieser wilden Zutaten-Mischung sei ein Monster, so ist heute nicht selten in der Literatur und in Programmheften zu lesen. Nachdem nach Mozarts Tod eine romantisierende, fast hysterisch-verzärtelnde Mozart-Vergötterung gang und gäbe war, schlägt diese Haltung im 20. Jahrhundert in ihr Gegenteil um.

Gerade die volkstümliche *Zauberflöte* wird nun nach Strich und Faden lustvoll seziert, und allermeist nicht zu ihrem Vorteil. Ein bunter Flickenteppich, ein eklektischer Stilmix sei diese Oper, ein sinnloses Sammelsurium von Handlungssträngen. Am schlimmsten sei das minderwertige Libretto des Schmierenkomödianten Schikaneder, zusammengekleistert aus peinlichen Versatzstücken, billig zusammengereimt und überhaupt – unlogisch. Zusammengehalten werde das Ganze nur notdürftig durch Mozarts Musik, und die werde durch die unerträglich minderwertige Qualität des Textbuches im Niveau stark heruntergezogen.

Die Hauptanklagepunkte der künstlerischen Oberstaatsanwälte sind der bunt zusammengewürfelte Stilmix, das schlechte Libretto, die sogenannte Bruchtheorie und daraus resultierend die Oberflächlichkeit der gesamten Oper.

3 DIE ZAUBERFLÖTE – EIN MACHWERK?

Goethe soll bemerkt haben, es gehöre mehr Bildung dazu, den Wert dieses Opernbuches zu erkennen, als ihn abzuleugnen. Dieser Ausspruch ist zwar nach neuester Forschung offenbar nicht authentisch.[29] Wenn dieser Satz aber schon nicht wahr ist, so ist er wenigstens hervorragend erfunden.

Goethes eigene Vielseitigkeit und Neugier auf eigentlich alles war legendär. Darin war er Mozart sehr ähnlich – er muss sich ihm wesensverwandt gefühlt haben. Sein *Faust* – und besonders der schräge 2. Teil – wimmelt von Unwahrscheinlichem, aus der Mythologie Zusammengerührtem und Abseitigem.

»Besonders aber laßt genug geschehn!
Man kommt zu schaun, man will am liebsten sehn.

Wird vieles vor den Augen abgesponnen,
So daß die Menge staunend gaffen kann,
Da habt ihr in der Breite gleich gewonnen,
Ihr seyd ein vielgeliebter Mann.

Die Masse könnt ihr nur durch Masse zwingen.
Ein jeder sucht sich endlich selbst was aus.
Wer vieles bringt, wird manchem etwas bringen
Und jeder geht zufrieden aus dem Haus

Gebt ihr ein Stück, so gebt es gleich in Stücken!
Solch ein Ragout es muß euch glücken …«[30]

Kein Geringerer als Johann Wolfgang von Goethe selbst beschreibt also das Kochrezept für ein erfolgreiches Theaterstück in seinem Prolog zum *Faust*. Ist schon merkwürdig, dass der Bannfluch »Machwerk!« der vorgeblichen Insider immer wieder die *Zauberflöte*, nicht aber den *Faust* trifft, oder? Dabei ist der *Faust* dem Operntext der *Zauberflöte* an Buntheit, verrücktem Stilmix und fehlender Glaubwürdigkeit mindestens ebenbürtig.

Man kann sicher wunderbar darüber debattieren, ob ein in einem Pudel steckender Oberteufel Mephistopheles glaubwürdiger sei als der Vogelmensch Papageno. Und wer das Festbannen von Manostatos und seiner Greiftruppe durch ein Glockenspiel als kindisch kritisiert, hat vielleicht übersehen, dass der Zauberspuk in Auerbachs Keller mindestens genauso fantastisch daherkommt.

Die Beispiele lassen sich beliebig ausweiten: auf den Eselskopf von Pyramus in Shakespeares *Midsummer Night's Dream*, die Zaubereien Prosperos in dessen

Tempest, und Wielands *Oberon* mit seinen Zaubertränken und Kampfrobotern. Und die Drei Hexen bei *Macbeth* haben gegenüber den Drei Damen der *Zauberflöte* sogar noch den Nachteil, dass bei ihnen eindeutig schlechteres Wetter ist …

Spaß beiseite – unvoreingenommene Betrachtung führt zu dem Schluss, dass Buntheit, Stilmix, Eklektizismus der *Zauberflöte* nicht anders daherkommen als bei anderen zeitgenössischen Werken von Goethe, Wieland oder eben Shakespeare. Welche Elemente speziell in unsere Oper hineinspielen, wird uns in einem späteren Kapitel beschäftigen.

Bereits jetzt aber schon der Hinweis, dass hier nichts *zufällig* zusammengewürfelt wurde. Und nur das machte den Stilmix minderwertig! Im Gegenteil erreichen die Autoren der *Zauberflöte* eine geradezu spielerisch erscheinende, aber sorgfältig abgewogene Komposition der Stilelemente, Handlungsträger und Konstellationen.

Lassen Sie uns hier herausstellen: Mozarts letzte Oper ist eine verblüffend gelungene Vermischung von aristotelischem Drama – in dem die Hauptfiguren immer aus der Oberschicht kommen mussten – und zeitgenössischer Komödie, in der sich Personen aus dem Volk auf der Bühne wiederfinden konnten.[31]

Also: Der Erfolg der *Zauberflöte* beruht nicht auf einem halbgar zusammengerührten flachen Mischmasch, sondern auf einem effektvollen, raffinierten und komplexen Kochrezept! Dass dieser Bauplan der *Zauberflöte* gerade von Fachleuten derart verkannt wird, mag daran liegen, dass sich Spezialwissen bei hochkomplexen Strukturen eben oft als nachteilig erweist.

Wer als hartnäckig philiströse Spaßbremse ein auf Unterhaltung angelegtes Stück wie dieses zerpflückt, sieht eben nicht mehr das Ganze, sondern nur mehr eine Summe der Teile – wie ein glückloser Facharzt, der in seiner Diagnose die erstaunlichen Wechselwirkungen des gesamten Organismus nicht erkennt. Claude Debussy stellt sogar für das Monumentalwerk von Wagners *Ring des Nibelungen* den sinnlichen, den kindlich erfahrbaren über den intellektuellen Genuss – Sätze, die genauso der *Zauberflöte* gelten könnten: »*Wie ich Ihnen sagte, hat der* Ring *etwas von einer kindlichen Zauberposse an sich. Und wenn es auch keineswegs lächerlich ist, daß Drachen singen, Vögel nützliche Ratschläge erteilen, daß ein Bär, ein Pferd, zwei Raben, dazu noch zwei schwarze Widder (fast hätte ich sie vergessen) auf eine charmante Weise in die Handlung eingreifen, so geht es doch bei dieser Mischung aus wilder Menschlichkeit und göttlicher Unmenschlichkeit nicht ohne Verwirrung ab.* […] *Zum Teufel auch! Seid Götter, seid Zauberwesen – aber gebt uns keine konventionellen und unnützen menschlichen Belehrungen.*«[32]

Ganz im Sinne von Schillers Dramentheorie[33] erfüllt das Textbuch der *Zauberflöte* wie aus dem Lehrbuch eine wichtige Doppelfunktion: nicht nur angenehm zu unterhalten, sondern auch en passant moralisch zu bilden. Oder eben umgekehrt: neben dem Erhabenen auch den Spaßfaktor nicht zu vergessen!

Gerade Schillers Weimarer Freund Goethe war hier viel eher ein grenzüberschreitender Theater-Realist, als der Bildungs-Titan, zu dem er erst später durch das Bildungsbürgertum hochgejubelt wurde. Er fordert generell von einer Oper eine *innere* Wahrheit, die nur ihren eigenen Gesetzen gehorcht und auch eigene Beurteilungskriterien fordert.[34]

Was Michael Hampe in einem Essay über die Oper allgemein sagt, gilt für die *Zauberflöte* in ganz besonderem Maße: »Da wird geurteilt nach musikwissenschaftlichen, rezeptionsgeschichtlichen, ästhetischen Kriterien – alles ehrenwerte Kriterien –, aber der entscheidende Maßstab, nämlich jener der Wahrhaftigkeit und des Gebrauchswerts der Musik sowie deren Umsetzung auf der Bühne, der wird, wenn überhaupt, selten angelegt.«[35]

Hier vertritt Hampe die gleiche ästhetische Linie wie der deutsch-italienische Komponist Ferruccio Busoni. In seinem »Entwurf einer neuen Ästhetik der Tonkunst« fordert dieser 1907, die Oper sollte »*… eine Scheinwelt schaffen, die das Leben entweder in einen Zauberspiegel oder in einen Lachspiegel reflektiert; die bewußt das geben will, was in dem wirklichen Leben nicht zu finden ist. Der Zauberspiegel für die ernste Oper, der Lachspiegel für die heitere. Und lasset Tanz und Maskenspiel eingeflochten sein, auf daß der Zuschauer der anmutigen Lüge auf jedem Schritt gewahr bleibe und nicht sich ihr hingebe wie einem Erlebnis.*«[36]

Tanz, Maskenspiel, anmutige Lüge – wir finden das alles in unserer Oper wieder. Diese *Zauberflöte* folgt ihren eigenen Gesetzen, und sie hatte Erfolg – und sie hat diesen Erfolg bis heute dauerhaft und weltweit, und zwar trotz aller zeitlicher und gesellschaftlicher Veränderungen.

Gerade dieser Faktor, der massenhafte Erfolg der Oper, ist von vielen Intellektuellen allerdings als Indiz für ihre angebliche Zweitklassigkeit genommen worden – vorzugsweise nach der Katastrophe des Zweiten Weltkriegs und in den von übertriebenem und missbrauchtem Pathos besonders mitgenommenen deutschsprachigen Ländern.

Zauberflöte = Best-Seller = Billigware?

Hier liegt ein tiefsitzendes Missverständnis vor.

Rundheraus: Eingängig heißt nicht einfältig, und wie immer in seinen Kompositionen versteht es Wolfgang A. Mozart, hochkomplexe musikalisch-dramatische Strukturen wie ein Kinderspiel aussehen zu lassen. Als ob er Mary Poppins' Lebensweisheit vorweggenommen hätte: »*In jeder Arbeit, merkt euch das – liegt auch ein kleines bisschen Spaß.*«

Noch einmal »Monsieur Croche« alias Claude Debussy: »*Die auf die Spitze getriebene Kompliziertheit ist das Gegenteil von Kunst. Die Schönheit muß sinnlich wahrnehmbar sein, damit sie uns zu einem unmittelbaren Genuß verhelfe, damit sie in uns eingehe oder eindringe, ohne dass wir Mühe haben, sie zu begreifen. Denken Sie an Leonardo da Vinci, denken Sie an Mozart. Das sind große Künstler!*«[37]

Das Finale von Mozarts *Jupiter-Sinfonie*[38] ist ein fünfstimmiges, hochkomplexes, mit allen möglichen kontrapunktischen Kunststückchen gespicktes Fugato. Und doch kann es auch vom unvorbereiteten Hörer einfach und unmittelbar als sprühender, effektvoller Ausklang der Symphonie leicht verdaut werden. Das Menuett der späten g-Moll-Sinfonie wimmelt nur so von komplizierten chromatischen Melodiegängen, daraus resultierenden ausgesuchten Harmonien und kontrapunktischen Engführungen – aber es fällt nicht störend auf, weil man es einfach auch nur als nettes kleines Menuett hören kann.

Welch eine großartige Qualität von Mozarts Musik, die miteinander Unvereinbares mühelos verbindet!

Genauso ist die *Zauberflöte*, die von jedem Kind verstanden wird, trotz ihrer Fasslichkeit ein meisterhaft zusammengestelltes Werk mit hochkomplizierten Wechselwirkungen, Querverbindungen und Bezügen. An Spielwiesen für den Intellekt fehlt es ihr gewiss nicht!

»Aber doch, sagte Goethe, ist alles sinnlich, und wird, auf dem Theater gedacht, jedem gut in die Augen fallen. Und mehr habe ich nicht gewollt. Wenn es nur so ist, dass die Menge der Zuschauer Freude an der Erscheinung hat; dem Eingeweihten wird zugleich der höhere Sinn nicht entgehen, wie es ja auch bei der Zauberflöte und andern Dingen der Fall ist.«[39]
(Eckermann, Gespräche mit Goethe)

Ein Großteil der Kritiker, die die minderwertige literarische Qualität des Librettos bejammern, übersieht schlichtweg etwas Wesentliches. Ein gutes Operntextbuch muss keineswegs automatisch hohe Literatur sein!

Ehrlich gesagt ist es meistens schiefgegangen, wenn sich ein Komponist ein literarisches Meisterwerk als Textbuch für eine Oper unter den Nagel gerissen hat. Ausnahmen wie *Eugen Onegin*, *Salome* oder *Wozzeck* sind eben – Ausnahmen.

Die meisten literarischen Vorlagen der absoluten Top-Opernhits sind dagegen heute als eigenständige Dramen vergessen – oder haben Sie in Ihrem Leben schon einmal die *Tosca* von Victorien Sardou, die *Dame aux Camelias* von Alexandre Dumas, *Fidelio ou l'amour conjugal* von Jean Bouilly, die *Bohème* von Henri Murger oder die *Carmen* von Prosper Merimée auf der *Schauspiel*bühne gesehen? Eben.

Denn ein gutes Libretto muss vor allem eines sein: ein gutes Libretto! Es muss seinen Zweck erfüllen. Und der heißt: Theater zu ermöglichen! Als ihm ein fleißiger Theaterdichter aus Oscar Wildes *Salome* ein paar geschickte Verse zurechtdrechselt, entscheidet sich Richard Strauss, diese Kunstfertigkeit wieder zurückzuschrauben: »*Von da ab war es nicht schwer, das Stück so weit von schönster Literatur zu reinigen, dass es nun ein recht schönes ›Libretto‹ geworden ist.«*[40]

Ihm war einfache, direkte Sprache lieber als hohe Literatur – damit sich die musikalische Vertonung umso kunstfertiger entfalten konnte.

Franz Grillparzer, einer der musikalischsten Dramatiker, forderte Ähnliches: »*Als Grundsatz gelte: keine Oper solle vom Gesichtspunkt der Poesie betrachtet werden – von diesem aus ist jede dramatisch-musikalische Komposition Unsinn –, sondern vom Gesichtspunkt der Musik: als ein musikalisches Bild mit darunter geschriebenem erklärendem Text.*«[41]

Ein Opernlibretto muss also eine wichtige Qualität besitzen. Es muss musiktauglich sein! Und hier liegt wohl einer der Gründe, warum aus Goethes *Zauberflöten*-Fortsetzung nichts wurde – die Sprache des Dichters ist einfach derart wortmächtig, dass sie als Folie für eine Opernvertonung schlichtweg unbrauchbar war. Verdis, Puccinis und Richard Strauss' quälende lange Ringkämpfe mit ihren Librettisten sind bekannt.

Im Kern ging es immer darum, dass die Librettisten ihre literarische Qualität retten wollten – die Komponisten aber die Bühnentauglichkeit im Sinne hatten. Und da ist ein sprachschwächeres, aber pfiffig gebautes Textbuch der großen Literatur immer vorzuziehen. Weil es der Musik und der Bühne Raum lässt! Rainer Riehn formuliert in einem brillanten Aufsatz: »Bloß eines guten Librettos wegen ist jedenfalls noch keine Oper in die Musikgeschichte eingegangen.«[42]

Und Friedrich Dürrenmatt bringt es in einer Vorbemerkung zur Druckausgabe seiner Dramen auf den Punkt: »Literatur und Theater sind zwei verschiedene Welten.«[43]

Das Textbuch zur *Zauberflöte* zählt neben dem der *Fledermaus* zu den besten Opernbüchern aller Zeiten, die es im deutschsprachigen Raum gibt. Und zwar, weil es mit sicherem Theaterinstinkt, Witz und menschlich-psychologischer Intuition geschrieben wurde. *»Ich entsinne mich nur eines einzigen dem Ideale nächstkommenden Beispieles, das ich nennen könnte: es ist die Zauberflöte. Diese vereint in sich das Erzieherische, Spektakelhafte, Weihevolle, und Unterhaltsame; zu welchem Allem noch eine bestrickende Musik hinzukommt, oder vielmehr darüber schwebt und es zusammenfasst.«* (Ferruccio Busoni)[44]

Wie oft verdreht man auf der Opernprobe als Mitwirkender die Augen, wenn Papageno die altbekannten Gags reißt, die man schon bis zum Überdruss gehört hat – aber kaum ist das Publikum da, »sitzen« die Lacher, die Theatereffekte, die Konstellationen mit absoluter Zuverlässigkeit. Mal ganz abgesehen vom alten Theater-Rezept: Willst du Applaus, bring Kinder und Tiere auf die Bühne. – In der *Zauberflöte* muss sich der Regisseur darüber noch nicht einmal den Kopf zerbrechen, die hat nämlich beides.

Schikaneder war abgrundtief ehrlich, wenn es um Fragen der Theaterpraxis ging. *»Ich schreibe fürs Vergnügen des Publikums, gebe mich für keinen Gelehrten aus. Ich bin Schauspieler – bin Direkteur – und arbeite für meine Kasse.«*[45] Genau dafür hat er

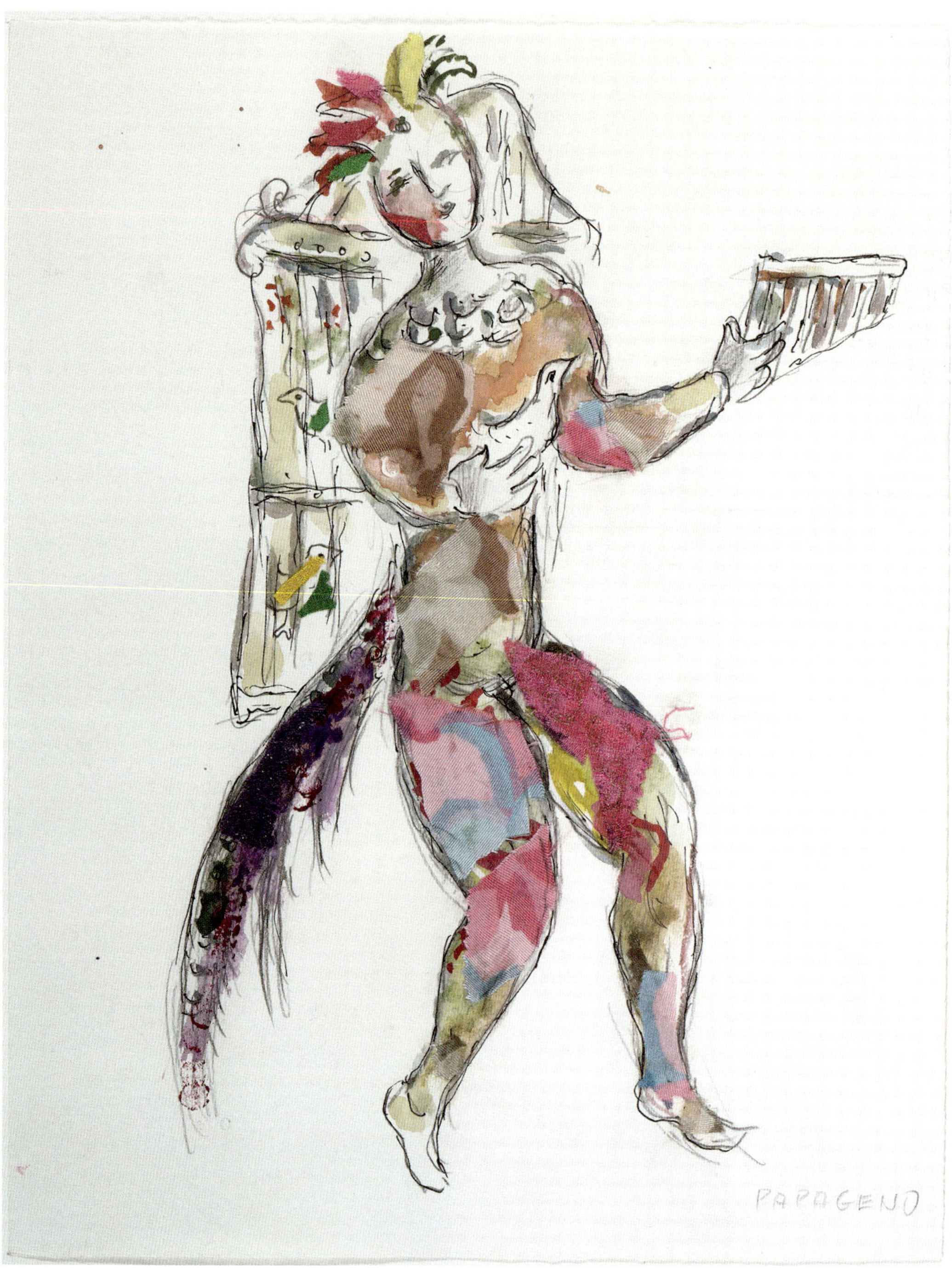

Papageno. Kostümfigurine von Marc Chagall für die Neuproduktion der Zauberflöte *an der Metropolitan Opera New York, 1967*

sein Libretto konstruiert. Und meisterhaft auf Wirkung berechnet.

Welch eine Selbsttäuschung, das Libretto für kindisch und ungereimt halten zu wollen! Operntexte sind Gebrauchsware. Alfred Einstein, der Mozart-Biograf, sagt es so: »Im dramaturgischen Sinn ist Schikaneders Arbeit meisterhaft. Man kann am Dialog kürzen und verbessern, aber man kann im Aufbau dieser zwei Akte und des Ganzen keinen Stein von der Stelle rücken oder versetzen – ganz abgesehen davon, daß man dadurch Mozarts wohldurchdachte, organische Tonarten-Ordnung zerstören würde.«[46]

Das angeblich schlechte Libretto der *Zauberflöte* produziert seit zwei Jahrhunderten fantastisch funktionierendes, geniales Theater. Mehr kann man sich eigentlich nicht von solch einem Stück wünschen.

Noch einmal Ferruccio Busoni, ein Multitalent als Pianist, Komponist, Dirigent und Essayist: »*Schikaneder hat es verstanden, einen Text zu ersinnen, der in sich Musik enthielt und sie zur Erscheinung herausforderte. (…) Hier reichen Schaustück, Moralität und Handlung einander die Hände, um in der Musik ihr Bündnis zu besiegeln.*«[47]

Logik, Folgerichtigkeit, historische oder geografische Korrektheit lässt sich hier freilich nicht erwarten – und deren Fehlen darf man diesem Zauberladen auch nicht vorwerfen. Logik muss hier nämlich, wie bei jedem Märchen, nicht zwingend vorhanden sein – lesen Sie doch einfach noch mal *Frau Holle*. Oder die *Gänsemagd. Peter Pan. Drei Nüsse für Aschenbrödel. Harry Potter. Die Goldne Gans.* Oder den *Herrn der Ringe.*

4 Plan B oder Die Bruchtheorie

Der Begriff »Bruchtheorie« ist die nächste Patrone im Lauf der *Zauberflöten*-Kritiker. Schon das Wort liest sich staubtrocken, freudlos, verknöchert, und – irgendwie ist das auch so. Die Bruchtheorie besagt im Wesentlichen: Durch die *Zauberflöte* verliefe zwischen 1. und 2. Akt ein Bruch. Die Figuren von Sarastro und Königin der Nacht würden plötzlich und unmotiviert quasi »umgepolt«: Während Sarastro im 1. Akt als böse und die Königin als gut gezeichnet seien, drehe sich das nach der Pause stillschweigend um – nun sei plötzlich Sarastro der Gute und die Königin die Böse.

Überraschend, unmotiviert, entgegen aller Folgerichtigkeit sei das, also schlecht gemacht. Dem Publikum werde hier ein bisschen zu viel zugemutet – schließlich habe man es sich doch bis zur Pause mit seinem moralischen Urteil so bequem eingerichtet, und dann sei plötzlich alles auf den Kopf gestellt.

Die Ausdeuter haben auch eine Ursache für den Schwachpunkt der Oper ausgemacht. Nachdem der erste Akt fertig konzipiert und komponiert gewesen sei, seien die Autoren der *Zauberflöte*, die ja auf einen konkreten Premierentermin hinarbeiteten, überrascht worden. Und zwar durch den Erfolg der gerade frisch herausgekommenen Konkurrenzoper *Kaspar der Fagottist oder die Zauberzither* von Wenzel Müller am Leopoldstädter Theater.

Da auch hier ein Zauberinstrument zum Zuge gekommen sei, habe man Libretto und Handlung hastig umdrehen müssen, um sich von dem Konkurrenten um die Publikumsgunst abzusetzen, und so erklärten sich Brüche und Ungereimtheiten ab dem 2. Akt. Die dann – leider, leider – die Qualität des Ganzen doch sehr beeinträchtigten.

Vergessen Sie's. Für alle Zeiten.

Es gibt keinen Bruch in der *Zauberflöte*!

Dieser Aberglaube hält sich hartnäckig und ist einfach nicht abzuschaffen – weil auch unter Fachleuten gerne jeder von jedem abschreibt. Generationen von wohlmeinenden Pädagogen haben diese

»Bruchtheorie« als wissenschaftlich gesichertes Allgemeinwissen verbreitet.[48] Im Zeitalter des Internets und grassierender »Kopieren-und-Einsetzen«-Mentalität hat diese Praxis nicht gerade abgenommen.

Bei seriöser Untersuchung entpuppt sich die Bruchtheorie allerdings als Windei – von Ignaz von Seyfried 1840/41 in einem Brief in die Welt gesetzt[49] und von Otto Jahn spätestens 1859 in seine Mozart-Biografie aufgenommen. Jahn galt bis in die 1950er Jahre als Autorität, seine Biografie als Referenzwerk, auch in der späteren Neuausgabe durch Hermann Abert – und so war diese These in der Welt.[50]

Schade nur, dass sich die Bruchtheorie ebenso einfach wie schlagkräftig entzaubern lässt – und es wundert eigentlich nur, dass das bis jetzt noch kaum in die kulturelle Allgemeinbildung eingesickert ist.

Zwei Tatsachenebenen sprechen gegen einen Bruch in der *Zauberflöte*: die musikalisch-strukturelle und die inhaltlich-formale.

Wenn es zwischen 1. und 2. Akt der *Zauberflöte* einen Bruch gäbe, so müsste dieser doch auch in der Musik und in der dadurch aufgestellten Personencharakteristik zu finden sein!

Jetzt rächt sich, dass in zahlreichen wissenschaftlichen Untersuchungen einseitig nur der Text analysiert wurde: Mozarts Musik wird zwar als genial gelobt, aber kaum einmal konsequenter – und vor allem nach musikalischen Strukturen und mit musikalischen Kriterien – untersucht.

In diesem Buch geht es natürlich auch um den Text der *Zauberflöte*. Auch um die Fakten drumherum.

Aber vor allem ist es aus Liebe zur Musik geschrieben – und speist seine Beobachtungen und Analysen aus dem langjährigen aktiven Musizieren des Autors von Mozarts letztem Bühnenwerk. Und so beleuchtet diese Studie gerade auch die *Musik* der *Zauberflöte*.

Ein musikalischer, musikdramatischer Bruch lässt sich in dieser Oper nun aber in keiner Weise finden – vielmehr gibt es zwischen 1. und 2. Akt eine Fülle von musikalischen Querbezügen und Zusammenhängen! An ihnen wird deutlich, dass beide Akte von Beginn an als Einheit konzipiert wurden und sich diese Disposition auch im Verlauf der Komposition nicht im geringsten änderte.

Oft wird als Beispiel, dass der vorher »böse« Sarastro nun plötzlich zum »guten« umgedreht wurde, der gänzlich veränderte, auffallend milde Orchesterklang im Priestermarsch – gleich zu Beginn des 2. Aktes – genommen. Die Königin dagegen präsentiere sich mit den spitzen Koloraturen ihrer Bravourarie *»Der Hölle Rachen …«* im 2. Akt klar als »böse«, nachdem sie zu Opernbeginn doch die treusorgende Mutter gewesen sei.

Die Vertreter dieser These müssen einem kollektiven Sekundenschlaf im Opernhaus erlegen sein: Sie haben an wichtigen Stellen nicht zugehört.

Lohnend wäre es, einmal bewusst auf die ersten Töne zu hören, die Sarastro gleich nach seinem ersten Auftritt im Finale des 1. Aktes singt: »*Steh auf, erheit're dich, o Liebe …*«[51] Musikalisch ist er bereits hier mitnichten der »Böse«. Im Gegenteil!

Alles, was er von Anfang an singt, ist lyrisch, weich, melodisch weit ausströmend – musikalisch klar gezeichnet als jemand, der von Tugenden durchdrungen ist. Zwar wissen wir noch nicht so genau, von welchen, aber dafür geht's ja nach der Pause noch weiter.

Übrigens verändert sich die Instrumentation genau an dieser Stelle – also schon im 1. Akt! – bereits in den feierlichen Klang, der dann später die Ritualszenen im 2. Akt so charakteristisch prägen wird. Für Genau-Hinhörer: Ab dieser Stelle wechseln die Klarinettisten auf die Bassetthörner – das sind etwas wärmer klingende Alt-Klarinetten in tieferer Lage.

Mozart verwendet diese Spezialinstrumente gerne und häufig in seinen Kompositionen für die Freimaurerloge. Es sind genau diese Instrumente, die zusammen mit den feierlichen Posaunen dem Großteil des 2. Aktes seinen eigentümlich warmen Bläserklang verleihen. Sarastro umweht die weihevolle, als »gut« empfundene Musik also bereits vom ersten Auftreten an.

Im Gegensatz dazu singt die Königin ihre fulminanten »eiskalten« Koloraturen ebenfalls bereits sofort bei ihrem ersten Auftritt im 1. Akt, und zwar am furiosen Ende ihrer Auftrittsarie »*Zum Leiden bin ich auserkoren …*«. Der warme Klang der Klarinetten fehlt in beiden großen Arien der Königin völlig, Mozart spart deren Klangfarbe an diesen Stellen im Orchester offenbar bewusst aus.

Wer genau hinhört, merkt, dass Mozart sie musikalisch als Repräsentantin der alten, steifen Opera seria ausweist. Mit frei zu gestaltendem Instrumentalrezitativ »*O zittre nicht, mein lieber Sohn*«, lyrisch-tragischer Cavatina »*Zum Leiden bin ich auserkoren*« und abschließendem krönendem Abschluss: In einer hochvirtuosen Cabaletta di bravura »*Du, du wirst sie zu befreien wissen*« gibt sie ihre Visitenkarte als Primadonna ab.

Musikalisch lässt Mozart von Anfang an keinen Zweifel an ihrer emotionalen Kühle – im »Amadeus«-Film wird ihm durchaus plausibel in den Mund gelegt, Opera seria sei eine Kunstform, in der »*die figuren marmor scheissen*« …[52]

Die zweite Arie der Königin im 2. Akt »*Der Hölle Rachen*« ist also mitnichten eine ruckartige Veränderung zum 1. Akt, sondern nochmal dasselbe in Grün – bzw. in dämonischem d-Moll, einer Tonart, die bereits die Höllenfahrt *Don Giovannis* untermalt hatte und die Mozart später auch für die Düsternis des »Requiem aeternam« und die Schrecknisse des »Dies irae« in seiner Totenmesse wählen wird.

Ein Bruch? Ist hier nicht zu erkennen. Vielmehr werden die Archetypen leidenschaftliche, verletzte

Mutter und fürsorgliche, aber dominante Vaterfigur vom ersten Auftreten konsequent durch die ganze Oper durchgehalten.

Wenn es schon einen Bruch gibt, so entsteht er – im Publikum! Fällt denn niemandem auf, dass das Publikum die Handlung zunächst mit den Augen Taminos sieht? Er nimmt den ersten Eindruck von der Königin und Sarastro für bare Münze – und muss später lernen, dass nicht alles so ist, wie es auf den ersten Blick scheint.

Die Vertreter der Bruchtheorie sind einem alten Theatertrick auf den Leim gegangen, Schikaneder und Mozart haben sie – wie ihr Publikum – erfolgreich hinters Licht geführt. Dies spricht beileibe nicht für ein Machwerk, sondern für durchdachte, planvolle Arbeit.

Weitere Beispiele gefällig, die die Bruchtheorie entkräften?

Tamino und Pamina sind füreinander bestimmt. Mozart und seine Musik wissen das schon viel früher als das Paar selbst.

Eine der Merkwürdigkeiten der *Zauberflöte* ist das Fehlen eines richtigen Liebesduettes des »hohen Paares«. Stopp – wie bitte?, mag mancher einwenden. Kein Liebesduett? Und was ist mit dem herzigen Duettchen »*Bei Männern, welche Liebe fühlen*«?

Jetzt bloß keinen Denkfehler begehen! – Dieses berühmte Duett ist gar kein Liebesduett, zumindest kein »richtiges«. Hier singen sich nämlich die überkreuzten, »falschen« Partner an – Pamina und Papageno, die eigentlich gar nicht zusammengehören. Warum dieses Duett dennoch so anrührt und damit intuitiv als zentral bedeutsam erspürt wird, dazu später mehr.

Anders als in allen anderen großen Mozart-Opern – und den meisten Opern überhaupt – gibt es in der *Zauberflöte* in der Tat *kein* Duett zwischen dem Liebespaar Tamino und Pamina, wie es sich für eine »richtige« Oper gehören würde. Einem klassischen Liebesduett am nächsten kommt die kurze, intime Szene vor der Feuer-/Wasserprüfung im 2. Finale, weit gegen Ende der Oper. Pamina begrüßt Tamino mit »*Tamino mein – o welch ein Glück*«[53].

Und für diese Worte gibt Mozart ihr exakt dieselbe Tonfolge, mit der Tamino im 1. Akt seine Bildnisarie begann: »*Dies Bildnis ist bezaubernd schön*«[54]! Sie zitiert also kurz vor Schluss musikalisch seine Liebeserklärung vom Anfang der Oper.

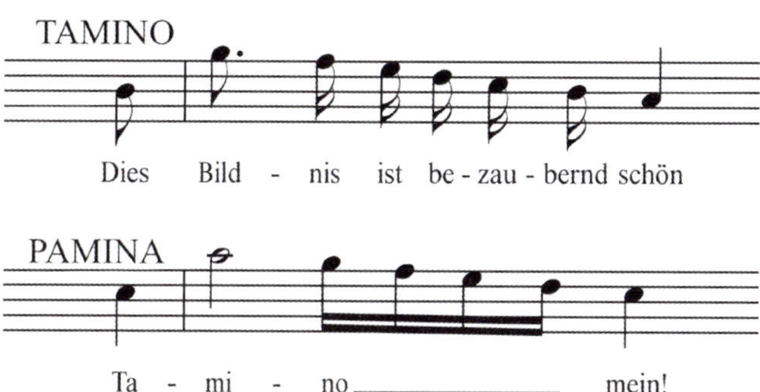

Je t'aime in Tönen:
1. Akt, Bildnisarie / 2. Akt, Finale Takt 278 f.

Diese musikalische Geste schafft eine einzigartige subtile Verbindung der beiden und eine diskret-unterbewusste Klammer über fast drei Stunden Operndauer hinweg. Ob dies von Mozart planvoll oder intuitiv so komponiert wurde, ist unerheblich – denn in beiden Fällen ist es unleugbar der Komponist, der klar einen inneren Bauplan der Oper empfindet und ihm folgt – bewusst oder unbewusst. Kein Bruch also. Eher das Gegenteil, nämlich Kontinuität!

Und ein weiteres Beispiel für ein präzise durchgeführtes, stringentes Personenkonzept: Nicht nur wird die Königin der Nacht in beiden Arien musikalisch *übereinstimmend* gezeichnet – sie stehen in den beiden »gegensätzlichen« Akten, in denen sie angeblich *unterschiedliche* Rollen spielt.

Vielmehr werden sie und Pamina auch *musikalisch* über beide Akte hinweg unverändert als Mutter und Tochter dargestellt!

5 ES BLEIBT IN DER FAMILIE

Im Film würde man die Mutter-Tochter-Verwandtschaft der Königin der Nacht und Paminas durch ähnliches Aussehen unterstreichen. Aber wie stellt man Verwandtschaft akustisch, nur mit Tönen dar? Mozarts Mittel ist so einfach wie genial: Er lässt Mutter und Tochter in ihren Auftrittsarien in derselben Tonart singen! Das sorgt unbewusst für Verwandtschaft, schafft intuitiv eine Ähnlichkeit wie bei sich gleichenden Gesichtszügen.

Stellen Sie sich eine Tonart für ein Stück einfach ähnlich vor wie eine Lackierung für das Auto – es fährt in jedem Fall, aber das Aussehen ist verschieden. Einige Farben sind seltener, andere auffälliger, und in bestimmten Fällen beides zugleich. Für den Musiker ist die Wahl einer raren, hervorstechenden Tonart genauso ein Ausdrucksmittel, wie für den Auto-Designer eine Lackierung in Feuerrot oder leuchtendem Pink.

In der Tonart g-Moll, die er für beide wählt, stehen bei Mozart überwiegend dramatisch bewegte Stücke, die von innerem Aufruhr künden – berühmte Beispiele sind seine beiden g-Moll-Sinfonien[55] oder das g-Moll-Streichquintett[56], Musik voller Passion, Sturm und Drang. Aber auch die seelisch aufgewühlte »Traurigkeit«-Arie Konstanzes in der *Entführung aus dem Serail* gehört in diese Kategorie leidenschaftlicher Bekenntnis-Musiken.

Mit der Wahl der »leidenschaftlichen« Tonart g-Moll zeichnet Mozart *beide* Protagonistinnen, Mutter und Tochter, feinsinnig als starke Frauen – auch dies spricht nicht gerade für die angeblich peinliche Frauenfeindlichkeit dieser Oper.

Diese »Haupttonart der Leidenschaft«, g-Moll, von Mutter und Tochter steht ihrerseits in enger Beziehung zum G-Dur der Papageno-Musiken. Dadurch wird subtil wiederum auch die »weibliche«, zur Königin gehörende Seite von Papageno bezeichnet. Mozart war ein Meister des »chiaro/oscuro« – wie beim Hell/Dunkel in der Malerei liebte er es, die Janusköpfigkeit von Zusammengehörendem sowohl durch das heitere Dur, als auch direkt danach durch das melancholische Moll auszudrücken.

Tonartlich stehen die G-Dur-Abschnitte, in denen Papageno singt, dem g-moll von Pamina und Königin viel näher als den Tamino/Sarastro-Tonarten!

Auch durch diese Tonartbeziehung zu den starken Frauen zeichnet Mozart den Papageno in feiner Charakterisierung als Gegenstück zum »männlichen« Prinzen Tamino.

Der Charakter der beiden Auftrittsarien von Mutter und Tochter »*Zum Leiden bin ich auserkoren*« im 1. Akt und »*Ach, ich fühl's, es ist verschwunden*« im 2. Akt ist auch in der Melodiebildung verblüffend ähnlich – bis hinein in den wiegenden Dreier-Rhythmus. Nach den jeweiligen Anfangstakten nach dem Ende der ersten Periode könnte man sogar in der Arie der jeweils anderen Figur weitersingen, ohne die musikalische »Familienähnlichkeit« preiszugeben. Dabei ist der 6/8-Takt Paminas ja nichts weiter als ein »doppelter« 3/4-Takt der Königin.

Eine stärkere und subtilere Darstellung der Verwandtschaft von Königin und Pamina ist kaum denkbar. Sie geht bis tief hinein in die massive Verwendung von chromatischen Halbtonschritten. So wird die Chromatik im Andante-Teil der ersten Arie der Königin von Pamina in ihrer Arie und in der Dolchszene wieder aufgegriffen[57].

Die ist deswegen so bemerkenswert, weil ausgerechnet die *Zauberflöte* ansonsten von diesen damals als hochdramatisch empfundenen chromatischen Halbtonschritten ziemlich frei ist! Charles Rosen bemerkt, »that in responding to the bourgeois, sentimental world of *Die Zauberflöte*, with its self-satisfied farcial comedy and its easy masonic mysticism, his sonorities become purer, less chromatic in detail than in any other work.«[58]

Und schließlich ist nicht nur die Chromatik in beiden ungewöhnlich – schon die Wahl gerade dieser Tonart für gleich beide erste Arien von Mutter und Tochter ist ein Zeichen, dass Mozart sie mit etwas Besonderem auszeichnen wollte. Warum? Ganz einfach: Die Tonart g-Moll hatte er seit neun Jahren in seinen Opern nicht mehr für eine Solo-Arie verwendet[59]. In der *Zauberflöte* setzt er sie nun gleich doppelt ein – für Mutter und Tochter aus demselben königlichen Geschlecht.

Diese musikalische Verwandtschaft erreicht einen Höhepunkt der musikalischen Charakterisierungskunst, wenn Papageno in seiner parodierenden Travestie von Paminas Selbstmord (»*Nun wohlan, es bleibt dabei*«) nicht nur Paminas Tonart g-Moll, sondern auch den wiegenden 6/8-Rhythmus ihrer Arie imitiert[60].

Nein – der Vorwurf angeblicher rätselhafter Brüche in der *Zauberflöte*, von Zusammenhanglosigkeiten zwischen 1. und 2. Akt, sollte endlich in das Reich des nachgeplapperten Geschwätzes verwiesen werden.

Noch mehr: Mozarts subtiles musiktheatralisches Gespür wird offenbar. Es ist uns inzwischen klar geworden, dass die Mutter in durchaus nachvollziehbarer mütterlicher Sorge um ihre Tochter in ihrer Auftrittsarie tief in die Trickkiste einer echt skrupellosen Karrierefrau greift. Sie manipuliert Tamino, um ihn zur Rettung ihrer Tochter zu instrumentalisieren. Tamino – und mit ihm das Publikum – begreift erst später, dass er für Muttis Zwecke benutzt wurde.

Wenn wir dieses Szenario weiterdenken, liegt übrigens der Schluss nahe, dass pikanterweise die Tochter diese Taktik von ihrer Mutter gelernt haben wird – bei der starken Mutter-Tochter-Bindung ist dies absolut schlüssig. Auch Pamina würde dann in ihrer klar leidenschaftlichen Arie »*Ach, ich fühl's*« dem Tamino Tragik *vorspielen*.

Warum erweist sie sich denn nicht als die starke Frau, die sie sonst in dieser Oper wirklich ist, und verlässt ihn einfach?

Gleichwohl ist Pamina schlussendlich eben doch anders als ihre Mutter. Sie ist – anders als diese, aber genau wie Tamino – offenbar zu einer inneren Entwicklung fähig, wodurch dramatisch das gute Ende der Oper erst möglich wird.

Pamina, als die Tochter ihrer Mutter, hat Mozart, wie immer mit staunenswertem Einfühlungsvermögen in seine Opernfiguren, musikalisch nachgezeichnet. Zunächst einmal ist erstaunlich, dass die aufgezeigte Verwandtschaft von Mutter und Tochter durch die Verwendung derselben Arientonart gezeigt wird – eine eigenwillige, aber schlüssige Fortführung der Tradition der barocken Affektenlehre.

Die Ähnlichkeit zwischen Pamina und Königin geht nun aber bis hinein in ihre Verwendung des »Neapolitanischen Sextakkordes«, der bereits im Barock für stärkste harmonische Überraschungen eingesetzt wurde[61]. Mozart färbt der Königin der Nacht mit diesem Spezialakkord den Höhepunkt ihres feierlichen Auftrittsrezitativs[62], dadurch bekommen die Worte »*das tiefbetrübte Mutterherz*« ihren ganz eigenartig besonderen Klang.

Falls Sie Klavier spielen, sollten Sie übrigens diesen Effekt einmal ausprobieren. Beginnen Sie mit einem g-Moll-Akkord, dann einen As-Dur-Akkord mit C im Bass, darauf D-Dur und den Abschluss in g-Moll. Eine sagenhafte Wirkung!

In ihrer zweiten Arie »*Der Hölle Rachen*« setzt Mozart diesen starken harmonischen Effekt für die Königin der Nacht gleich dreimal ein[63] – im Vergleich zu ihrer ersten Arie geradezu in inflationärer Häufigkeit. In keiner anderen Opernarie aller seiner Bühnenwerke verwendet er den Neapolitanischen Akkord derart oft!

Aber auch Pamina verwendet diese sehr seltene und besondere Harmonie. Mozart komponiert so, als ob die Tochter von der Mutter die dramatischen Kniffe gelernt hätte. Auf dem emotionalen Höhepunkt ihrer Arie[64] singt Pamina die verzweifelten Worte »*So wird Ruh' im Tode sein*« – auf ebendiesen Neapolitaner, der schon die wirkungsvollen Auftritte ihrer Mutter unterstützt hatte.

Das hat weitere Konsequenzen für unser Verständnis der Figuren. Wir verstehen jetzt, warum Paminas Vater seine Tochter in Sarastros Fürsorge gegeben hat – sie hätte wahrscheinlich unter der Erziehung ihrer Mutter nichts anderes gelernt, als eben die

Verhaltensweisen und den Weg der Mutter – ein Leben mit Manipulation, Täuschung, Intrige. – Ob sie unter Sarastros *alleiniger* Führung so viel weiter gekommen wäre? Nun, wir wollen nicht vorgreifen; im Kapitel 17 werden wir auf eine überraschende Wandlung der allseits bekannten Auffassung zu Sarastro hinweisen.

Paminas charakteristische Arientonart wird also dann später in Papagenos Selbstmord-Travestie zitiert. Schikaneder parodiert Paminas ernsthaften Suizidversuch als komische Szene und hat dabei die Lacher des Stehparketts auf seiner Seite. Mozart intensiviert die Komik musikalisch durch wenige Takte mit hörbaren Anklängen an Paminas Arie »*Nun wohlan, es bleibt dabei*«[65] und nutzt dabei nicht nur Andante-Tempo und 6/8-Taktart.

Zusätzlich lässt er hier das übliche Papageno-G-Dur in das g-Moll Paminas umschlagen – eben genau dieselbe Tonartfarbe wie bei tragischer Tochter und leidenschaftlich-furchterregender Königin. Im komischen Kontext steigert dies die dramatische Fallhöhe – und es wird dadurch umso lustiger!

Sogar – erraten! – den höchst dramatischen Neapolitanischen Sextakkord Paminas und der Königin hat der gelehrige Papageno offenbar aufgeschnappt. Auch ihn baut er in seiner Arien-Persiflage ein – auf den Satz »*Gute Nacht, du falsche Welt*«[66].

Diese Beispiele mögen genügen, um aufzuzeigen, wie tief und einfühlsam Mozart und Schikaneder in der Personenaufstellung der Oper in die Psyche ihrer dramatischen Figuren eindringen. Dies widerlegt auch eindrucksvoll die These, hier sei ein ursprünglicher Plan aufgegeben oder irgendetwas hastig und flickschusternd überarbeitet worden.

Johann Wolfgang von Goethe, der »Unantastbare«, war jedenfalls nicht dieser Meinung – hätte er sonst *Der Zauberflöte zweyter Teil* geschrieben? Er scheiterte daran – und dieses Projekt blieb unvollendet. Das alleine zeigt: Die einzigartige Melange dieses kosmischen Theater-Müslis war unwiederholbar.

Was bleibt nun von dem Vorwurf des »Machwerks«? Der Kritikaster misst hier mit untauglichem Werkzeug, lotet nicht in die Tiefe oder pfropft unzutreffende Kategorien auf etwas, das man dann nicht mehr genießen kann. Schade eigentlich.

Wissen Sie, was Mozarts späterer Komponistenkollege Hector Berlioz über diese Technik des abwertenden Nachschaffens sagt?

»Ich merkte gleich, dass man der löblichen Absicht gewisser Leute gefolgt war, die obgleich unfähig, selbst etwas zu schaffen, sich berufen fühlen, alles umzuschaffen oder zu retuschieren, und die mit Adlerblicken alsbald erspähen, woran es einem Werk gebricht.«[67] – *»Nein, nein, nein, zehn Millionen mal nein, ihr Musiker, Dichter, Belletristen, Schauspieler, Pianisten, Kapellmeister dritten, zweiten und selbst ersten Ranges, ihr habt nicht das Recht, Beethoven oder Shakespeare anzutasten, um ihnen das Almosen*

eurer ›Kenntnisse‹ und eures ›Geschmacks‹ darzureichen. (…) Alle Welt hat Shakespeare Unterricht erteilt!!«[68]

Oder kürzer, mit Eckhard Henscheid: »Deutobaldmuffelinskys!«[69]

Es stimmt schon nachdenklich, dass ein Großteil der wissenschaftlichen Untersuchungen über Schikaneders und Mozarts *Zauberflöte* sich überwiegend oder ausschließlich am Libretto und der Entstehungsgeschichte abarbeiten – ohne Mozarts Musik zur Kenntnis zu nehmen, ohne die Erkenntnis, dass Oper als Musiktheater vorrangig eine *musikalische* Form ist, und dass bei *dieser* Kooperation, bei Mozarts letzter Oper, einer der seltenen Fälle von intensivster Zusammenarbeit zwischen Librettisten und Komponisten Wirklichkeit wurde.

Ohne aber all dies wahrzunehmen, seziert man untauglich und stellt sich selbst ins Abseits, will man der *Zauberflöte* gerecht werden.

So – genug davon, was die *Zauberflöte nicht* ist. Lassen Sie uns unseren kulturellen Trümmerhaufen wieder aufbauen. Wenn die *Zauberflöte* all dies nicht ist – was, bitteschön, steht denn nun auf der Habenseite des Stückes?

6 DAS TOLLSTE GULASCH DER OPERNGESCHICHTE

Mozart und Schikaneder hatten vor, einen Reißer zu schreiben, bei dem die Kasse klingeln sollte. Dieses Ziel haben sie gründlich erreicht. Nachdem die Oper am 30. September 1791 in Wien auf der Bühne herauskam und nach den ersten lauen Aufführungen das Publikum schließlich begeistert war, hatten sie ihr selbst gestecktes Ziel erfüllt.

Wie wir heute wissen, war aber gleichzeitig daraus noch etwas anderes geworden: nichts weniger als ein zentrales Werk der gesamten abendländischen Kulturgeschichte, eine »Kunst des Welttheaters«.

Diese einzigartige Melange sprengt in musikalischem Format, Vielfalt, Anspruch und Umfang alle Vorbilder und Konventionen der Gattung »Deutsche Oper« und Singspiel.

Die *Zauberflöte* ist ein unterhaltsames Mysterienspiel, ein großes Welt-Theater – eine kolossale, mehrdimensionale Theater-Fuge über drei zentrale Themenkreise:

1. Freimaurerei – das Individuum auf der Suche, auf seinem Weg zur Selbstvervollkommnung durch andauernde Arbeit an sich selbst – in Ehrfurcht vor seinem Schöpfer. Ziel: ein Leben in aktiver Mitmenschlichkeit und Toleranz.

2. Wiener Vorstadt – Unterhaltung, Kurzweil, Spektakel, Klamauk.

3. Der ewige Dualismus – nur Mann und Frau gemeinsam erreichen die Vollendung.

All dies ist zusätzlich immer durchwoben vom Orpheus-Mythos. Bei einem Sänger, der mit seinem Zauberinstrument alle Gefahren sicher besteht, guckt im abendländischen Kulturkreis stets der Orpheus des griechischen Dramas um die Ecke. Das Schweigegebot im 2. Akt speist sich nicht alleine vom freimaurerischen Ritual her: Auch Orpheus muss schweigen, wenn er seine Eurydike nicht verlieren will!

Diese drei Kernthemen werden nun dramatisch und musikalisch einander entgegengestellt und übereinandergeschichtet, verschränkt, kontrapunktiert und kaleidoskopartig durcheinandergewirbelt. Diese Technik nutzt in extremer Form theatralische Synergieeffekte – mit der Folge, dass die *Zauberflöte* wahrscheinlich unmöglich jemals komplett in allen Verästelungen und Tiefenschichten zu analysieren oder zu begreifen ist.

Ebenso greift jede Reduktion auf nur einen oder zwei der drei Themenkreise zu kurz – egal, ob man das Werk analysiert oder die Oper auf die Bühne bringt. Eingriffe in die Struktur, durch Kürzungen oder gar Umstellungen einzelner Nummern, bringen die fein ausbalancierte Konstruktion aus dem Gleichgewicht und haben weitreichende Konsequenzen auf die Wirkung dieser Oper in der Aufführung.

Jene Vielschichtigkeit ist für das Publikum toll – für den Interpreten furchteinflößend. Sie ist der Grund, warum die *Zauberflöte* so oft scheitert – szenisch, aber auch musikalisch!

Es bedeutet eine extreme Herausforderung für Regisseur, Dirigenten, Ausführende, diese Komplexität zu bedienen und zu meistern. Und wieder: Das oft ganzheitlich und nicht selektiv urteilende Publikum hat eben genau die gleiche Mischung aus Kopf und Bauch wie diese Oper. Die bauernschlaue Publikumsgunst entlarvt Schwachstellen der Lesart oft unerbittlicher als das Fachpublikum, mit dem sich

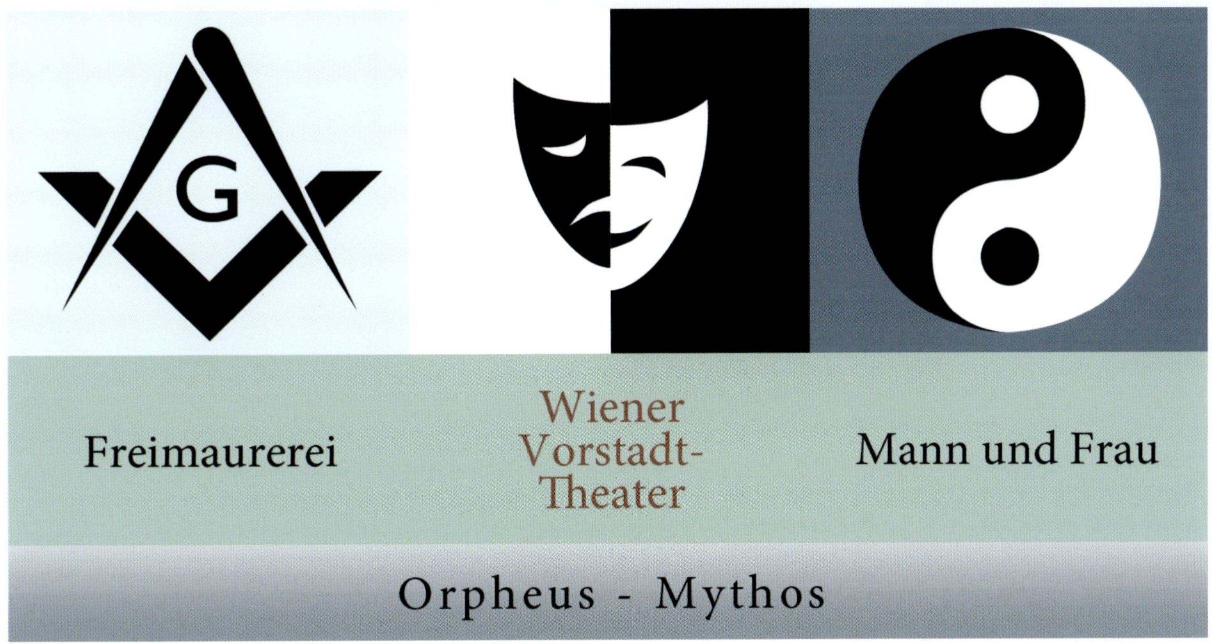

Mehrdimensionalität

manchmal ein klein wenig besser »Des Kaisers neue Kleider« spielen lässt.

Die hochkomplexe Struktur aus Freimaurersymbolik, Unterhaltung und archetypischen Gegensatzspielen bändigt Mozart mit klarem musikalischem Aufbau, der einem durchdachten dramatischen Plan folgt.

Bereits in seinen früheren Opern ist Mozart ein Meister an psychologischem Einfühlungsvermögen. Bei ihm stehen *Menschen* auf der Bühne, keine Opernfiguren. Immer ist ihm wichtig, was seine Protagonisten fühlen, denken, was sie beseelt.

Die unendlich einsame Oboe zu Beginn von Konstanzes »*Ach ich liebte*« in der *Entführung aus dem Serail*[70] – die Adrenalin-durchpulsten Streicherfiguren in Cherubinos »*Non so più cosa son cosa faccio*« im *Figaro*[71] – der unverhohlen veraltete Barockstil von Donna Elviras Arie »*Ah fuggi traditor*« im *Don Giovanni*[72], der sie diskret als »zu den Akten gelegt« beschreibt: Das sind charakterisierende Meisterstückchen ohne Worte – immerhin leben die Autoren der *Zauberflöte* ein Jahrhundert vor Sigmund Freud!

Und in Mozarts letzter Oper, der *Zauberflöte*, wäre nur alleine die erste Szene eine Fundgrube für Ge-

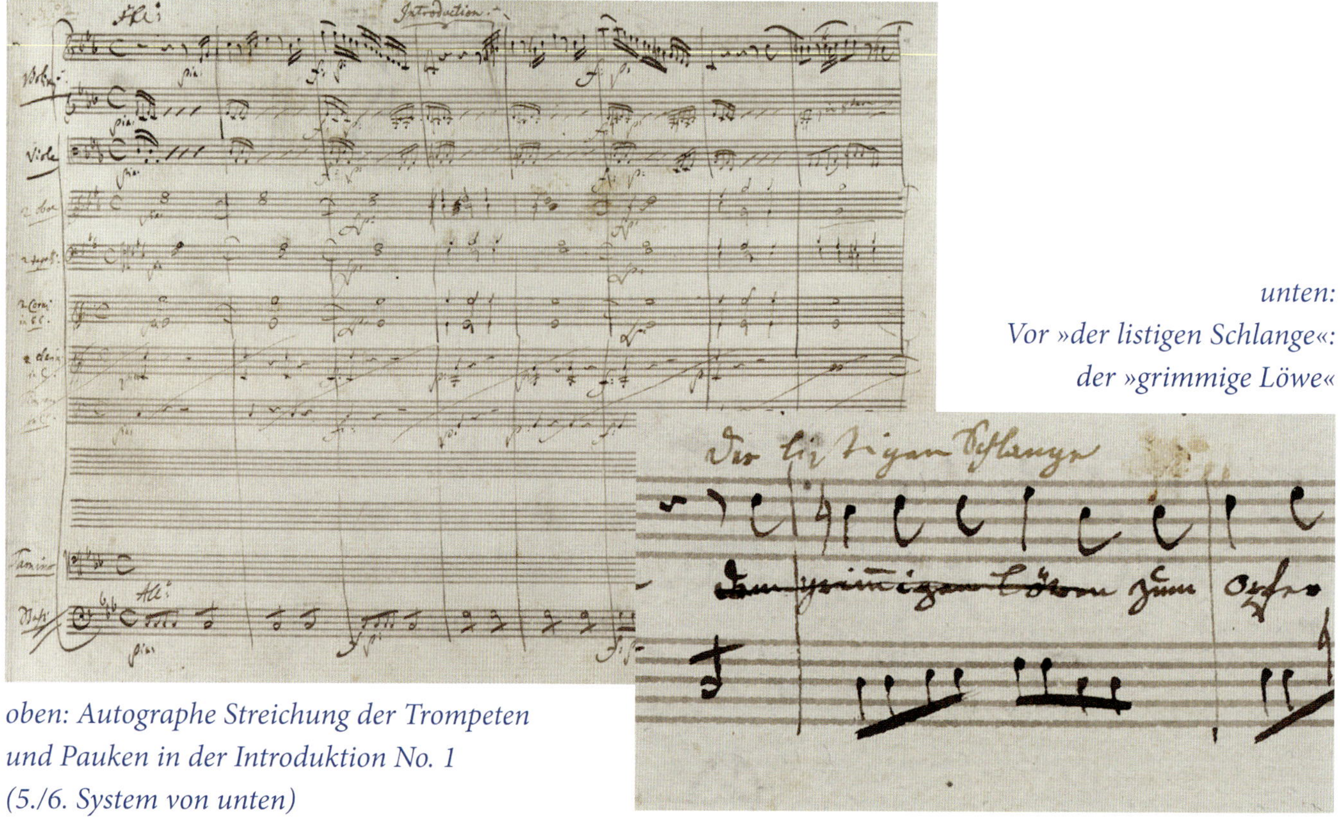

unten: Vor »der listigen Schlange«: der »grimmige Löwe«

oben: Autographe Streichung der Trompeten und Pauken in der Introduktion No. 1 (5./6. System von unten)

vatter Sigmund: Die Dreizahl von Damen, Speeren und die Dreiteilung der Schlange – und die Schlange selbst! – spielen mit »männlichen« Symbolen, da die Drei als männliche Zahl schlechthin gilt[73]. Die Damen selbst aber sind unverkennbar weiblich, ihre »Wurfspieße« sind laut originaler Partituranweisung silbern – also aus dem Mondmetall –, und ihre Chefin ist die »Königin der Nacht«, die Repräsentantin der uralten »Großen Mutter«[74].

Tamino ist also zwischen »männlicher« Geistwelt und »weiblicher« Instinktwelt hin- und hergerissen[75].

Interessant übrigens, dass es in der ursprünglichen Partitur ein »grimmiger Löwe«[76] war, der Tamino verfolgte. Erst später strich Mozart im Autograph den Löwen aus – der böhmische Löwe war Wappentier der Habsburger und politisch hochprovokativ[77]. Ersetzt wurde er im Text durch die heute bekannte Schlange, *das* Phallussymbol schlechthin, das von den »Drei Damen mit silbernen Wurfspießen« in drei Stücke zerstoßen wird, worauf Tamino in Ohnmacht fällt.

Wollte man eine derartig konstruierte Zusammenballung von Phallussymbol, Vagina dentata[78], Kastrationsangst und symbolischem Tod neu erfinden, man müsste sich wirklich anstrengen. Zudem bietet die Zerstörung der Schlange für die Eingeweihten noch symbolisch die Zertrennung des Ouroboros[79] an – am Anfang der Oper würde dann metaphorisch die Weltbruderkette, das weltumspannende Freundschaftssymbol der Freimaurerei, zerteilt. Somit wird im Publikum unterschwellig das Bedürfnis nach »ordo ab chao« geweckt – Ordnung aus dem Chaos zu stiften.

Ouroboros, die Zirkelschlange, ist bildliches Symbol in Alchemie, Psychologie und Mythos, sie erscheint von den Pharaonengräbern bis zur Jetztzeit. Genug bildhaftes, psychologisch grundiertes Konfliktpotenzial, das bis zum Ende des Dramas gelöst werden will – und das nur im allerersten Musikstück der Oper!

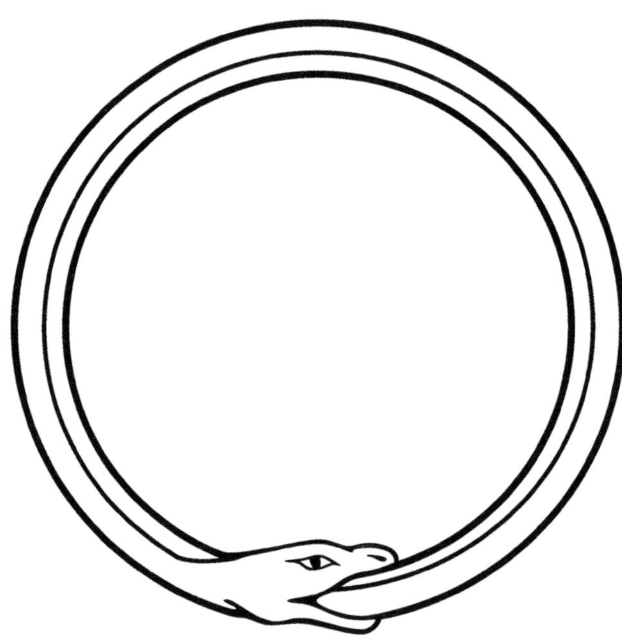

Als Begleitung für Tamino hatte Mozart von Beginn der ersten Nummer an Trompeten und Pauken orchestriert – seit der Barockzeit die alten Königsinstrumente, mit denen der Tenor eine akustische Visitenkarte als Prinz beigelegt bekam. Nach der

Änderung wurden die Trompeten und Pauken zu Beginn gestrichen und spielen seitdem bis heute erst ab dem Auftritt der Drei Damen – deren Sieg über die Schlange dadurch noch um vieles heroischer wirkt.

Die *Zauberflöte* – frauenfeindlich? Also bitte nochmal genau nachschauen: Tamino – fällt in Ohnmacht. Schlange – stärker als er. Drei Damen – wiederum stärker als die Schlange.

Die Damen haben hier die Oberhand, sind gleich zu Anfang handlungsbestimmend, rüsten die ungleichen Helden Tamino und Papageno mit den Zauberinstrumenten aus und sind in jeder Hinsicht aktiver als die Herren auf der Bühne.

Und das sind »nur« die Drei Damen, leitende Angestellte Ihrer Majestät der Königin der Nacht – wenn *die* später höchstselbst unter effektvollem Theaterdonner auftritt, muss man sich wahrscheinlich gar mächtig fürchten, wie das dann auch Schikaneder als Papageno tat. Und seitdem jeder Papageno tut. Und das Publikum hat seine Gaudi.

Hier spielt Schikaneder mit der Erwartungshaltung auf immer mächtigere Geister und Gewalten, genauso wie Goethes Faust in der Studierstube mit immer mächtigeren Beschwörungen:

»Geist: Du gleichst dem Geist, den du begreifst, nicht mir!
Faust, zusammenstürzend: Nicht dir? Wem denn?
Ich Ebenbild der Gottheit! Und nicht einmal dir!«[80]

In der *Zauberflöte* trifft Mozarts Fähigkeit zu musikalischer Tiefenauslotung der Charaktere nun noch zusätzlich auf die Aufladung der Handlung durch Symbole und Situationen. Nur am Rande sei erwähnt, dass zusätzlich zum Orpheus-Mythos auch die Geschichte von Demeter gestreift wird – der Göttin, die auf der Suche nach der verlorenen Tochter über die Erde irrt. *»Zum Leiden bin ich auserkoren – denn meine Tochter fehlet mir …«*[81]

Auch die Figur der Göttin Hekate, die für den Übergang zwischen Welt und Unterwelt, für die Verbindungen zwischen den Toten und Lebenden und für Magie zuständig war, schillert in die Figur der Königin der Nacht herein. Ganz besonders auffallend ist dieser Wesenszug vor und nach ihrer zweiten Arie (*»Der Hölle Rachen kocht in meinem Herzen – Tod und Verzweiflung …«*). Laut originaler Szenenanweisung kommt die Königin »unter Donner aus der mittleren Versenkung«[82] und »sie versinkt«[83] am Ende der Arie wieder, augenscheinlich in die Unterwelt der Unterbühne.

Dies gab Schikaneder als Impresario willkommenen Anlass, die technischen Möglichkeiten seines Theaters auf spektakuläre Weise zu inszenieren. Dass die furchteinflößende Herrscherin in der Story der *Zauberflöte* virtuos über magische Kräfte gebietet, war ja spätestens ab dem Moment klar, als sie die beiden Helden der Geschichte, Tamino und Papageno, zu ihrem Schutze mit zwei Zauberinstrumenten ausstattete.

Ein Zauberinstrument in Oper und Theater der Mozart-Zeit ist nichts Besonderes. Etwas Besonderes ist hingegen, wie Schikaneder/Mozart aus einer literarischen Vorlage und einem theaterpraktischen Zufall eine geniale Sache machen.

Wenn schon ein Tenorheld – jemand, der sich mit einem Zauberinstrument vor Gefahren schützt und seine Geliebte erringt – ein Instrument spielt, warum dann ausgerechnet eine Flöte? Kenner wollen wissen, dass Mozart die Flöte nicht besonders gemocht habe. Und jetzt – eine Flöte, die dann auch noch dem Bühnen-Bestseller seinen Namen gibt? Warum nicht eine Harfe, wie der klassische Orpheus, oder ein Horn, wie in Wielands *Oberon*?

Nun, einmal gab es da schon das Exotik-Märchen *Lulu oder die Zauberflöte* von Christoph Martin Wieland, das gerade in Mode war. Den Ausschlag, das Zauberinstrument aber wirklich eine Flöte sein zu lassen, gab ein verblüffender Zufall. Und erst diese Kombination verhalf der Oper 1791 in Wien zu durchschlagender Wirkung.

Wie so oft am Theater hing auch hier irgendwie alles mit allem zusammen und es wurde eine Besetzung durch die Realität diktiert. Benedikt von Schack, der als erster Tenor am Hause den Tamino in der Uraufführung singen sollte, war auch – Flötist![84]

Bevor er den Tamino gab, hatte er übrigens selber bereits mehrere Opern komponiert – alle auf Libretti von Emanuel Schikaneder. Das waren Werke wie *Der Luftballon*, *Der Krautschneider* oder *Kaspar, der lächerliche Mundkoch*[85] …

So ergab sich das Zauberinstrument eben ganz einfach auch durch die aktuellen Gegebenheiten an Schikaneders Theater[86].

Denn nun hatte man einen Tamino, der die Solostellen der Zauber-Flöte *selber* auf der Bühne spielte. Die Wirkung – unvergleichlich!

Übrigens sieht das Textbuch ausdrücklich eine *goldene* Flöte, neben den »Silberglöckchen« Papagenos, vor – zu Mozarts Zeiten, in der es noch keine Metallflöten, nur die hölzerne Traversflöte gab, ein Bild von starker »männlicher« Sonnen-Strahlkraft. Papageno bekommt demgegenüber als »alter ego« in derselben Szene ein *silbernes* Glöckchenspiel, und das ist nichts anderes als das antike Sistrum der Isis. Deswegen ist es natürlich aus dem »weiblichen« Mond-Metall gefertigt.

Wie praktisch auch, dass sich durch die subtil phallische Konnotation des Zauberinstruments unseres neuen Orpheus für Mozart sofort weitere musikalische Kombinationsmöglichkeiten ergaben.

Welches Instrument spielt dieser Naturbursche Papageno eigentlich? Ein Panflötchen. – Tamino als Apollo mit der Flöte: Das steht instinktiv für Geist, Verstand, das Heroische. Er spielt also gewissermaßen mit einfachem Rohr – ein Schelm, wer Böses dabei denkt …

Papageno dagegen spielt die Panflöte, und die hat *viele* Röhrchen, um im Bild zu bleiben … Genau gegenteilige Assoziationen: Erdiges, naturhaft Animalisches, Dionysos. Beide Hauptdarsteller gehören so zusammen und sind doch verschieden. Ein theatralischer Geniestreich sind die direkt aufeinandertreffenden Flöten- und Panflötenrufe beider im Finale des 1. Aktes, die 1791 mit dem originalen Flöten-Tamino ja *beide* auf der Bühne erklangen.

Die musikalischen Permutationsmöglichkeiten, die die Wahl von Taminos Zauberinstrument entfalten, gehen aber noch weiter. Ist Papageno als Taminos Gefährte sein »alter ego«, verbindet er somit traumhaft-spielerisch die geistige Ebene mit der Triebebene, wird dem Tamino musikalisch-psychologisch ein ganz anderer Charakter deutlich entgegengestellt: Manostatos.

Tamino spielt die Flöte, der Bösewicht Manostatos bekommt von Mozart die Piccoloflöte verordnet. In seiner Arie *»Alles fühlt der Liebe Freuden«* ist es eben die *kleine* Flöte (!), die der Orchesterbegleitung die charakteristische, etwas hohle Farbe gibt. Nochmal: Ein Schelm, wer Böses …

Denn jetzt ist es Zeit, die Bedeutung des Namens Manostatos zu entschlüsseln. Dass diese Figur hier immer M**A**nostatos geschrieben wird, ist kein hartnäckiger Druckfehler!

Griechisch manós bedeutet nichts anders als »dünn, schlaff«[87] – und diesen für jeden Mann nicht gerade schmeichelhaften Namen bekam der Mohr von dem mit allen Wassern gewaschenen Schikaneder verpasst. Mozart, der Schelm, gab ihm als Charakteristikum dann – die Piccoloflöte. Da braucht man nicht einmal mehr Griechisch zu verstehen!

Leider war Fürst Karl Alois Lichnowsky, der kaiserliche Zensor[88], hochgebildet und verstand sowohl Latein als auch Griechisch[89]. Er entschärfte den Namen in M**O**nostatos und machte aus dem »Schlappschwanz« einen »Alleinsteher«. So erscheint der Name des Mohren in allen gedruckten Ausgaben bis heute. Mozart schreibt dagegen in seinem Autograph immer konsequent »Manostatos« – und so wird der Name denn auch in diesem Buch verwendet.

Nochmal zum Orpheus: In der einschlägigen Literatur finden eigenartigerweise die Orpheus-Bezüge in der *Zauberflöte* relativ wenig Beachtung[90] – dabei ist die Parallele zum Flöte spielenden Helden, der seine Geliebte verliert, wenn er das Schweigegebot missachtet, eigentlich doch nicht zu übersehen.

Auch Orpheus gehört zur *Zauberflöte*. Das hat der Comic mit seiner bildlastigen Verschlagwortung eher begriffen als manch klassische Operninszenierung: Auffallend in dieser Darstellung aus dem *Zauberflöten*-Comic von P. Craig Russell ist die gelungene, ganzheitliche Darstellung des ätherischen, alles durchflutenden Charmes der Musik – und die Herstellung von Nähe zum Betrachter durch das *Fehlen* jeglicher Exotik! Dieser Orpheus-Tamino spielt seine Flöte eindeutig in einem heimischen Wald mit westlichen Tieren.

Das nun war bei Schikaneder und Mozart völlig anders: »Hauptsache, weit weg«, hieß die Devise der theatralischen Chefköche – es konnte ihnen gar nicht exotisch genug sein.

Die Anspielung auf den lüsternen Mohren als exotischen Eunuchen, der es musikalisch nicht bis zur großen Flöte schafft und sich mit der Piccoloflöte begnügen muss – das hat damals wohl jeder im Publikum verstanden, war doch die Erinnerung an die Türkenkriege noch ziemlich lebendig. Die »Türken-

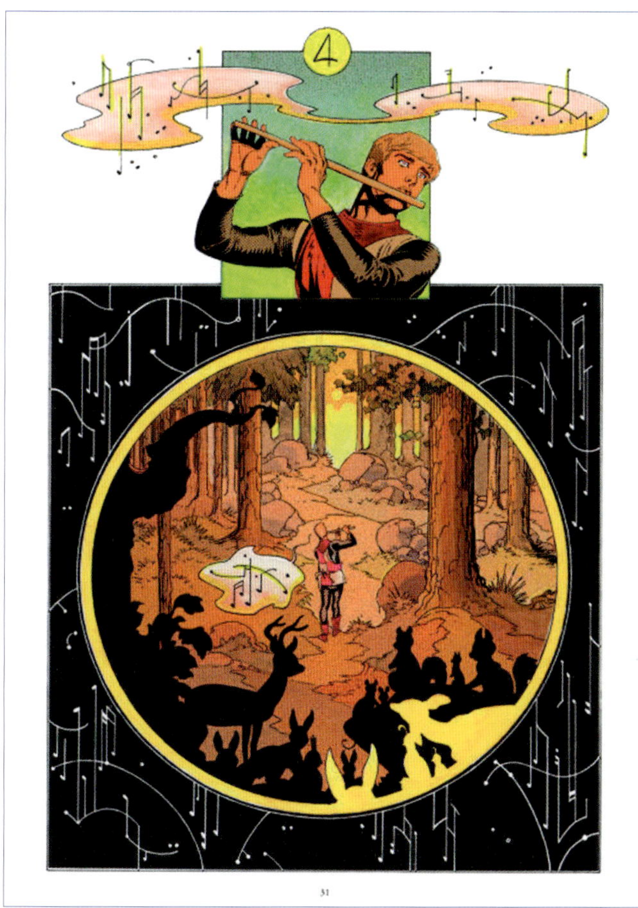

P. Craig Russell: Comic-Buch »Magic Flute« 1989/90

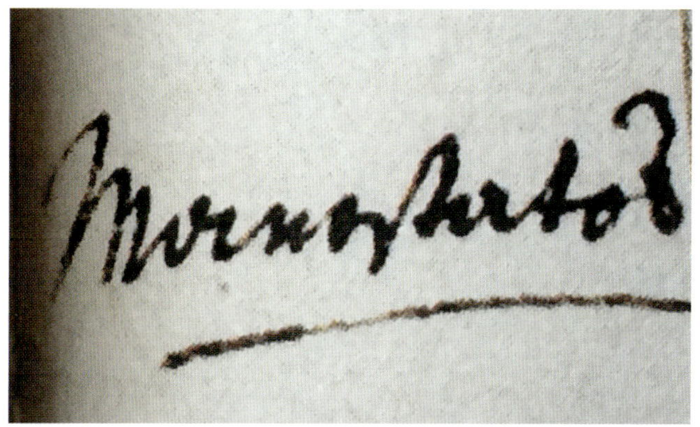

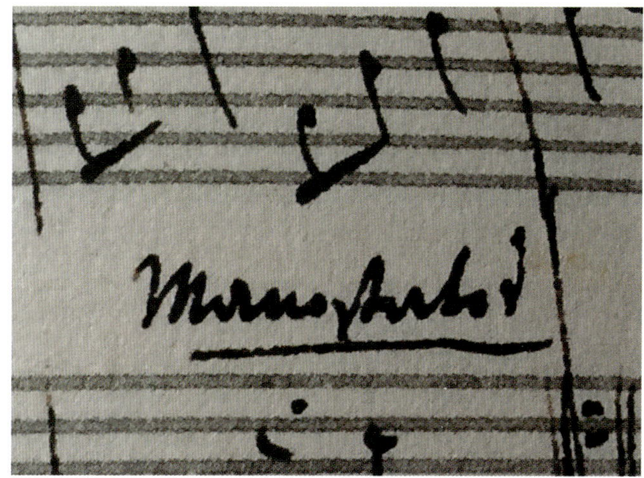

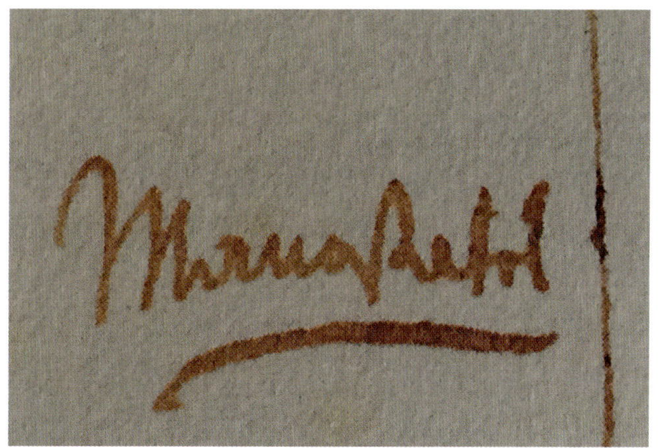

Klare Sache: in Mozarts Handschrift heißt's immer »Manostatos«

oper« war eine sogar ziemlich beliebte Gattung, in der die Fremdartigkeit der Bräuche dem Publikum wohlig-gruselige Schauer über den Rücken jagte.

Schikaneder lieh sich nun aus dem exotischen Erzählband »Dschinnistan« von Christoph Martin Wieland Anregungen für die Story der *Zauberflöte*. Tamino selbst wird im Opern-Textbuch als »japonischer Prinz« angekündigt – was das nun auch immer bedeuten mochte. Es ist müßig, heute darüber zu spekulieren, ob das ein japanischer oder javonischer Prinz sein soll, oder ob durch eine fehlerhafte Unterlänge das »v« wie ein »p« aussah[91]: Dies war für Mozarts Zeitgenossen schlichtweg uninteressant. Hauptsache, der Königssohn war so fremdartig wie nur möglich!

Und Schikaneder streute reichlich aus der exotischen Gewürzdose in das Operngulasch. Gleich zu Beginn seiner Zauberoper treten auf: der Prinz aus fremdem, fernem Märchenland, dann ein Fantasie-Vogelmensch nach Art der Star-Wars-Kreaturen: freundlich und mit Spezialbegabung. Beide bekamen als Sonderausstattung ihr spezielles Zauberinstrument in die Hand.

Und der Mohr schließlich war als Inbegriff für unbekannte Fremdartigkeit schon ein Spektakel für sich. In einer Zeit lange vor Fernreisen, Fernsehen oder gar dem Internet hatten die wenigsten einen Menschen mit dunkler Hautfarbe gesehen, geschweige die Löwen, die Sarastros Wagen laut originalem Textbuch ziehen sollten – und die leibhaftig auf der Bühne von Statisten dargestellt wurden. Ebenso die wilden Tiere »*von allen Arten*«[92], die Tamino als neuer Orpheus im 2. Akt durch den Klang seiner Flöte besänftigt.

Die schwarze Farbe von Manostatos nun als Indiz für Rassismus der Autoren zu nehmen, ist ein besonders perfider Akt von geschichtsklitternder Schlaumeierei. Dieser Mohr ist doch nicht böse, weil er schwarz ist – im symbolischen Figuren-Puzzle dieser Oper *muss* er schwarz sein, weil er böse ist!

Hans Joachim Kreutzer schreibt über den dramaturgischen Einbau einer Figur wie Manostatos in eine Oper des späten 18. Jahrhunderts: »Schwarze sind nota bene keineswegs per se minderwertig oder gar böse, sie sind einfach anders. Schikaneder lässt Monostatos seine Fremdheit reflektieren, mit offenem Ergebnis. Mozart kommt dem entgegen, indem er der Gestalt durchgehend eine Musik ganz eigenen Charakters, und zwar von auffällig hohem Tempo, schreibt.«[93]

In die Kategorie »reichlich Gewürz« fällt auch die theatralische Androhung martialisch-fremdartiger Strafen, wie der Bastonnade, und die Ausstattung Sarastros mit Sklaven. Diese Ausstattungen und Aussprüche waren dazu gedacht, ihn mit fremdländischem Parfum zu umgeben – wie Gold, Weihrauch und Myrrhe die Darstellung der Heiligen Drei Könige. »Sarastro« ist ja nichts weiter als »Zarathustra« auf Italienisch – und da Nietzsches Buch vom persischen Weisen noch lange nicht geschrieben war, war dieser auch für damalige Intellektuelle so exotisch wie ein Marsmensch.

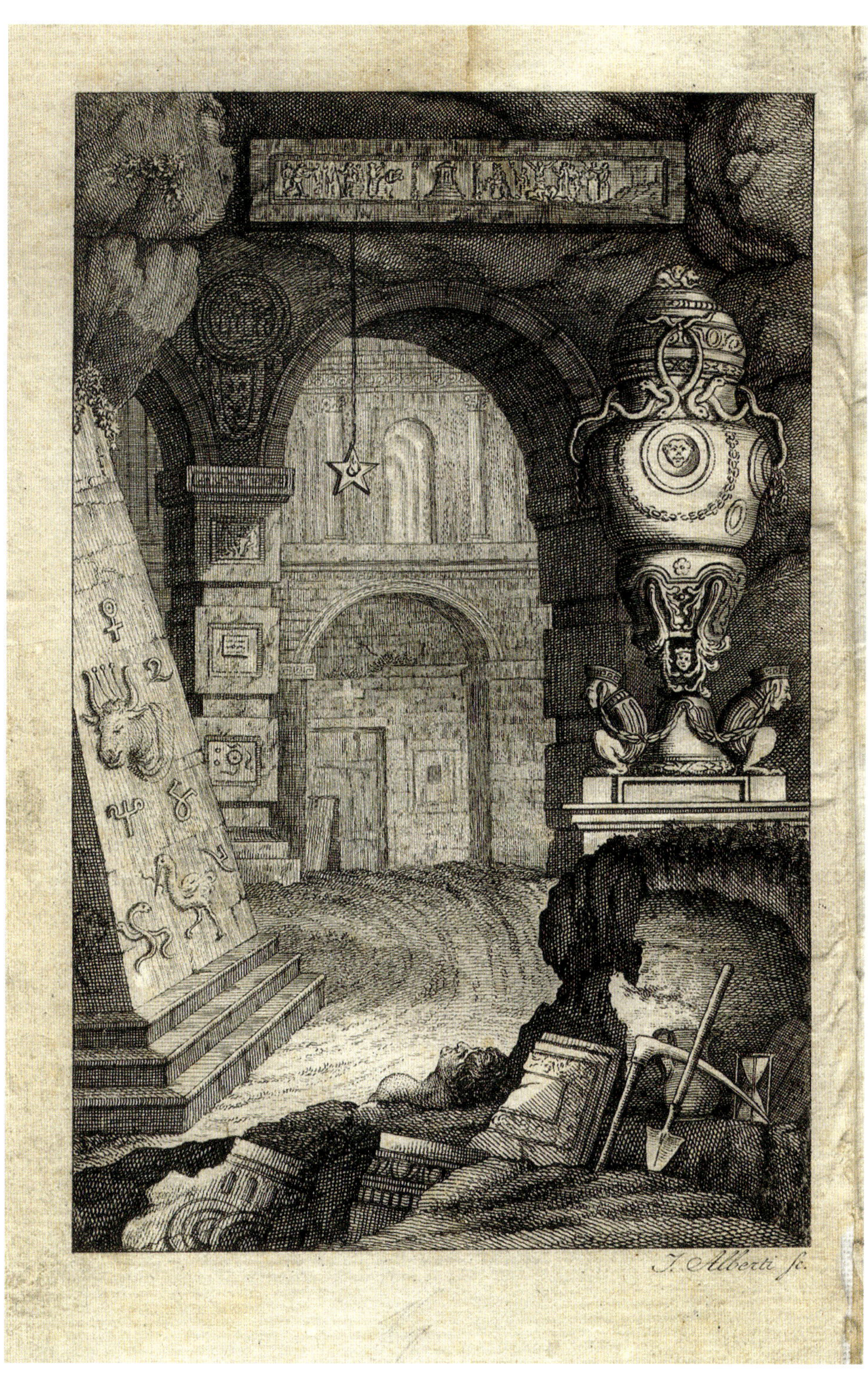

Der Eingang zum Prüfungstempel. Titelkupfer des Programms zur Uraufführung der Zauberflöte

Sich darüber heutzutage den Kopf zu zerbrechen, ob zum Beispiel Sarastro Manostatos' Bestrafung nun wirklich durchgeführt hat – oder warum dann doch nicht –, ist im damaligen Zeitkontext genauso müßig wie die Frage, wie denn die Drei Damen – nicht minder brutal – es schaffen, Papageno mit einem Schloss den Mund zu verschließen. Worüber man sich heute übrigens weit weniger mokiert.

All dies wird von den Autoren als Dekor bedenkenlos eingefügt, um die Handlung möglichst spektakulär zu garnieren. Sahne auf dem Opern-Kuchen ist zwar dekorativ, hat aber eben nur begrenzten wissenschaftlichen Nährwert …

Zwar waren Mozarts Zeitgenossen beim Thema Gewalt und Strafen bei weitem nicht so zartbesaitet wie wir Heutigen. Die Folter war in Wien erst 15 Jahre zuvor abgeschafft worden, und eine Deklaration der Menschenrechte war in weiter Ferne – dennoch muss man sachlich festhalten, dass das Bild Sarastros gleichwohl von Anfang an ambivalente Züge trägt. In Kapitel 17 über die »Freimaurertonart« werden wir darauf genauer eingehen – mit einer überraschenden Schlussfolgerung.

Schikaneder wäre kein ausgekochter und auf Sensationen versessener Theatermann gewesen, wenn er nicht – auch als Logenmitglied hemmungslos auf Effekthascherei bedacht! – tief in die Gewürzkiste der Freimaurer gegriffen hätte. Der Begriff »Sternflammende Königin«, mit der die Königin der Nacht immer wieder bezeichnet wird, spielt offen auf den »Flammenden Stern« an, einem Symbol, das im Ritual der Freimaurerei eine wichtige Rolle spielt[94].

Aber auch ohne Freimaurerbezug und bei ganz normalen Menschen regt der verheißungsvolle Begriff »Flammender Stern« bereits die Fantasie an – und fördert auch noch heutzutage den Absatz! So tragen u. a. ein Mädchenbuch von Federica da Cesco[95] und ein Film mit Elvis Presley[96] diesen Titel …

Einen Sonderfall der Kategorie »Gewürze« bilden die ägyptischen Pyramiden, Palmen und das sonstige Gemäuer und Gewächs, das sich im originalen Textbuch Schikaneders findet. Die Szenenanweisung zu Beginn des 2. Aufzuges ist derartig herrlich vollgestopft und fantastisch, dass sie es verdient, in voller Länge zitiert zu werden: *»Das Theater ist ein Palmwald, alle Bäume sind silberartig, die Blätter von Gold. 18 Sitze von Blättern; auf einem jeden Sitze steht eine Pyramide und ein großes schwarzes Horn mit Gold gefaßt. In der Mitte ist die größte Pyramide, auch die größten Bäume. Sarastro nebst andern Priestern kommen in feierlichen Schritten, jeder mit einem Palmzweige in der Hand.«*[97]

Bemerkenswert ist hier, dass die Exotik sich innerhalb der Spieldauer der Oper verschiebt – und zwar von räumlicher Ferne (»japonische« Felsengegend) zu Beginn der Oper, hin zu zeitlicher Ferne (ägyptische Bauwerke und Gegenstände) im 2. Akt. Auch dies ist nicht ganz zufällig, begeisterten sich am Ende des 18. Jahrhunderts doch gleich mehrere Geheimbünde für die »Ägyptischen Mysterien«[98], und auch Mozart selbst war glühend erfasst von den angeblichen Wurzeln der Freimaurerei in fernem Dunkel. Die obskuren »Asiatischen Brüder«, eine Splittergruppe abenteuerlich-esoterischer, irregulärer Freimaurerei, hatten zu Mozarts Zeit eines ihrer Zentren in Wien[99].

Auch Mozart erlag dieser modisch-fantastischen Geheimniskrämerei und erfand sogar selbst einen Geheimkult »Die Grotte« …[100] Der größte Reiz bei allem Ägyptischem lag auch hier nicht in wissenschaftlicher Genauigkeit, sondern im Faszinierenden des unergründbaren Alters dieser Kultur. Der Stein von Rosette wurde erst 1822 entziffert, Hieroglyphen konnte man noch nicht lesen!

Diese ägyptischen Deko-Elemente dienen im Wesentlichen dazu, die Atmosphäre ab dem ersten Auftritt Sarastros mit Weihe und Bedeutung aufzuladen. Mit eigentlicher Freimaurerei haben sie zwar wenig zu tun, sind jedoch pfiffig gewählt. Die Musik Mozarts greift die Dualität der Sonnen- und Mondmetalle Gold und Silber auf – zum Beispiel durch direkten Umschlag des feierlichen Es-Dur in seine Umkehrung, das düstere c-Moll. Diese Tonart ist nichts weiter als ein »gespiegeltes«, auf dem Kopf stehendes Es-Dur mit den gleichen Vorzeichen; Mozart wählt diese Moll-Tonart übrigens u. a. für seine *Maurerische Trauermusik*. Sie beginnt in düsterem c-Moll und hellt sich ihrerseits im Mittelteil, wie von einem Lichtstrahl durchflutet, nach Es-Dur auf.

Deutlich zu hören ist dieses Hell-Dunkel-Wechselbad von Es-Dur zu c-Moll am Übergang vom strahlenden Schluss der Ouvertüre zum verhuschten, gehetzten Beginn der ersten Musiknummer »*Zu Hilfe, zu Hilfe, sonst bin ich verloren*«. Den gleichen Effekt, von Hell nach Dunkel, stellt Mozart in das Finale des 2. Aktes, nach dem jubelnden Abgang der Drei Knaben und Pamina »*die Götter selbsten schützen sie*« und der unvermittelt folgenden pochenden Schreckensfanfare vor der Prüfungsszene mit den Geharnischten[101].

Umgekehrt bricht der Chor gegen Ende der Oper nach dem düsteren c-Moll-Intermezzo der Verschwörer um die Königin »*Nur stille stille* …«[102] mit »*Heil sei euch Geweihten*«[103] wiederum in strahlendes Es-Dur aus. Mit diesen Dunkel-Hell-Gegenüberstellungen wird die Leuchtkraft des Schlusses wirkungsvoll verstärkt.

Durch Zahlensymbolik werden diese Elemente auch musikalisch aufgegriffen und vertieft. Dazu später mehr – im zweiten Akt unseres Opernbuches.

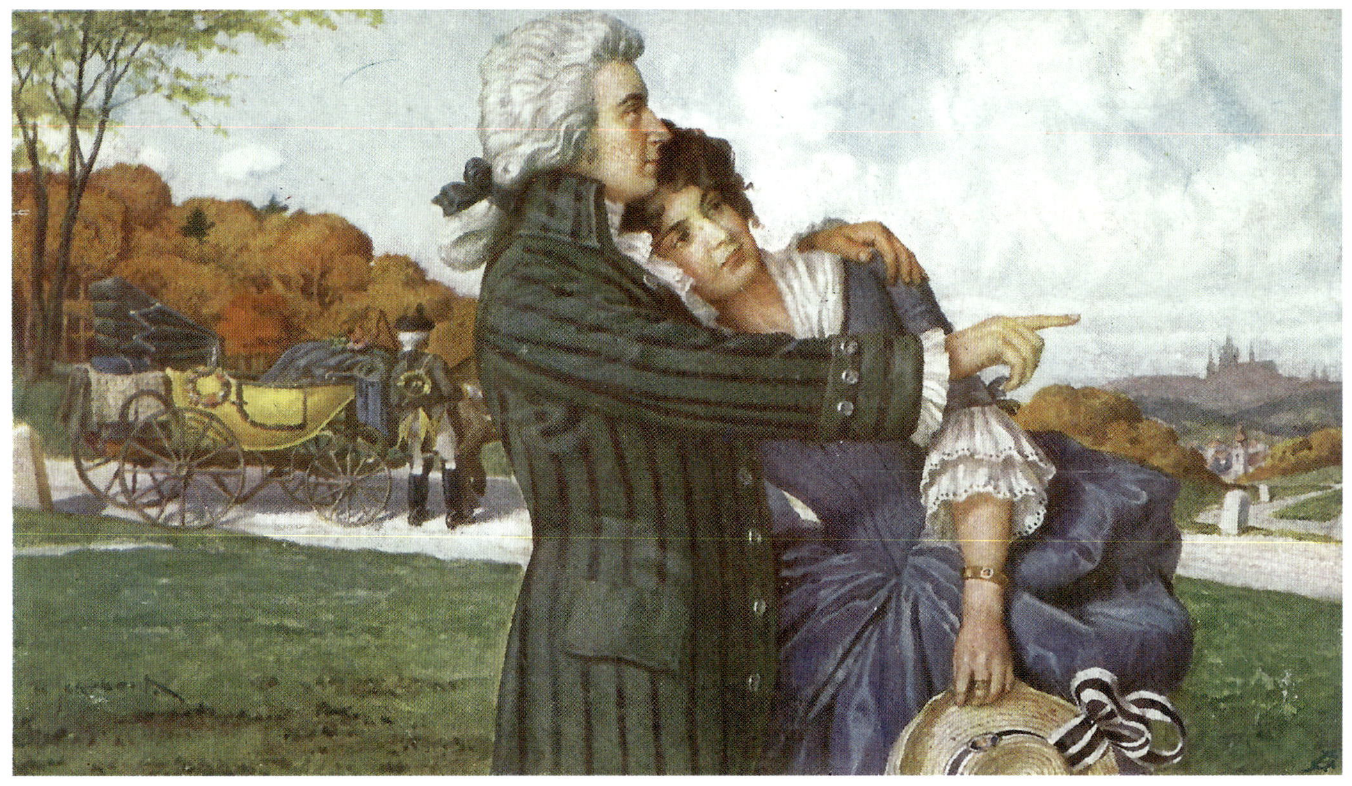

Die Mozarts auf Hochzeitsreise. Postkarte von H. Schubert, 1910

7 OPERN-STYLE

Die Romantik erfand zwei große Mozart-Mythen. Der eine war: Der göttliche Mozart sei bettelarm gestorben. Dies trifft auf die Romantiker Franz Schubert und Hugo Wolf zu, nicht jedoch auf Mozart. Nach heutigen Maßstäben war er sogar einigermaßen wohlhabend[104] – er konnte aber einfach nicht mit Geld umgehen. Die teuersten Posten aus seinem Nachlass waren nicht etwa seine Musikinstrumente, sondern seine aufwändigen Klamotten!

»Der Kleidernachlass Mozarts beinhaltete eine für die damalige Zeit außerordentlich umfangreiche Garderobe […] Mozarts Kleidung unterschied ihn also kaum von Hofbeamten oder vom Adel […] Das gesamte Vermögen Mozarts wurde auf 592 Gulden und 9 Kreuzer geschätzt, davon machten mehr als die Hälfte Kleidung und Hausgeräte aus.«[105]

Der zweite Mythos ist, Mozart habe aus reiner Gefälligkeit für Schikaneder dessen *Zauberflöte* komponiert, und er habe dessen billiges Schmierenkomödianten-Libretto durch seine geniale Musik geadelt.

Auch dies ist kompletter Nonsens. Wer glaubt, Mozart hätte sich je dazu herabgelassen, ein minderwertiges Theaterstück zu vertonen, der kennt ihn schlecht. Mozart wählte seine Libretti sehr sorgfältig aus! Im Mai 1783 schreibt er aus Wien an seinen Vater Leopold:

»*… ich habe leicht 100 – Ja wol mehr bücheln durchgesehen – allein – ich habe fast kein einziges gefunden mit welchem ich zufrieden seÿn könte; – wenigstens müsste da und dort vieles verändert werden. – und wen sich schon ein dichter mit diesem abgeben will, so wird er vieleicht leichter ein ganz Neues machen. – und Neu – ist halt doch imer besser.*«[106]

Der Autor, der 1780 den Text zu seiner Opera seria *Idomeneo* drechseln soll, wird von Mozart mit einer Kaskade von Änderungswünschen, Kürzungen und Umstellungen überschüttet. Da ist der Komponist 24 Jahre alt. Dass er ein Jahrzehnt später bei der *Zauberflöte* mit all seiner geschärften Theatererfahrung hinter diese Ansprüche zurückgegangen sein soll, ist absurd. Schon lange vor der Komposition der *Zauberflöte* bekennt er in einem Brief: »*... ich mag nichts hinschmieren ...*«[107]

Mozart und der um fünf Jahre ältere Schikaneder waren im Jahre 1791 bereits mehr als zehn Jahre lang befreundet[108] – und natürlich hat Mozart in enger Kooperation mit Schikaneder entscheidend Form und Inhalt ihrer gemeinsamen Oper bestimmt. Nicht zuletzt belegen dies die aufschlussreichen Abweichungen vieler Szenenanweisungen Mozarts in seiner autographen Partitur vom gedruckten Textbuch.

Wie qualitätvoll und vernünftig solche Änderungen und Eingriffe Mozarts waren? Bitteschön: Hätte Mozart nicht klug gekürzt, indem er eleganterweise manche Textpassagen einfach nicht komponiert hat, wären Zeilen wie diese stehengeblieben – nach Paminas »*die Wahrheit, die Wahrheit – sey sie auch Verbrechen*«[109]:
»*Die Wahrheit thut nicht immer gut, weil sie den Großen wehe thut; doch wär sie allzeit verhaßt, so wär mein Leben mir zur Last.*«

Oder: Vor dem Gesangsauftritt Papagenas[110] schusterte Schikaneder ursprünglich diese Verse zusammen: »*Komm her, du holdes liebes Weibchen! Dem Mann sollst du dein Herzchen weihn! Er wird dich lieben, süßes Weibchen, dein Vater, Freund und Bruder seyn! Sey deines Mannes Eigenthum!*«

Au weia! Dieses banale Moralisieren ist nicht nur flach, es widerspricht auch krass der gleichberechtigten Rolle der Frau, die Mozart aktiv, und zwar musikalisch, in der *Zauberflöte* entwirft, wie wir sehen werden.

Nicht zuletzt macht die enge und oft verblüffende Verzahnung von Text- und Musikgestalt maßgeblich die Wirkung der *Zauberflöte* aus. Das »Dream Team« Schikaneder/Mozart erfindet zur Vertonung der Bühnenhandlung eine Unzahl von absolut unkonventionellen Lösungen für dieses Musik-Theater. Allein die Häufung von ausdrucksvoll wortstammelnden Rufen in dieser Oper mit den gliedernden Satzzeichen, die energisch den musikalischen Ausdruck fordern, ist ohne Beispiel:

»*Hm hm hm ...*« (Papageno)[111],
»*Hu – hu – hu – hu – hu – hu!*« (Papageno und Manostatos)[112],
»*La ra la lala ...*« (Manostatos und Sklaven)[113],
»*<u>Na</u> stolzer Jüngling ...*« (Manostatos)[114],
»*O weh – o weh*« (3 Damen, dann Papageno)[115],
»*<u>Ha</u> – Unglückliche halt ein ...*« (3 Knaben)[116],
»*<u>Was</u>? Er fühlte Gegenliebe?*« (Pamina)[117],
»*Pa – pa – pa – pa ...*« (Papageno/Papagena)[118].

Ein weiteres Kennzeichen der *Zauberflöten*-Partitur ist die häufige *szenische* Musik, die Mozart vorgesehen hat. Dabei sind nur die berühmten »Drei Akkorde« im 2. Aufzug komplett ausnotiert – die Partitur fordert aber eindeutig viel mehr Effekte, und zwar nicht nur eine Batterie von verschiedenen Donnern (je nach Anlass unterschiedlich bezeichnet), Wassergeprassel[119] und ähnlichen Naturgeräuschen, sondern auch zusätzliche, *andere* Akkorde und Geräusche als nur den »dreyfachen Accord« im 2. Akt – Effekte, die Mozart zwar in der Partitur gefordert, aber nicht aufnotiert hat.[120]

Hier sind couragierte Entscheidungen des Dirigenten gefragt. Aus Ehrfurcht Mozart gegenüber besteht die Scheu, selbst Hand anzulegen – gleichwohl bleibt eine musikalische Realisierung der *Zauberflöte* ohne diese musikalischen Kommentare unvollständig.

Den im Dialog eindeutig verlangten »heftig erschütternden accord mit Musik«[121] zum Beispiel muss man mutig-kreativ erfinden. Und zwar, weil Mozart und Schikaneder ihn hier *fordern*. Dieser Akkordstoß kündigt den Auftritt der Königin der Nacht wie eine Schreckensfanfare an – ihn dramatisch sinnvoll neu zu erschaffen, entspricht völlig der zeitgenössischen Theaterpraxis und überhaupt ganz eindeutig Mozarts Intentionen. Hier Mozarts Musik zu ergänzen – jawohl, neu zu komponieren! – ist besser, als in kleinlaut-akademischem Respekt vor seinem Genius die Partitur »notengetreu« und damit sinnentstellend auszuführen, weil an dieser Stelle eben keine Noten stehen. Ein Sakrileg? Nein, eine operndramatische Notwendigkeit!

An anderer Stelle wird dagegen seit jeher dazukomponiert, obwohl es dort überhaupt nicht sein müsste. Auch der rätselhafte Beginn des Duettes No 7 »*Bei Männern, welche Liebe fühlen*« ist ganz klar in Zusammenhang mit einer Verschachtelung von Text und Musik zu sehen – in Mozarts Handschrift stehen nach den einleitenden klopfenden Streicherakkorden eindeutig Pausen![122]

Aus Verlegenheit – »das kann doch so nicht gemeint sein« – werden hier traditionell diejenigen Bläserakkorde gespielt, die von Mozart erst bei der Reprise aufnotiert sind. Besser, partiturgetreu und theaterpraktisch erprobt ist hier unser Vorschlag die Hereinnahme eines letzten Dialogsatzes in die »unlogische« Pause in Takt 1.

Der »göttliche Mozart«[123] als dadaistischer Text-Vertoner und visionärer Musik-Theater-Neuerer …

Warum nicht? Es ist doch auffällig, dass Schikaneder in seinem Theater zwischen 1789 und 1801 nicht weniger als 60 eigene Stücke aufführte[124] – aber kein einziges Mal den Erfolg der *Zauberflöte* wiederholen konnte!

Diese musikalisch-dramatische Verbindung zwischen Textdichter und Komponist war eben zu dieser Zeit einzigartig – und nach Mozarts Tod unwiederholbar geworden. Wir müssen also aus dem nur mäßigen künstlerischen Erfolg Schikaneders nach Mozarts Tod auf Mozarts maßgebliche Mitgestaltung an der *Zauberflöte* schließen.

Mozart war bei seinen Operntexten als Theaterpraktiker deshalb so wählerisch, weil er immer eine packende Bühnensituation im Fokus hatte. Eine Opernszene, wie das rasant-knappe Duettino »*Aprite questo aprite …*« zwischen Susanna und Cherubino im 2. Akt des *Figaro* beispielsweise, ist nicht nur wegen seines hastigen parlando-Textes und seiner halsbrecherischen Passagen zwischen Sängern und Orchester so schwierig. Mozart bestimmt durch seine extrem knappen Vor-, Zwischen- und Nachspiele auf Sekundenbruchteile genau sogar die Gänge und Bewegungen der Darsteller. Wehe einer Mozart-Aufführung, die das nicht von vornherein berücksichtigt!

In der *Zauberflöte* gibt es ähnliche Situationen. Versetzen Sie sich mal in die Lage des Regisseurs, der im 2. Akt alle Drei Damen nach dem Priesterduett für »*Wie, wie, wie – ihr an diesem Schreckensort*«[125] auftreten lassen muss – dafür gibt ihm Mozart in seiner Komposition exakt *einen Takt* Zeit, nicht mal eine Sekunde! Die fulminante Auftrittsmusik von Pamina und Manostatos für »*Du feines Täubchen, nur herein*«[126] im 1. Akt dauert gerade mal zwei Sekunden.[127]

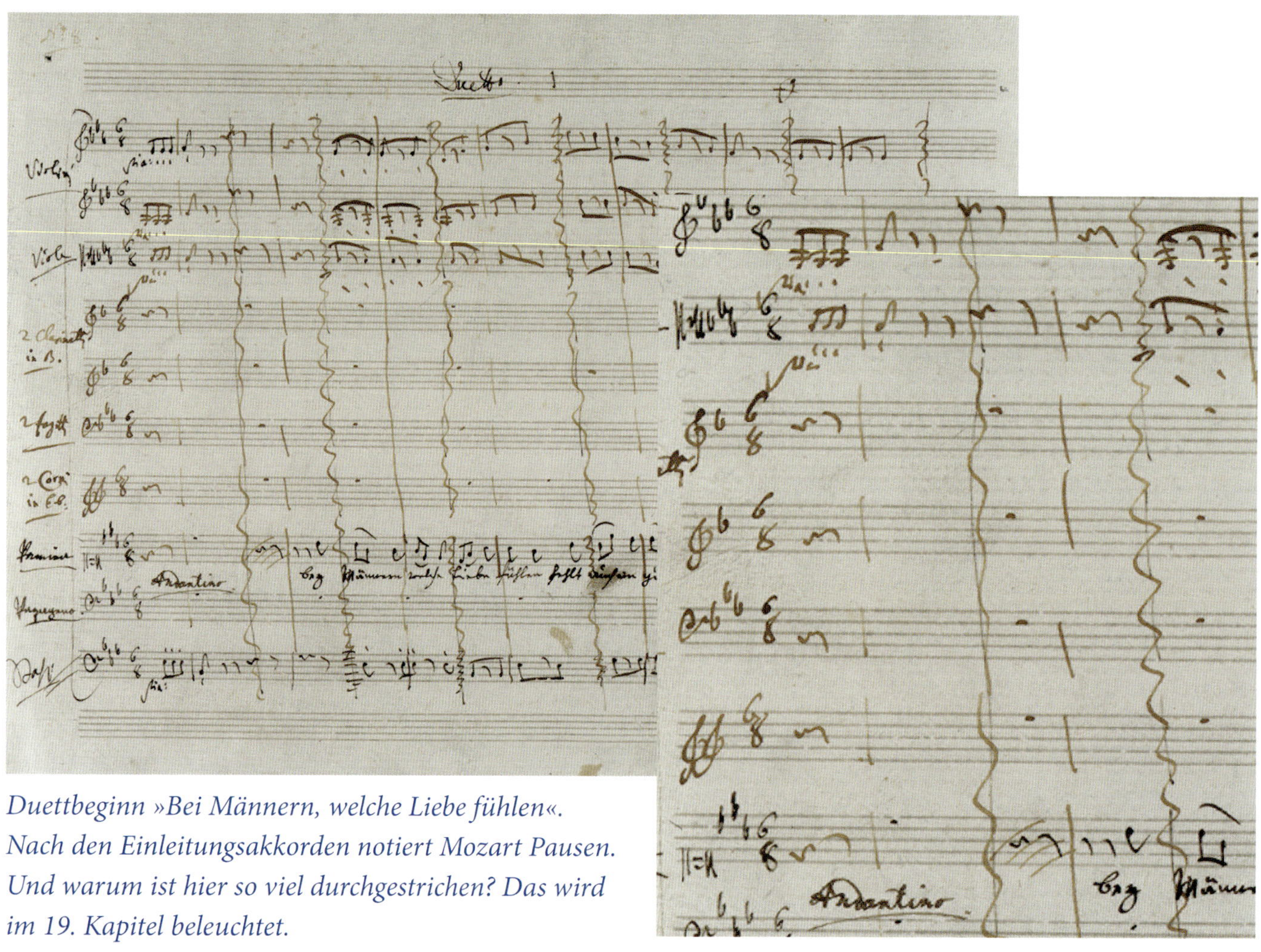

Duettbeginn »Bei Männern, welche Liebe fühlen«. Nach den Einleitungsakkorden notiert Mozart Pausen. Und warum ist hier so viel durchgestrichen? Das wird im 19. Kapitel beleuchtet.

Dagegen schreibt der Komponist der Königin der Nacht für ihre Auftrittsarie ein üppig ausgebreitetes Vorspiel[128] – wahrscheinlich trat sie effektvoll und gravitätisch von der Hinterbühne auf. Quasi über die Showtreppe. Und Papageno bekommt für seine Auftrittsarie »*Der Vogelfänger bin ich ja*«[129] eine komplette Minute Orchestervorspiel – das ist in der Oper eine halbe Ewigkeit!

Diese außergewöhnliche Dauer lässt uns schlussfolgern, dass Mozart ebenfalls einen ganz besonderen Auftritt im Sinn hatte, als er diese Arie für den Hausherrn komponierte. Kam er vielleicht durch den Zuschauerraum? Nicht umsonst bekam der singende Opernchef die erste und die letzte Arie der Oper – er war ja kein Anfänger in diesem Geschäft …

Mozart traf in der *Zauberflöte* auf das bunteste Libretto seines Lebens. Und er komponierte die bunteste Partitur seines Lebens!

Wie kann man denn »bunt« komponieren? Bunt malen – ja –, aber mit Tönen?

Nun, der Komponist macht es nicht viel anders als der Maler: durch Anwendung verschiedener Stile und durch Kombination verschiedener Klangfarben im Orchester.

Um den Reiz von Mozarts Stilmix nachzuvollziehen, müssen wir als Nachgeborene (die ja heutzutage alles schon einmal gehört haben) im Hören gleichsam »in der Zeit« bleiben. Es liegt auf der Hand, dass sich beispielsweise Albrecht Dürer und Pablo Picasso verschiedener Stile bedient haben. Dürer aber vorzuwerfen, dass er nicht auch Picassos Techniken in seine Arbeit einbrächte, ist Unsinn.

Ausgehend von unserer Gewöhnung an die heutigen musikalischen Extreme müssen wir also die Vielfalt der Stile zur Zeit Mozarts wieder neu hören lernen, um voll zu ermessen, wie groß seine Leistung in dieser Oper war.

Bereits 1778, also volle 13 Jahre vor der Komposition der *Zauberflöte*, schreibt der Zweiundzwanzigjährige selbstbewusst: »*… denn ich kann so ziemlich alle art und styl von Compositions annehmen und nachahmen.*«[130]

Wie virtuos Mozart die beiden zeitgenössischen Opernstile beherrschte – den der ernsten Opera seria und den der heiteren Opera buffa – hatte er schon bewiesen. Sein *Idomeneo* von 1781 ist ein Gipfelpunkt der altehrwürdigen Opera seria, und fünf Jahre danach wurde der *Figaro* zum Paradebeispiel der Opera buffa – vor Rossini.

Im *Don Giovanni*, wiederum ein Jahr darauf, wagt er zum ersten Mal die Vermischung beider Stile. Der Untertitel des Stücks »Dramma giocoso« benennt einen Zwitter aus zwei Formen, die sich eigentlich widersprechen. Die Klassiker allgemein – und Mozart insbesondere – sahen das Komische und das Tragische aber nicht als Gegensätze. Erst die Romantik zerteilt das streng, in der Klassik waren es zwei Seiten derselben Medaille! Der *Don Giovanni* gerät in Prag zu einem spektakulären Erfolg – auch deswegen, weil der Titelbösewicht musikalisch so locker zwischen den Stilen hin- und herwechselt, wie zwischen seinen Frauen. C'est la vie!

Und da die vornehmen Damen Donna Anna und Donna Elvira Operntypen der seria sind, die Bauerngöre Zerlina aber als Proletarierin in die Opera buffa gehört, probiert Mozart zum ersten Mal die Verwendung *beider* Stile gleichzeitig. In der Tanzszene im Finale des ersten Aktes spielen drei kleine Orchester gleichzeitig (!) eine Collage aus drei Tänzen in drei verschiedenen Taktarten: dem höfischen Menuett der Adligen, dem rumpelnden Kontretanz zweier Männer und dem bäuerlichen Deutschen Tanz, Vorläufer des Walzers.

Bereits dies ist ein Werk eines Freimaurers: Für einen Moment werden auf der Bühne die Standesgrenzen aufgehoben. »Die Freimaurerei hatte durchaus dieselben Ziele – Freiheit, Gleichheit, Brüderlichkeit – wie die Französische Revolution, wollte sie aber evolutionär statt revolutionär durchsetzen; ohne Guillotine sozusagen.«[131] (Michael Hampe)

Was hat das alles mit der *Zauberflöte* zu tun? Ganz einfach. In seiner letzten Oper treibt Mozart den Stilmix noch einen Schritt weiter!

Zusätzlich zu den Stilen der Opera seria und Opera buffa spielt Mozart in der *Zauberflöte* mit italienischem und deutschem Stil. Er nimmt quasi eine weitere Dimension hinzu und multipliziert die Per-

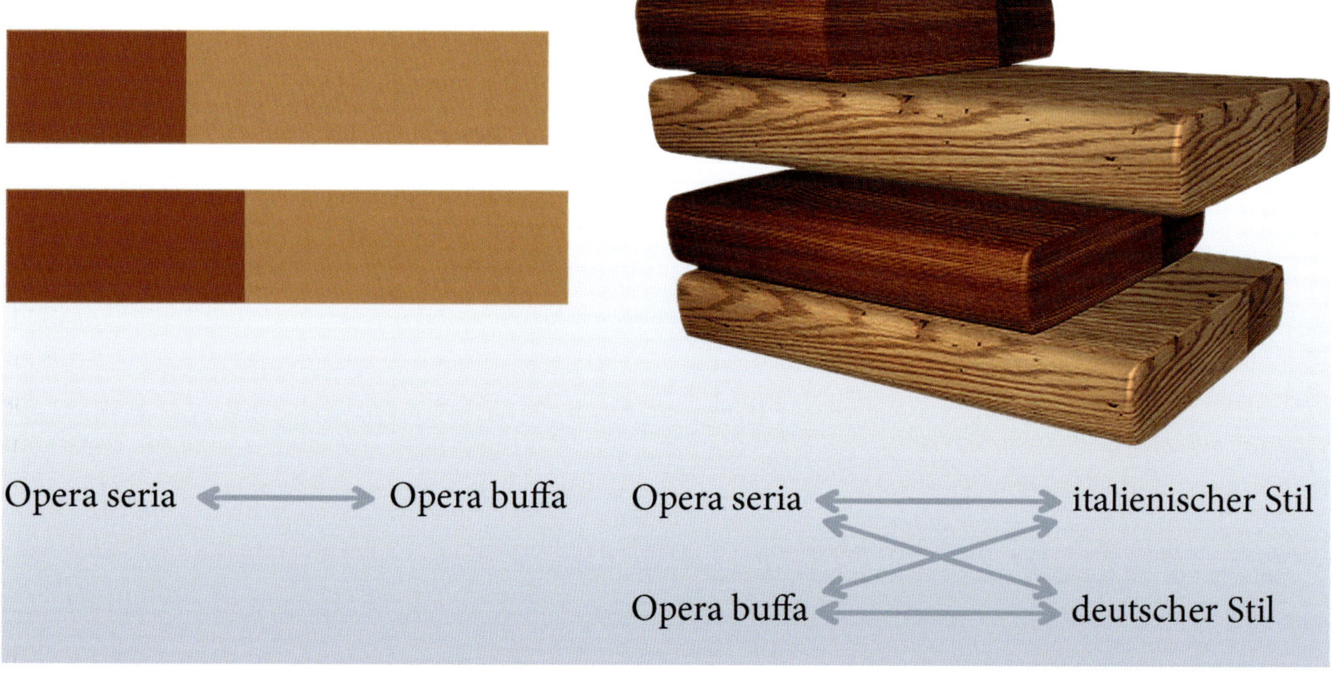

mutationsmöglichkeiten. Es ist, als ob Mozart von einem zweidimensionalen Balkendiagramm zu einer 3D-Animation wechseln würde. Dabei öffnet er die alten Gattungsbegriffe – seria, buffa, deutsch, italienisch – in Richtung auf ganz neue musikdramatische Gestaltungsmöglichkeiten.

Zwar trägt Mozart sein fertiges Opus in das Privatverzeichnis aller seiner Kompositionen als »Teutsche Oper« ein; dieser Begriff darf jedoch nicht darüber hinwegtäuschen, dass er sich immer wieder selbstverständlich einer Fülle von *italienischen* Melodien und Formen bedient, auch wenn deutsch gesungen wird!

Einige Beispiele aus dem 1. Akt:

Die *Zauberflöte* beginnt mit Taminos Ohnmachts-Szene und den Drei Damen als »Große Oper« – mit einer ernsthaft-dramatischen Exposition der Handlung.[132]

Papagenos Auftrittsarie »*Der Vogelfänger bin ich ja*«[133] bringt danach den bodenständigen Kontrast, auf den das Parterre gewartet hatte. Jener ebenerdige Raum im Theater war nicht bestuhlt, dort drängten sich die Stehplatzbesucher der Unterschichten, und diese lärmende Masse des damaligen Wiener Vorstadtpublikums entschied über den Erfolg solch einer Oper. Papageno präsentiert sich also mit einer deutschen Melodie, die ein Volkslied sein könnte. Und diese applausfördernde Mischung deutsch/buffo behält der Komponist für alle Papageno-Szenen bei.

Ist Ihnen schon einmal aufgefallen, dass die Töne von »*Ein Mädchen oder Weibchen*« verblüffend dem Anfang von »*Wenn alle Brünnlein fließen*« ähneln? Und »*Könnte jeder brave Mann*«[134] ist geradezu die Vorlage für Schuberts Melodie zum populären »*Heideröslein*«[135]. Diese Papageno-Melodien sind nicht nur leicht fasslich, sie kann auch vom Tonumfang her einfach jeder mitsingen!

Das ändert sich abrupt in Taminos Bildnisarie[136], dem unmittelbar folgenden Stück. Hier lässt der Tenor keinen Zweifel daran, wer der »erste Sänger« am Haus ist. *Diese* Melodie nachzusingen – daran wagt sich keiner aus dem Publikum. Es ist reinster italienischer Belcanto. Trotzdem nicht unsympathisch, dieser junge Prinz. Und dass man den Tenor mag, ihm die Herzen zufliegen, das ist nun wieder schon fast Opera buffa.

Weiter geht's: Als nächstes kommt die erste Arie einer Frau[137], der Königin der Nacht. Das großspurige Orchesterrezitativ, die langsame Arie und am Ende eine Cabaletta di bravura mit höllisch-vertrackten Koloraturen – italienische Opera seria reinsten Wassers. Vergessen wir nicht: Sie ist eine *Königin*, erinnert an eine uralte überlegene Gottheit, während Sarastro »nur« ein Hohepriester ist! Mozart gibt ihr immer grandiose, furiose Musik – dass er ihr die höchsten Noten hinschreibt, die jemals ein Komponist für Singstimme erfindet, haben wir bereits erwähnt.

Der Beginn der nächsten Musiknummer[138] gehört wieder Papageno in seiner deutsch-burschikosen

Direktheit. Eine Musiknummer ganz ohne Text, nur mit stotterndem »*Hm-hm-hm*« zu beginnen, war im späten 18. Jahrhundert schon etwas ganz Absonderliches – und urkomisch. Aber schon nach wenigen Takten fällt ihm Tamino trotz deutschem Text mit einer »italienischen« Belcanto-Melodie ins Wort (»*Der Arme kann von Strafe sagen …*«), und so folgt Schlag auf Schlag ein Feuerwerk von raffiniertestem Stilmix.

Musikdramaturgisch am weitesten geht Mozart ausgerechnet beim Duett zwischen Pamina und Papageno,[139] das so naiv daherkommt. Aber fängt man an zu analysieren, hat es dieses Stückchen in sich: hohe Stimme trifft tiefe Stimme, ausgebildete Sängerin (und das konnte damals nur heißen: italienisch ausgebildet) trifft Naturburschen, und alles klingt deutsch und buffo, bis kurz vor Ende Pamina eine wahrhaftige »italienische« Primadonnen-Kadenz hinlegen darf. Dazu noch: Prinzessin verbrüdert sich mit Plebejer – das war schon ein spezielles Bild auf der Bühne. Die Französische Revolution war ja gerade einmal 26 Monate her!

Frau und Mann so verschieden wie nur möglich, aber in größtmöglicher Eintracht – dieses Duett wird uns später in Kapitel 19 noch weiter beschäftigen.

Auch die ganz verschiedenen Instrumental-Nachspiele der Gesangsnummern können als Indiz für die rasche Folge von buffoneskem und seriösem Stil genommen werden. Wieder Beispiele aus dem 1. Akt:

Tamino und die Königin beenden ihre ersten Arien mit den großen, pompösen Nachspielen, wie sie für den »seriösen« Stil kennzeichnend sind. Auch das Nachspiel der Introduktion nach dem Abgang der Drei Damen fällt mit seinen etwas selbstgefällig-gespreizten Pauken und Trompeten in diese Kategorie.

Dagegen haben Papagenos Arie, das Quintett und das Terzett nach dem »*Hu-Hu*« von Manostatos und Papageno gar keine Nachspiele im eigentlichen Sinn, sie beenden also das Gesinge abrupt und stürzen sofort in den nachfolgenden Dialog hinein – dieses Tempo-Spiel ist klar aus der Opera buffa übernommen.

Je nach Szene schreibt Mozart entweder so oder so, denkt und komponiert nicht mehr in streng getrennten Gattungsbegriffen und setzt Interpreten und Zuschauer einem dauernden Wechselbad von Stilen aus. Von Großer Oper bis zum Volkslied, von Moralstück bis zum Märchen ist alles drin. Daher wirkt diese Oper so lebendig und volksnah – mit höchster Kunstfertigkeit erzeugt sie mit Leichtigkeit Schnittmengen zu den Lebenswirklichkeiten aller.

Dies soll nun auf der Bühne in einer Inszenierung und im Orchestergraben vom Dirigenten realisiert werden. Diese verrückte Mischung komplett zu umgreifen und auszuloten, ist für den Fachmann unendlich schwer.

Was einem sonst oft weiterhilft, der sezierende Intellekt, ist hier eher hinderlich.

»*Wohl, wenn ins Eis des klügelnden Verstandes das warme Blut ein bißchen muntrer springt!*« (Friedrich von Schiller)[140]

Um wieviel einfacher als die Spezialisten hat es das Publikum mit seiner Fähigkeit, ganzheitlich, spartenübergreifend, synästhetisch zu erfassen, zu erspüren.

Im Zusammenhang mit den überkreuzten Stilen eine Randnotiz im Vorübergehen: Bereits 1781 – ein Jahrzehnt vor Mozarts *Zauberflöte* – komponierte Antonio Salieri einen Beitrag zum Deutschen Singspiel: Das Lustspiel *Der Rauchfangkehrer oder Die unentbehrlichen Verräter ihrer Herrschaften aus Eigennutz*. Ein Italiener – ein deutsches Singspiel! Und ausgerechnet Salieri, der immer wieder – und wohl nicht ganz ohne ein Körnchen Wahrheit – als intriganter Antipode Mozarts und alles Deutschen am Kaiserhof gezeichnet wird. Allerdings bleibt dieses deutsche Werk eine Ausnahme in seinem Œuvre – er wird sich dies mehr als karrierefördernde »Stilübung« in deutscher Sprache geleistet haben[141].

Die *Zauberflöte* als Singspiel zu bezeichnen, wie immer wieder behauptet wird, ist in etwa so, als einen *Rolls Royce* oder *Ferrari* ein Auto zu nennen. Grundzüge des Singspiels sind der heitere Charakter und der Primat des Schauspielerischen über die Musik, der sich auch durch die verbindenden Sprechdialoge ausdrückt – im Unterschied zu den deklamiert-gesungenen Rezitativen der Oper.

Beide Singspiel-Charakteristika treffen zwar für einzelne Szenen in der *Zauberflöte* zu. Dem Werk als Ganzem und seiner ungeheuren, faszinierend-verwirrenden Vielfalt und den ungeheuren vokalen Anforderungen wird man aber dadurch niemals gerecht. Es gibt eben *beides:* die Papagena-Szenen *und* die Priesterchöre, die verjuxten Dialoge *und* die großen Accompagnato-Rezitative mit Orchesterbegleitung.

»Den vorläufigen Höhepunkt von Mozarts Verfahrensweise bildet die ›Zauberflöte‹, für die das Singspiel nur noch der Ausgangspunkt zu einer ›Großen Oper‹ ist, mit der der Komponist das Werk überschrieben hat.«[142] (Tina Hartmann)

Mozart nannte seine *Zauberflöte* nie »Singspiel«. Das Titelblatt des gedruckten Textbuches zur Uraufführung nennt sie *»eine große Oper«*; er selbst schrieb in sein Werkverzeichnis: *»Eine teutsche Oper in 2 Aufzügen«*[143]. Und das ist sie auch – eine deutsche, eine große Oper.

Der Buntheit der Gesangsstile entspricht die Farbigkeit des *Zauberflöten*-Orchesters. Mozart verwendet hier den allergrößten Apparat, der seinerzeit für ein Theaterorchester denkbar war: »*Die Zauberflöte* has the greatest variety of orchestral colours that the eighteenth century was to know …«[144] (Charles Rosen)

Das bedeutet im Einzelnen: Zunächst das Streichorchester mit seinen fünf Gruppen. Ein kompletter Holzbläsersatz und die Hörner, dann Trompeten

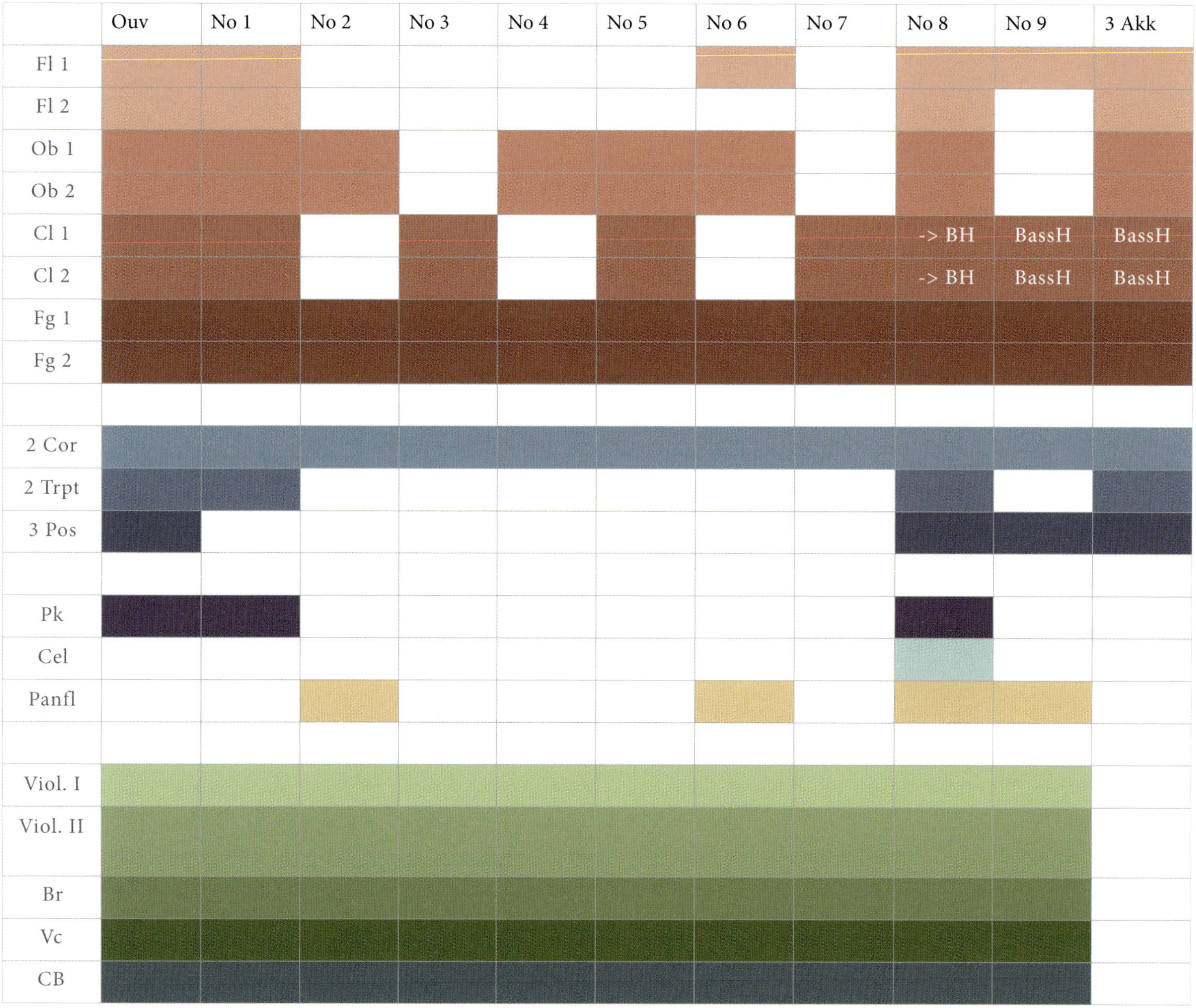

	Ouv	No 1	No 2	No 3	No 4	No 5	No 6	No 7	No 8	No 9	3 Akk
Fl 1											
Fl 2											
Ob 1											
Ob 2											
Cl 1									-> BH	BassH	BassH
Cl 2									-> BH	BassH	BassH
Fg 1											
Fg 2											
2 Cor											
2 Trpt											
3 Pos											
Pk											
Cel											
Panfl											
Viol. I											
Viol. II											
Br											
Vc											
CB											

Instrumentation: Wann spielt wer im Orchester?
Von Ouverture plus 21 Musiknummern haben nur zwei dieselbe Orchesterbesetzung!

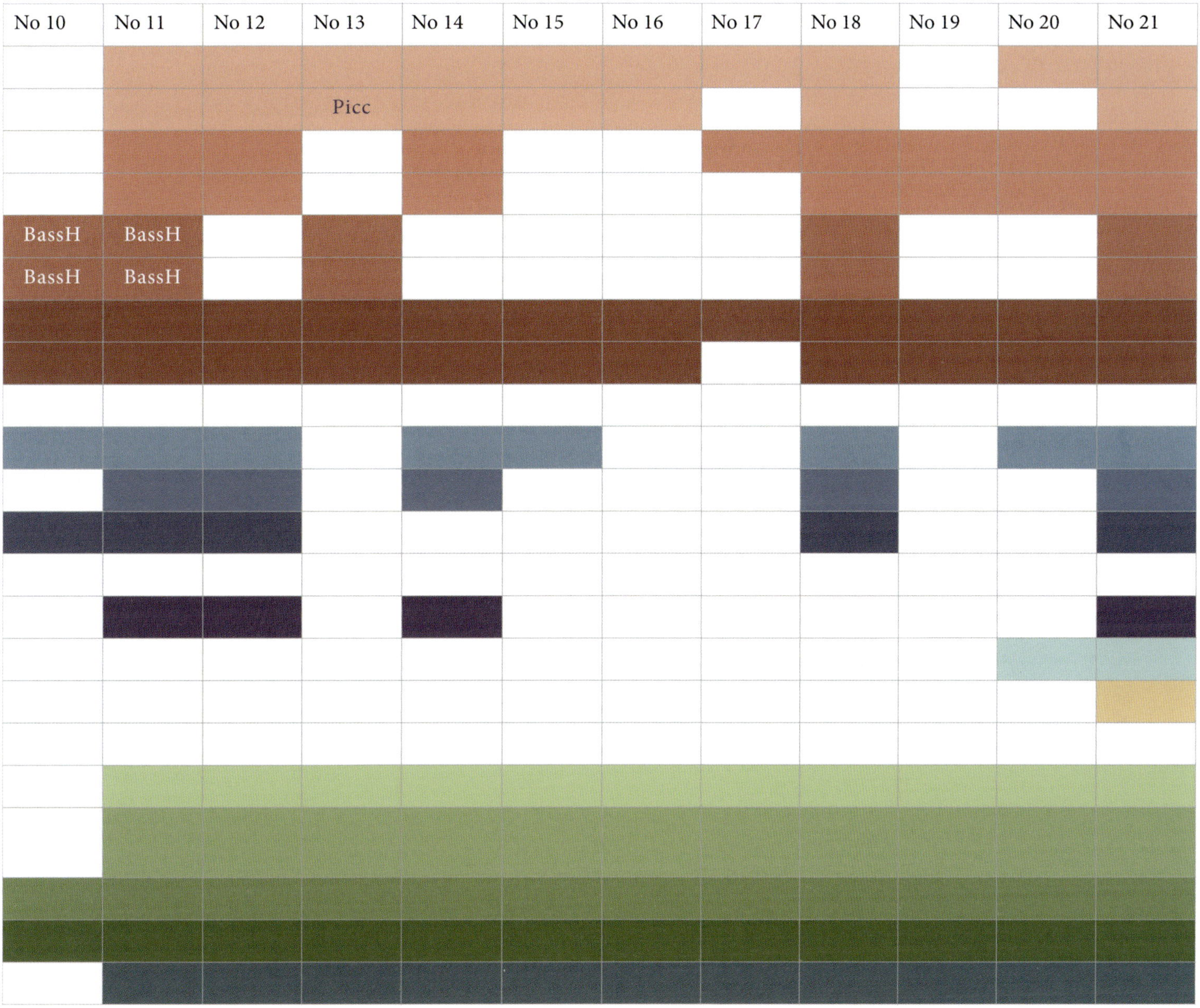

No 10	No 11	No 12	No 13	No 14	No 15	No 16	No 17	No 18	No 19	No 20	No 21
			Picc								
BassH	BassH										
BassH	BassH										

und Pauken, die alten Königsinstrumente seit der Barockzeit. Dazu kommen drei Posaunen, die aus der Kirchenmusik in die Oper übernommen worden waren, und die schon im *Don Giovanni* den Zombie-Szenen des Commendatore ihre schaurige Farbe gaben.

Weiterhin verlangt Mozart aber noch zwei Spezialinstrumente: ein Tastaturglockenspiel mit hellem Klang und, nicht zu vergessen, das Panflötchen, von Papageno selbst auf der Bühne geblasen. Das dritte Bühneninstrument, die von Tamino selbst gespielte Flöte, lässt sich ohne den Uraufführungs-Tamino wohl nur schwer realisieren. Heutzutage wird sie von der Soloflöte im Orchestergraben gespielt, wodurch freilich ein grandioser Theatereffekt verloren ist …

Schikaneders damaliges Hausorchester hatte nur 24 Musiker[145], genauso wie das Orchester des Theaters der Leopoldstadt. Mozart verursachte also erst einmal ordentliche Zusatzausgaben, indem er eine derart voluminöse Besetzung verlangte – für die mussten nämlich die vorhandenen Musiker bis auf 35 deutlich aufgestockt werden![146]

Selten wird dieser farbenprächtige Klangkörper aber komplett eingesetzt. Natürlich am Beginn und zum Schluss, für besondere Prachtentfaltung. Aber dazwischen erfindet der Komponist für fast jede Musiknummer eine neue Instrumental-Kombi!

Kein einziges Mal folgen in der *Zauberflöte* zwei Nummern in gleicher Instrumentation direkt aufeinander. Von den 21 Musiknummern haben sage und schreibe 19 eine unterschiedliche Instrumentationsmischung und akustische Farbwirkung.

Das ist in etwa so, als würde man ein Gala-Dinner mit 21 Gängen entwerfen – und müsste 19 Mal etwas Neues bringen. Immer wieder, für jede Figur und für jeden Anlass, findet Mozart neue, überraschende Kombinationen der Instrumente. Dabei weicht er teilweise vom Üblichen seiner Zeit weit ab. Paminas Arie im 2. Akt wird neben den Streichern nur von drei (!) Solobläsern begleitet – durch den Dialog dieser Bläser-Solisten mit der Sängerin erreicht er eine besondere Intensität und Intimität des Ausdrucks, allen diesen vier Solisten eigen ist die Beseelung durch den Atem.

In den feierlichen drei Akkorden im 2. Akt besetzt Mozart ausschließlich 15 Bläser, also überhaupt keine Streicher. Und in der ersten Sarastro-Arie »*O Isis und Osiris*«, mit ihrer gedeckten, warmen Farbtönung, pausieren nicht nur die Kontrabässe, sondern auch die 1. und 2. Geigen. Und die spielen als Dauerarbeiter in der Oper sonst wirklich immer und überall – achten Sie mal drauf: Es passiert zuweilen, dass sie vor dieser Arie nach dem langen Dialog automatisch ihre Instrumente ansetzen, obwohl dann nur die Bratschen und Celli spielen müssen …

Wie sah nun das Theater aus, für das dieses merkwürdig bunte Operngebräu geschrieben wurde?

8 BROT UND SPIELE – DAS THEATER AUF DER WIEDEN

Wir neigen dazu, uns die Aufführungsbedingungen zur Zeit Haydns, Salieris und Mozarts kleiner und schnuckeliger vorzustellen, als es den Tatsachen entsprach. Die kleinen und kleinsten Orchester waren immer nur eine Notmaßnahme. Sobald mehr Geld vorhanden war – oder der Fürst sehr musikliebend war und Gelder von anderswo abzweigte – wurden die Orchester vergrößert, so weit es eben ging[147].

Wo immer man es sich leisten konnte, wurde nicht gekleckert, sondern geklotzt. Für uns Heutige überraschend, aber nachweisbar: Mozart selbst wünschte sich seine Orchester so groß wie möglich besetzt. Nach der Uraufführung seiner *Linzer Sinfonie*[148] im April 1781 jubelt er förmlich über 40 Violinen, an jedem Pult nochmals verdoppelte Holzbläser und zehn Kontrabässe! »*dort haben wir Ja meine Sinfonie zum 2:tn male Probirt. – das habe ihnen auch neulich vergessen zu schreiben, daß die sinfonie magnifique gegangen ist, und allen Succés gehabt hat – 40 Violin haben gespiellt – die blaß=Instrumente alle doppelt – 10 Bratschen – 10 Contre Bassi, 8 violoncelli, und 6 fagotti.*«[149]

Und auch die Opernhäuser wurden immer größer: Früher hatte sich vornehmlich der Adel Oper geleistet. Seitdem nun auch die immer selbstbewussteren Bürgerschaften der großen Städte in die Oper gehen wollten, wurden die Opernhäuser im späten 18. Jahrhundert zu professionellen Amüsierbetrieben erweitert.

Die *Zauberflöte* wurde am 30. September 1791 im »Wiener Freihaustheater«, dem Theater auf der Wieden, uraufgeführt. Dieses Haus war vier Jahre zuvor eröffnet worden, also relativ neu, aber schon gut etabliert. Mit seinen 1.000 Zuschauern Fassungsvermögen war es größer als viele deutsche Opernhäuser von heute. Es hatte eine Portalbreite von zwölf Metern[150] – zum Vergleich: Das ist sogar etwas mehr als die heutige Deutsche Oper am Rhein in Düsseldorf![151]

Emanuel Schikaneder hieß eigentlich gar nicht Emanuel. Genauso wie Wolfgang eigentlich nicht Amadeus hieß (sondern nach seinem Paten »Theophilus« oder auf Deutsch »Gottlieb« als Taufnamen hatte). Der Straubinger Schauspieler Johann Joseph, genannt »Emanuel«, Schikaneder war seit 1789 Theaterdirektor des Theaters auf der Wieden. Der Vierzigjährige war eine stadtbekannte, schillernde Persönlichkeit. Heute würde man ihn als »C-Promi« etikettieren: regelmäßig in den Klatschspalten der Regenbogenpresse und höchstwahrscheinlich mit immer neuen It-Girls in beiden Armen …

Nach Mozarts Tod sollte er sein Theater auf fast 2.000 Plätze erweitern und Beethoven als Hauskomponisten engagieren[152] – womit er sich allerdings keinen Gefallen tat, denn dieser scherte sich, anders als Mozart, nicht um das Publikum, und die Verkaufszahlen gingen rapide in den Keller. Allerdings fanden im Freihaustheater später die Uraufführungen von Beethovens 3., 5. und 6. Symphonie, vom 4. Klavierkonzert und vom *Fidelio* statt.

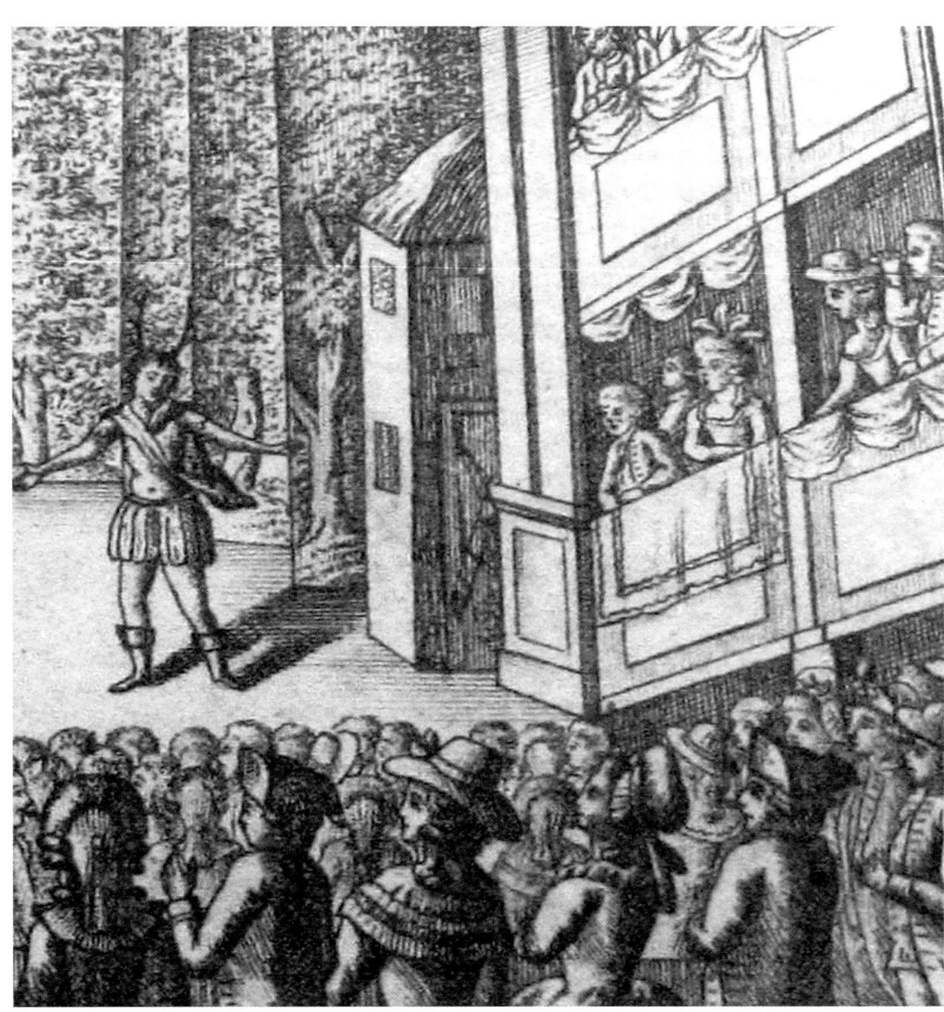

Im Theater im Freihaus auf der Wieden, zeitgen. Stich

Schikaneder und sein Theater an der Wieden brachten zu Mozarts Zeit alles auf die Bühne, was nach Profit roch und sich zu Geld machen ließ: So waren er und sein Haus Spezialisten für Zaubermärchen mit einer Menge Maschinenkram und Ritterspiele mit brennenden Burgen …

Mozarts letzte Oper war also im damaligen Wien mitnichten hehre Kunst, sondern zuallererst ein großes Spektakel – ein Straßenfeger und Quotenbringer wie *Tatort* oder *DSDS*. Schikaneder sang und spielte selbst. Die Rolle des Papageno hat ihm Mozart buchstäblich auf den Leib geschrieben – seinen begrenzten Stimmumfang, den er als nicht professioneller Sänger hatte, machte er durch Klamauk und Stegreif-Gags wett[153]. Seine beiden ersten Arien hat Mozart in Strophenform geschrieben – das gab viel Freiraum zum Improvisieren und Extemporieren[154].

Emanuel Schikaneders heutige Gegenstücke wären wohl mit allen Wassern gewaschene Entertainer wie Stefan Raab oder Dieter Bohlen – Stand-up-Comedians und Tausendsassas, die zu jeder Situation noch einen coolen Spruch auf Lager haben. Dieser Schikaneder sang, tanzte, spielte und extemporierte den Papageno selbst. Haben Sie schon einmal darüber nachgedacht, warum die »großen« Solisten in der *Zauberflöte* nur ein oder zwei Arien haben, Papageno aber gleich drei?[155]

Eben. Hier sang der Chef selbst.

Benedikt von Schack, den böhmischen Sänger, Schauspieler, Flötisten und Komponisten, haben wir weiter oben schon vorgestellt. Neben dem Tamino der *Zauberflöte* sang er 1792 auch die Tenorpartien in den deutschsprachigen Erstaufführungen von *Don Giovanni* und *Figaros Hochzeit*[156]. Seine Frau Elisabeth Schack sang in der Uraufführung der *Zauberflöte* die Dritte Dame[157]. Er war bei der Premiere 33 Jahre alt und sollte den Tamino bis zu seinem Lebensende 116-mal singen.

Anna Gottlieb war mit elf Jahren Mozarts erste Barbarina im *Figaro* gewesen – nun sang sie die Pamina: Mit 16 Jahren war sie gerade mal halb so alt wie ihr Tamino.

Josepha Hofer, 30-jährig und Mozarts Schwägerin, die älteste Schwester von Constanze Mozart, war die erste Königin der Nacht. Ihr zweiter Mann sang 1805 den Pizarro in Beethovens *Fidelio*[158] und inszenierte dort auch. Für sie komponierte Mozart in ihrer zweiten Arie *»Der Hölle Rachen kocht in meinem Herzen«* die höchsten Noten, die jemals für eine Singstimme geschrieben wurden.

Franz Xaver Gerl, der Sarastro der Uraufführung, war mit seinen knapp 27 Jahren deutlich jünger als der Tamino. Bestimmt war diese Besetzung für heutige Hörgewohnheiten gewöhnungsbedürftig – aber er war seit zwei Jahren fester Bestandteil von Schikaneders Theaterensemble. Außerdem war er, wie beide Autoren, Freimaurerbruder. In seiner Wohnung entstanden große Teile der *Zauberflöten*-Komposition[159]. Seine Frau Barbara Gerl, ein ehemaliger Kinderstar, die schon mit neun Jahren auf der Bühne gestanden hatte und neben singen auch tanzen konnte, sang die Papagena.

Der Erste Priester war Urban Schikaneder, der Bruder des Chefs und in dessen Theater für das Geld zuständig – heute würde man ihn als Verwaltungsdirektor bezeichnen. Das waren noch Zeiten, als ein Verwaltungsdirektor selber auf der Bühne stand! Seine Tochter, Anna Schikaneder, sang den Ersten Knaben, sie war mit ihren 23 Jahren kurioserweise nur wenig jünger als Sarastro. Zwanzig Jahre später, 1811, sang sie im Theater in der Leopoldstadt selber die Königin der Nacht.[160]

Die Ouverture zur *Zauberflöte* wurde genau wie der Priestermarsch von Mozart erst zur Generalprobe komponiert[161]. Beide Stücke wurden von ihm am 28. September zusammen in sein privates Werkverzeichnis eingetragen[162]. Dass der Priestermarsch zur Generalprobe noch nicht vorlag, bestätigt der Bassist Sebastian Meyer, der spätere Mann von Constanze Mozarts Schwester, Josepha Hofer. Er war von Schikaneder ab 1793 als Sarastro engagiert und sang später den Pizarro in Beethovens *Fidelio*:

»Ferner, als im 2. Akte die Priester sich versammeln, geschah dies bei der Generalprobe ohne Musikbegleitung, Schikaneder aber verlangte, dass ein pathetischer Marsch dazu gespielt werde. Da soll Mozart zu den Musikern gesagt haben: ›gebt her euere Kaszetteln!‹ und in die Stimmen sogleich diesen prächtigen Marsch hineingeschrieben haben.«[163]

Dass die letzten beiden Instrumentalstücke der *Zauberflöte* erst im wirklich allerletzten Moment komponiert wurden, entspricht der üblichen Opernpraxis. Da sie drei Wochen nach dem *Titus* uraufgeführt wurde, ist die *Zauberflöte* übrigens ohne jeden Zweifel Mozarts letzte Oper. Die immer wieder zu hörende Behauptung, diese sei der *Titus*, mag durch die Abfolge der Nummern im Köchelverzeichnis[164] verursacht sein – ist aber schlichtweg historisch-chronologisch falsch.

Wie auch bei *Don Giovanni* und *Così fan tutte*, den beiden vorangegangenen Opern, verwendet Mozart in der Ouverture ein prägnantes Motiv aus der Oper als schlagkräftiges Motto für den Beginn. Damit »personalisiert« er gleichsam die Ouverture, sodass sie ausschließlich zum Gebrauch in dieser – und keiner anderen – Oper taugt. Was uns heute normal erscheint, war um 1790 durchaus Neuland! Joseph Haydn komponierte seine Opernouverturen zeitgleich durchaus noch nach austauschbarem Baukastensystem: Nette, aber nicht sehr spezifische Musik, die etwas pauschal einen Abend in der Oper einleitet – nicht mehr.

Mozart verklammert in seinen drei späten Opern nun erstmalig die Ouverture mit der Oper untrennbar zu *einer* inhaltlichen Einheit, indem er bereits in der Ouverture Motive aus der folgenden Oper anklingen lässt. Auch dies hatte er bereits neun Jahre früher, lange vor der *Zauberflöte*, *Don Giovanni* und *Così fan tutte,* schon probiert: Der langsame Mittelteil der Ouverture zur *Entführung aus dem Serail* bringt instrumental bereits das Motiv von Belmontes Auftrittsarie[165].

In der italienischen Operntradition (so zum Beispiel noch bei fast allen Rossini-Opern[166]) hält sich im Unterschied dazu noch viel länger die Austauschbarkeit der Opernouverture, die in eher allgemeinem Stil zum Beginn der Abendunterhaltung ruft. Entsprechend zwanglos wurde von italienischen Komponisten die Ouverture einer erfolglosen Oper auch schon mal für das nächste Bühnenwerk recycelt …[167]

Nach Mozart gehört die Ouverture, die thematisch auf die nachfolgende Oper vorausgreift, gerade unter deutschen Komponisten zum kompositorischen Standard. Berühmte Beispiele: Beethovens Leonoren-Ouverture zum *Fidelio*, Webers Ouverturen zu *Freischütz*, *Euryanthe* und *Oberon* oder Wagners Ouverturen und Vorspiele zum *Fliegenden Holländer*, *Tannhäuser*, *Lohengrin*, *Tristan und Isolde*, *Meistersinger* und *Parsifal*. Aber auch Giuseppe Verdi übernimmt in den Ouverturen zu *Nabucco*, *La Traviata*, *Battaglia di Legnano*, *Ballo di Maschera* oder *Forza del Destino* diese effektvolle und intensive Technik, die das Publikum förmlich in den festlichen Opernabend hineinsaugt.

Da diese Ouverturen nicht nur Stimmung und Charakter, sondern auch musikalische Motive der jeweils nachfolgenden Oper aufgreifen, wurden sie sämtlich erst *nach* Fertigstellung der kompletten Opernmusik geschrieben. Das hatte auch damit zu tun, dass sie als reine Instrumentalwerke auf der To-Do-Liste der Opernpraxis weit hinten kamen – zuerst einmal musste in den Theaterproben alles das erarbeitet werden, was den kompletten Apparat mit Sängerbeteiligung umfasste. Die Sänger mussten nämlich noch alles auswendig lernen und szenisch darstellen. Am Schluss erst kamen die reinen Instrumentalstücke an die Reihe. Dieses Vorgehen hat sich am Theater im Prinzip bis heute nicht geändert.

Dass nun auch die *Zauberflöten*-Ouverture – orchestertechnisch durchaus ein kniffliges Stück – so spät erst fertig wurde, hatte übrigens eine Konsequenz, die in keinem Opernführer erwähnt wird: Durch das Stimmenausschreiben, das ohne Fotokopierer und Schreibprogramme mühsam und zeitraubend von Hand erfolgte, wird die Ouverture in der Première praktisch vom Blatt genudelt worden sein. Eine eigenartige Vorstellung – bei dem tiefen Symbolgehalt, den man heutzutage diesem Musikstück unterstellt.

In der Tat – es wird Zeit, dass wir uns der Symbolik in der *Zauberflöte* zuwenden.

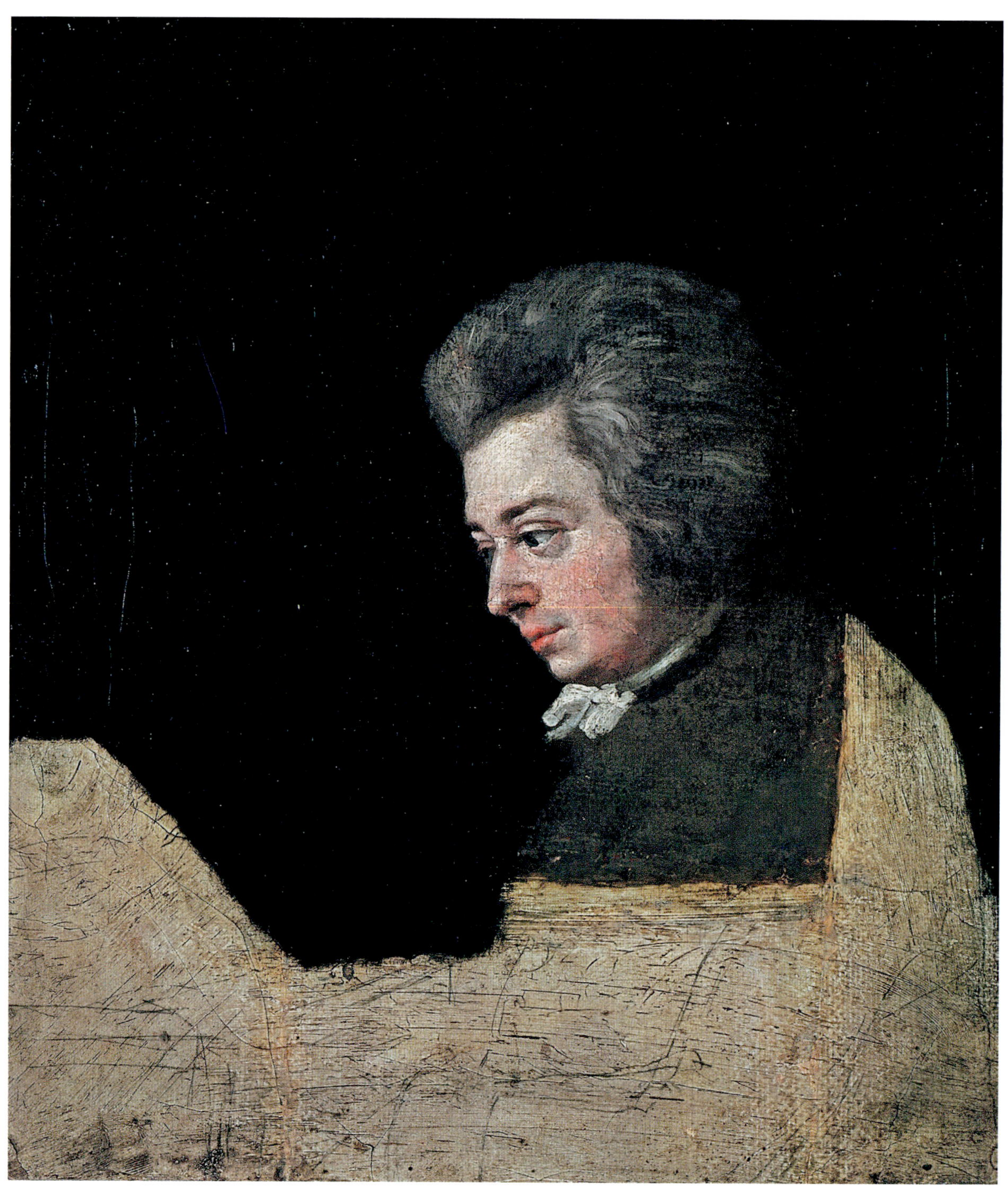

Wolfgang Amadé Mozart am Klavier. Unvollendetes Porträt. Gemälde von Joseph Lange, 1782/83

ZWEYTER ACT | SYMBOLE

… daß dies alles eben darum in einer Art wahr ist,
weil es in einer Art falsch ist.

Aurelius Augustinus, 401 n. Chr.

Das Universum ist nicht nur seltsamer, als wir es uns vorstellen,
sondern seltsamer, als wir es uns vorstellen können.

John Burdon Sanderson Haldane, 1927

So ist's ja besser zu zweien als allein;
denn sie haben guten Lohn für ihre Mühe.
Fällt einer von ihnen, so hilft ihm sein Gesell auf.
Weh dem, der allein ist, wenn er fällt!
Dann ist kein anderer da, der ihm aufhilft.
Auch, wenn zwei beieinander liegen, wärmen sie sich;
wie kann ein Einzelner warm werden?
Einer mag überwältigt werden,
aber zwei können widerstehen,
und eine dreifache Schnur reißt nicht leicht entzwei.

Die Bibel, Kohelet 4, 9-12

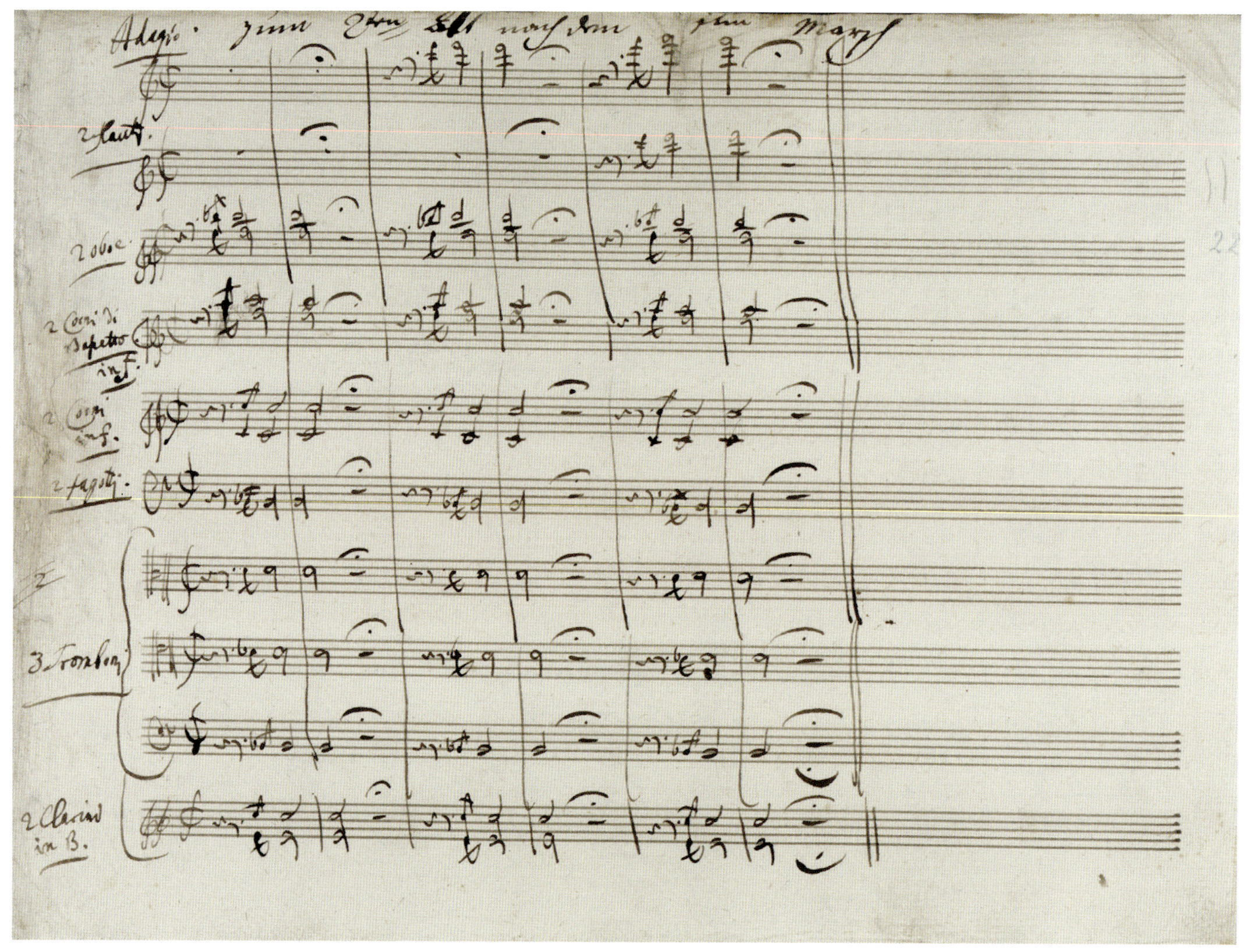

»Drey Accorde« aus dem 2. Akt. Mozart notiert sie ohne Überschrift separat. Die Überschrift »zum 2ten Act nach dem 1sten Marsch« ist von fremder Hand.

9 TONART-FELDER UND ZUSAMMENHÄNGE

In tonaler Musik, also allem, was vielfach heute einfach so »Klassik« genannt wird, bilden Tonarten den Ausgang und den Bezugspunkt jeder musikalischen Struktur. Die Tonart legt fest, welcher Tonvorrat dem Komponisten innerhalb eines bestimmten Abschnitts zur Verfügung steht.

Ein Innenarchitekt kann ein Zimmer entweder vorwiegend in warmen Erdfarben oder in kühleren Tönen halten, eine Designerin stellt für ihre Modelinie eher gedeckte oder knallige Farben zusammen. Genauso ist die Wahl der Tonarten für den Komponisten von tonaler Musik – also grob: zwischen dem Mittelalter und mehr als 100 Jahre nach Mozarts Tod – eine weitreichende Entscheidung. Und genauso, wie Sie in Ihrer Garderobe meistens passende Farben kombinieren, kombiniert der klassische Komponist zueinander passende Tonarten. Es sei denn, man will auffallen. Dann kann ein hervorstechendes Accessoire – eine ungewöhnliche Tonartwendung – das ganze Outfit, einen Raum oder eben – ein Musikstück aufpeppen.

Übrigens beschreibt Goethe in seinen Gesprächen mit Eckermann, wie er als Schriftsteller ein ähnliches Verfahren anwandte, um möglichst große Farbigkeit im Vortrag zu erreichen: »*… und es ward bemerkt, dass jede* [Erzählung und Novelle der »Wanderjahre«] *sich von der anderen durch einen besonderen Charakter und Ton unterscheide. ›Woher dies entstanden‹, sagte Goethe, ›will ich Ihnen erklären. Ich ging dabei zu Werke wie ein Maler, der bei gewissen Gegenständen gewisse Farben vermeidet und gewisse andere dagegen vorwalten lässt. Er wird z. B. bei einer Morgenlandschaft viel Blau auf seine Palette setzen, aber wenig Gelb. Malt er dagegen einen Abend, so wird er viel Gelb nehmen und die blaue Farbe fast ganz fehlen lassen. Auf eine ähnliche Weise verfuhr ich bei meinen verschiedenartigen schriftstellerischen Produktionen, und wenn man einen verschiedenartigen Charakter zugesteht, so mag es daher rühren.‹*«[168]

Wendet man dieses Verfahren auf die Musik an, so haben verwandte Tonarten eine größere Anzahl an Tönen gemeinsam – so, wie verwandte Farben im Farbkreis näher beieinander liegen. Eine Tonart mit wenig oder gar keinem übereinstimmendem Tonvorrat zur vorherigen hat akustisch denselben Effekt wie in der Optik eine Signal- oder Schockfarbe.

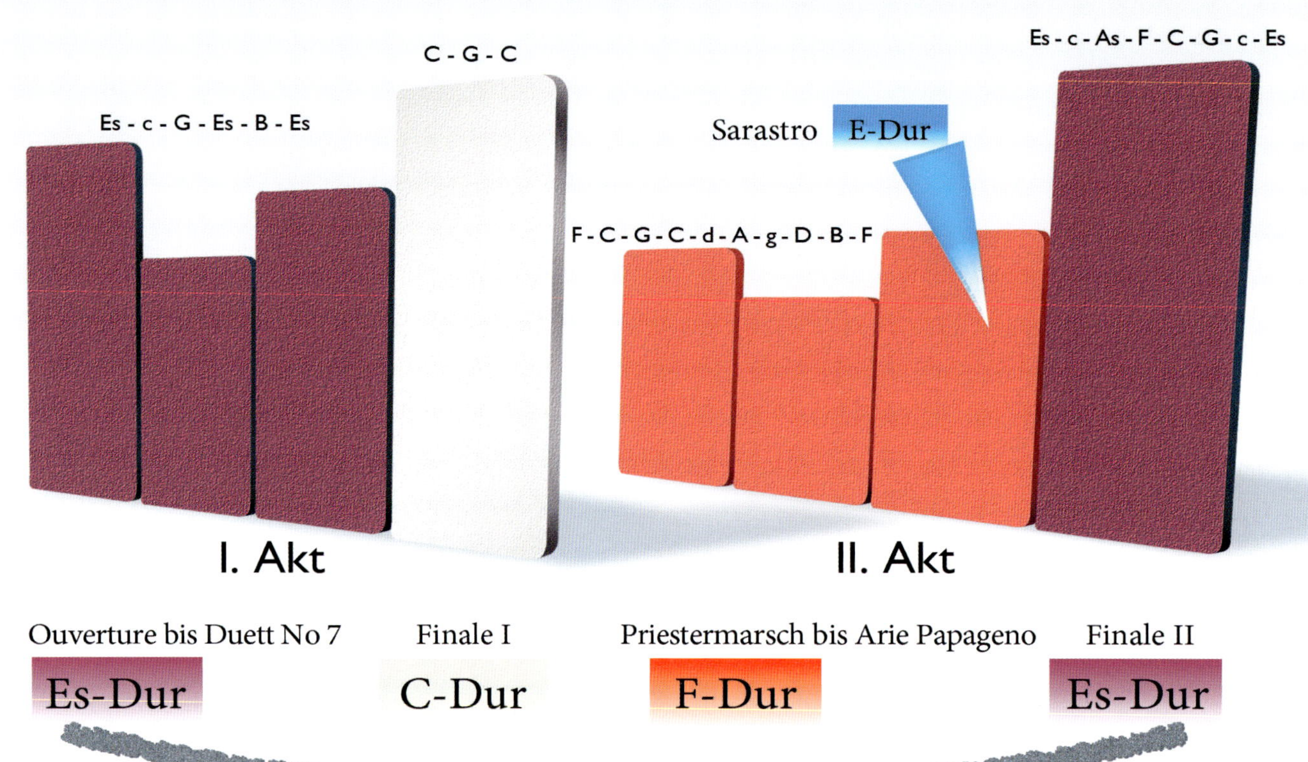

Tonartfelder in der Zauberflöte

Im Unterschied zu den meisten anderen Komponisten seiner Zeit, die mit einem eher begrenzten Tonvorrat arbeiten, wählt Mozart mannigfaltigere Tonarten und setzt diesen Töne-Pool sehr überlegt ein. In der *Zauberflöte* ist die Tonartstruktur der gesamten Oper fein ausbalanciert. Jeder der beiden Akte wird mit zwei »Tonartenklammern« wie mit einer riesigen akustischen Büroklammer zusammengehalten, und innerhalb dieser Abschnitte sind die Übergänge zwischen den aufeinanderfolgenden Tonarten logisch und folgerichtig.

Der 1. Akt beginnt in Es-Dur, der Grundtonart der *Zauberflöte*. Die Ouverture und alle weiteren sieben Musiknummern entwickeln sich folgerichtig und verwandtschaftlich aus dieser Tonart oder stehen direkt in ihr. Das letzte Stück dieser Gruppe, das Duett zwischen Pamina und Papageno, schließt wieder in Es-Dur. Diesem zunächst unscheinbaren Stück werden wir später ein ganzes Kapitel widmen.

Erst bevor die Drei Knaben zum ersten Mal singen, mit dem Finale des 1. Aktes »*Zum Ziele führt dich*

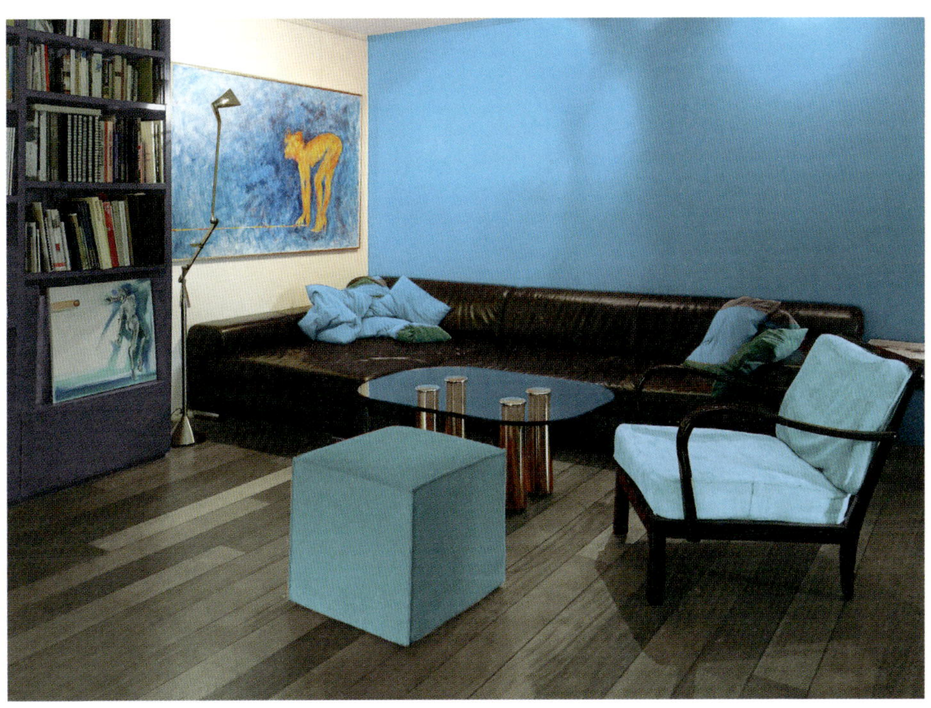

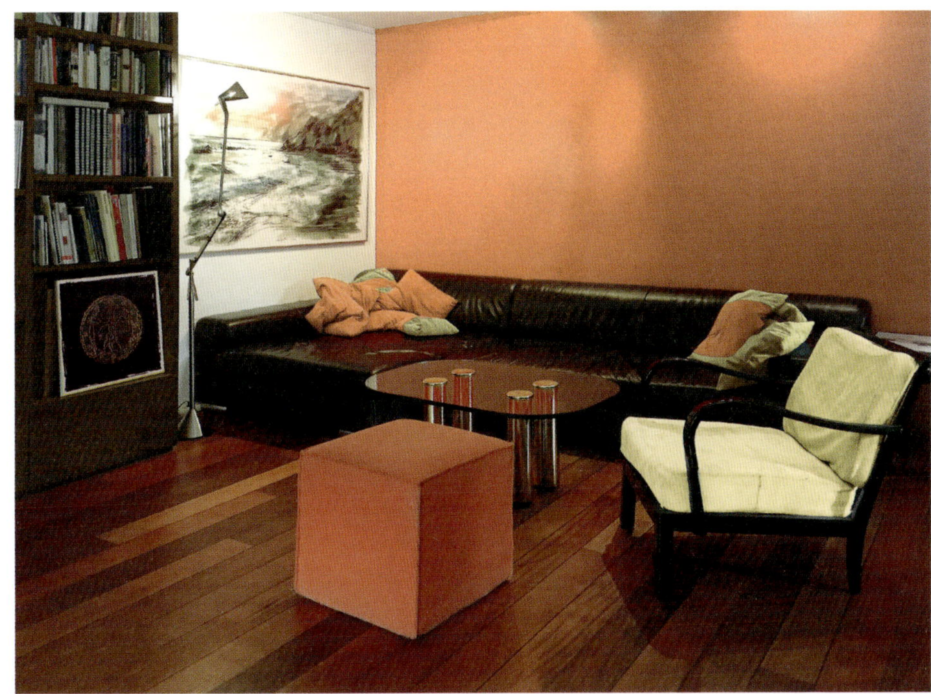

Mozart spielt mit Tonarten, wie ein Innenarchitekt mit Farben: dasselbe Zimmer – einmal in kühlen, einmal in warmen Farbtönen eingerichtet.

diese Bahn«, beginnt etwas Neues. Bis hierhin war die Grundstimmung eher spielerisch, hier schlägt Mozarts Orchester einen geheimnisvolleren Tonfall an. Seit der Ouverture waren fast alle Instrumente in wechselnden Besetzungen beschäftigt – bis auf die Posaunen, deren unverwechselbaren Klang jedermann aus der Kirchenmusik kannte: weich-feierlich im piano und eindringlich bis furchterregend im forte.

Mozart spart deren feierliche Klänge im ganzen 1. Akt genau bis zu dieser Stelle aus. Um so effektvoller unterstützt diese spezielle neue Klangfarbe den langsamen Klopfrhythmus, mit dem nun das Finale beginnt. Es ist derselbe punktierte Rhythmus, mit dem auch die Ouverture begann. Dieser von C-Dur beherrschte Abschnitt entfaltet die Tonarten in sich wiederum folgerichtig und schließt am Akt-Ende wieder in C-Dur.

Der Anfang des 2. Aktes beginnt wieder in einem neuen, dritten Tonartenfeld. Für den feierlichen Priestermarsch hat Mozart F-Dur gewählt, und obwohl die Tonarten der folgenden Nummern des 2. Aktes – analog der größeren Dramatik der Handlung – sich ab und zu stärker von diesem Mittelpunkt entfernen, pendeln sie insgesamt deutlich um dieses Gravitationsfeld herum. Eine einzige Arie fällt tonartlich aus dem Rahmen, und zwar gründlich – das wird später noch von Bedeutung sein. Auch dieser größere Abschnitt endet mit Papagenos Glöckchenarie wieder am Ausgangspunkt F-Dur.

Das ungefähr 30-minütige Finale des 2. Aktes »*Bald prangt, den Morgen zu verkünden*« beginnt und schließt Mozart wieder in derselben Tonart Es-Dur, mit der er die Oper in der Ouverture begonnen hat.

Und so liegt über der gesamten Oper gewissermaßen noch einmal eine große Über-Klammer: Der Beginn mit der Ouverture und der prachtvolle Schluss stehen beide in Es-Dur.

In dieser Tonart schreibt Mozart viele seiner Werke für die Loge – so hört man immer wieder. Es-Dur gilt in der Literatur als *die* Freimaurertonart.[169]

Aber warum ist das so? Und überhaupt: Stimmt das eigentlich?

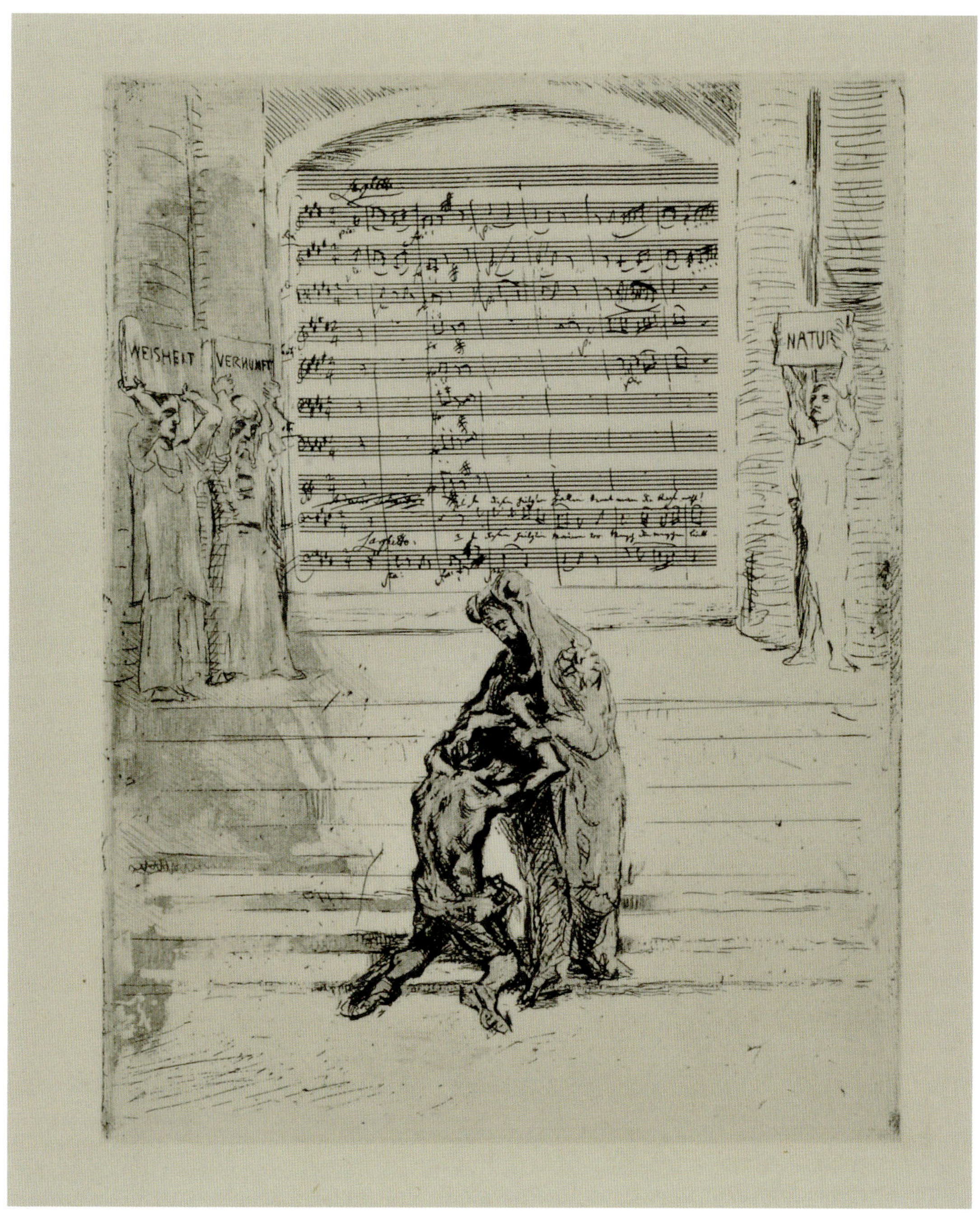

»In diesen heil'gen Hallen kennt man die Rache nicht!«
Radierung von Max Slevogt zu Nr. 15 Arie/Blatt 30 aus dem Zyklus
»Die Zauberflöte – Randzeichnungen zu Mozarts Handschrift«

10 EINE TONART FÜR DIE LOGE

Prüft man alle Kompositionen, die Mozart ausdrücklich als Logenmusik komponierte, so erlebt man eine Überraschung. Lediglich zwei Werke stehen in der Tonart Es-Dur, die doch die typische Freimaurertonart sein soll![170]

Bezieht man die parallele Molltonart c-Moll – mit gleichen Tonartvorzeichen und gleichem Reservoir an verfügbaren Tönen – mit ein, kommen zwar zwei weitere Werke hinzu[171], statistisch gesehen ist das aber immer noch eine eher dürftige Häufigkeit.

Auf den ersten Blick scheint es, dass hier ein spektakuläres Etikett übernommen und auf die Oper geklebt wurde, ohne zu hinterfragen. Interessanterweise wird kaum einmal ein Grund für diese Zuschreibung »Es-Dur = Freimaurertonart« genannt – höchstens hört man die vage Begründung, dass diese Tonart für die in der Loge oft verwendeten Blasinstrumente günstig liege.

Es-Dur notiert die international genormte Notenschrift mit drei B-Vorzeichen, und in der Tat sind die B-Tonarten für alle gängigen Blasinstrumente sehr praktisch zu spielen. Das erklärt aber nicht, warum gerade *diese* Tonart mit dem Etikett »Freimaurertonart« belegt wird – es gibt genügend Logenkompositionen Mozarts in den anderen B-Tonarten F-Dur (mit einem) und B-Dur (mit zwei B).

Eine naheliegende Erklärung wären die symbolhaften drei Vorzeichen von Es-Dur – aber dann müsste A-Dur mit drei Kreuzen als Vorzeichen genauso als Freimaurer-Tonart fungieren!

Man könnte meinen, der Grund für Es-Dur als Maurertonart sei, dass Stücke in dieser Tonart besonders feierlich klingen. Das stimmt zwar, aber es gibt einen tieferen Grund, warum sie für Mozart offenbar eine besondere symbolische Bedeutung hatte – und er genau diese Tonart musikalisch mit den humanistischen Zielen der Freimaurerei assoziierte.

Die Musiker notieren die Tonart Es-Dur – seit Jahrhunderten gleich und international genormt – mit drei Vorzeichen hinter dem Notenschlüssel. Und diese bilden auf den Notenlinien drei Punkte in Dreiecksform, mit der Spitze nach oben angeordnet.

Drei in der gleichen Weise angeordnete Punkte werden – gänzlich unabhängig davon – im freimaurerischen Gebrauch hinter Abkürzungen gesetzt! Sie erinnern die Brüder an Weisheit, die den idealen

Weltenbau planen soll, Stärke, die ihn ausführen, und Schönheit, die über allem leuchten soll.

Diese drei Punkte waren lange Zeit in der Öffentlichkeit derart bekannt, dass noch im 19. Jahrhundert in Anti-Freimaurer-Schriften diffamierend von den »Drei-Punkte-Brüdern« gesprochen wurde. Auch Mozart verwendete diese Abkürzung in handschriftlichen Notizen für Freimaurerbrüder[172].

Und was ist mit A-Dur, werden Musikkundige einwenden? Auch A-Dur wird doch mit drei Vorzeichen notiert! Allerdings mit drei Kreuzen. Und die sind auch komplett anders angeordnet.

Bei A-Dur (von Mozart durchaus auch im Klarinettenkonzert[173] und Klarinettenquintett[174] verwendet, das er für seinen Freimaurerbruder Anton Stadler schrieb) steht das aus den drei Kreuz-Vorzeichen gebildete Dreieck auf der Spitze – eignet sich also nicht so gut als Chiffre für die freimaurerische Abkürzung von Weisheit, Stärke, Schönheit. Denn bei der freimaurerischen Drei-Punkte-Abkürzung steht das Dreieck wie eine Pyramide auf der Basis, die Spitze zeigt nach oben – und genauso sind in der Tonart Es-Dur die drei B-Vorzeichen angeordnet.

Es scheint, dass die Auffassung vom Es-Dur als freimaurerischer Tonart weniger von der häufigen Verwendung in Mozarts Logenkompositionen herrührt

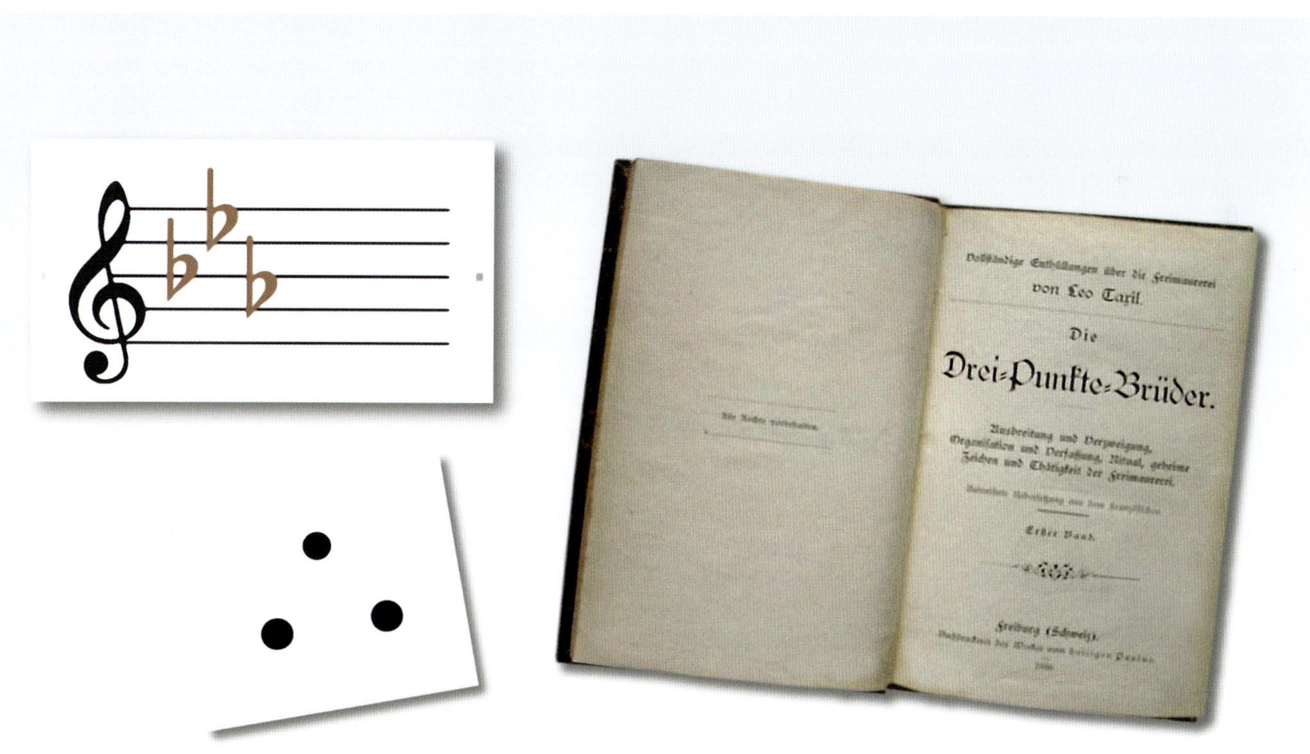

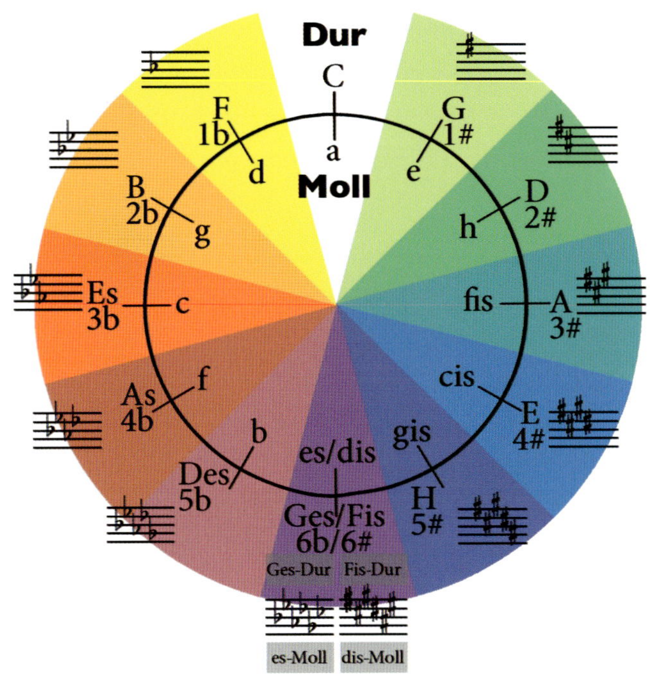

– sondern vielmehr von ihrer wesentlichen Rolle in der *Zauberflöte*. Hier ist das Es-Dur dominierend: formbildend und sinnstiftend.

Allerdings beginnt das feierliche 1. Finale[175] mit C-Dur in einem ganz anderen Tonartkreis. Das berühmte große Rezitativ »*Die Weisheitslehre dieser Knaben*«, eine frei ausgestaltete, große dramatische Szene zwischen Tamino und dem Sprecher, bringt dann extremste Tonarten – weit weg vom »neuen Heimathafen« des vorzeichenlosen, »weißen« C-Dur, von dem ausgehend Tamino anfangs seine Suche begonnen hatte. Aber diese Tonartensprache passt sehr gut zur anfänglichen naiven Unwissenheit Taminos und zu den emotionalen Wechselbädern, denen er im Dialog mit dem Sprecher ausgesetzt ist …

Zu Mozarts Zeiten bewegte sich der gängige Tonarten-Pool, aus denen die Komponisten üblicherweise auswählten, innerhalb von Tonarten ohne bis zu höchstens zwei bis drei Vorzeichen, Kreuzen oder B's. Mozart moduliert in diesem großen Rezitativ nun aber ungewöhnlicherweise bis in skurrile, abgelegene Tonarten wie b-Moll mit fünf B's[176] oder H-Dur mit fünf Kreuzen[177]!

Dennoch ist es bezeichnend, dass bei der Erwähnung von »*Was suchst du hier im Heiligtum? – Der Lieb und Tugend Eigentum*« Mozart nach dem ihm bedeutungsvollen Es-Dur ausweicht.[178] Diese Tonart wird bei »*im Weisheitstempel hier*«[179] wieder für einen kurzen Moment, aber mit klarer Kadenz, einer starken musikalischen Abschlussgeste, erreicht.

Nun also doch:
Eine Oper mit prominentem Es-Dur – Mozarts Freimaurertonart. Was soll uns das sagen?

Auch die »parallele« Molltonart c-Moll hat die gleichen Vorzeichen, spiegelt gewissermaßen symbolisch den Tod (Moll) in das Leben (Dur). Parallele Tonarten nutzen exakt denselben Vorrat an Tönen, sind also quasi zwei Seiten derselben Medaille.

Ganz sicher und nachweislich wählt Mozart in seinen Meisteropern Tonarten generell als persönliches Gestaltungs- und Ordnungsprinzip.

Die oben beschriebene »große Tonartklammer« zwischen Ouverture und Opernschluss verwendet er bereits in seinen Opern *Figaro* (D-Dur) und *Così fan tutte* (C-Dur) sowie in der viel früheren *Entführung aus dem Serail* (C-Dur). Auch dort stehen Ouverture und letzter Aktschluss in jeweils derselben Tonart, was eine große Geschlossenheit erzeugt[180].

Die *Zauberflöte* ist in ähnlicher Weise um die Zentraltonart Es-Dur herum komponiert.

Diese Tonart als seine ganz persönliche Umsetzung einer musikalischen Chiffrierung von Weisheit/Stärke/Schönheit strukturiert die letzte Oper Mozarts ganz deutlich und spielt eine wesentliche Rolle. Wir behalten das für jetzt im Hinterkopf und kommen im 20. Kapitel wieder darauf zurück.

Hier aber noch ein Hinweis: Eine Tonart kann man normalerweise ohne Hilfsmittel nicht erkennen. Nur sehr wenige Musiker (nämlich diejenigen mit dem seltenen »absoluten Gehör«) können einfach so heraus*hören*, in welcher Tonart ein Musikstück geschrieben ist. Umgekehrt heißt das, dass ein Musiker eine Tonart *nicht* zu dem Zweck verwenden kann, dem Publikum eine Botschaft herüberzubringen. Nicht einmal die meisten Profi-Musiker würden solch eine Tonart-Botschaft hören.

Diese Tonarten *sind* allerdings Bestandteil des Werkes und vom Komponisten in freier Entscheidung so aufgeschrieben – selbst wenn das nachher niemand ausdrücklich heraushört. Beim Auto wissen ja auch die wenigsten, was genau sich unter der Motorhaube verbirgt – und doch würde niemand anzweifeln, dass dort Dinge zusammenwirken, die für das Auto von größter Wichtigkeit sind – nämlich indem sie den Einzelteilen Ordnung und Funktion geben!

Der Zweck dieser Tonartenbeziehungen scheint also nicht zu sein, dass man sie *heraushört*. Eine sinnstiftende Funktion musikalischer Symbolik – und sei es nur eine Bedeutung für Mozart selber – liegt hier dennoch vor.

Die Tonart alleine reicht nun aber nicht, um automatisch einen innewohnenden Gehalt anzunehmen. Selbst wenn in der *Zauberflöte* die Tonart Es-Dur zweifelsohne für Mozart eine freimaurerische Chiffre bedeutet, so nur deshalb, weil diese Tonart gleichzeitig mit dem *Textgehalt* korreliert.

Nun aber automatisch hinter jedem Es-Dur *aller* Mozart-Kompositionen einen freimaurerischen

Hintergrund zu vermuten, ist Unfug[181] – und letzten Endes unkünstlerisch. Nur das Es-Dur in der *Zauberflöte* wurde von Mozart als freimaurerische Chiffre benutzt; nicht jedes Es-Dur von Mozart hat diesen Zweck!

Dächte man so, reduzierte man letztendlich eine gelungene, sich von allen anderen unterscheidende Komposition auf das Niveau eines immer wieder abgespulten Kochrezepts. Wer das Gestaltungsprinzip *eines* Werkes oder Kontextes hinter *allen* Stücken eines Musikers sucht, verkennt das Wesen der stets neu zu schaffenden Komposition und erniedrigt den schaffenden Künstler zu einem Gerüst-Ausfüller, zum Erfüllungsgehilfen eines Regelwerks. »Com-position« heißt immer: schöpferisches Neu-Erschaffen!

Persönlichkeiten wie Strawinsky, Dalì, Goethe oder eben Mozart sind ohne dieses Neu-Schöpfen nicht zu begreifen – sie haben ihr ganzes Leben lang Neues ausprobiert und Regeln überschritten.

Nur für *dasjenige* Werk, an dem sie jeweils gerade arbeiteten, haben sie sich *selber* Regeln gegeben – darin bestand ihre persönliche Freiheit und ihre Kunst. Igor Strawinsky bringt es in seiner »Poétique musicale« auf den Punkt: *»Meine Freiheit besteht also darin, mich in jenem engen Rahmen zu bewegen, den ich mir selbst für jedes meiner Vorhaben gezogen habe. (…) Je mehr Zwang man sich auferlegt, desto mehr befreit man sich von den Ketten, die den Geist fesseln.«*[182]

In Wagners *Meistersingern von Nürnberg* finden wir dieselbe Einstellung aphoristischer ausgedrückt: *»Wie fang' ich nach der Regel an? – Ihr stellt sie selbst, und folgt ihr dann!«*[183]

Entscheidend ist in der *Zauberflöte* nicht das Es-Dur allein, sondern, dass die Es-Dur-Tonart immer wieder und an entscheidenden Stellen den unterliegenden *Text* unterstreicht und vertieft. Dies ist nun eine grundlegende Funktion von Opernmusik – und hierin liegt der Unterschied der Es-Dur-Stücke der *Zauberflöte* zum Es-Dur der anderen, absoluten Musik Mozarts – in Symphonien, Streichquartetten, Konzerten. Auch diese werden immer wieder mit Freimaurer-Symbolik in Verbindung gebracht.

In einzelnen Fällen kann man auch bei rein instrumentaler Musik Mozarts den Freimaurer-Bezug klar herstellen. Wenn die *Maurerische Trauermusik*[184] als Beerdigungsmusik für zwei Brüder und in der Drei-Punkte-Tonart c-Moll geschrieben wurde, tritt der masonische Gehalt, der Ausdruck maurerischer Geisteshaltung mit musikalischen Mitteln klar zutage.

Schon bei dem *Dissonanzen-Streichquartett*[185] wird es jedoch schwieriger. Die scharfen Dissonanzen der für ein Streichquartett ungewöhnlichen langsamen Einleitung waren für die damalige Zeit geradezu unverschämt modern. Noch dazu brauchen sie ungewöhnlich lange, um sich in Wohlklänge aufzulösen. Die Musik arbeitet sich gewissermaßen mühsam durch Nacht zum Licht durch.

Es ist verlockend, hier einen Zusammenhang zu zeitgleichen zentralen Daten von Mozarts freimaurerischer Vita herzustellen: Innerhalb nur weniger Wochen (!) wurde er initiiert, zum Gesellen befördert und kurz darauf zum Meister erhoben – heute dauert das mehrere Monate bis Jahre! Und sollte man bei einem Komponisten nicht davon ausgehen, dass derart tiefgehende Erlebnisse künstlerisch inspirieren und auch musikalisch Spuren hinterlassen?

Aber: Die chiaro-oscuro-Thematik – der Wechsel zwischen melancholisch düsterem Moll und optimistisch hellem Dur – beschäftigt Mozart sein Leben lang. Seit seiner Kindheit schrieb er immer wieder Stücke, die ständig zwischen Moll und Dur hin- und her oszillieren.

Die Einleitung des *Dissonanzen-Quartetts* als musikalische Verarbeitung einer maurerischen Intensiv-Erfahrung? Dies mag als Impuls sicher eine Rolle gespielt haben – dem Quartett als ganzem oder einzelnen Passagen daraus deshalb eine freimaurerische Bedeutung zuzumessen, erscheint gewagt.

Wenn nun aber der *Text* eines Liedes, einer Kantate oder einer Oper freimaurerischen Inhalt hat, der Zweck der Musik die musikalische Realisierung durch Sänger und der Ausdruck dieses Textes ist, so gewinnen alle musikalischen Parameter neues Potenzial: als mögliche Bedeutungsverstärker.

Wir können also festhalten, dass Mozart an der Struktur der *Zauberflöte* bewusst gearbeitet hat, und zwar unter anderem mit gezielter Wahl der Tonarten. Offensichtlich spielt das Es-Dur für ihn dabei eine zentrale Rolle. Er hat als Schöpfer des Werkes dieser speziellen Tonart eine ordnungsstiftende Funktion zugeschrieben – wohl wissend, dass dieser Bauplan nur als »innere Richtschnur« und zum intuitiven Verständnis taugt. Nie konnte er damit rechnen, dass diese Codierung rational dechiffriert würde. Diese Dinge kann man nicht »heraushören« – und das soll man auch nicht!

Viele von den Dingen, um die es in dieser Studie geht, bräuchten ein extrem unwahrscheinliches Zusammenwirken von Voraussetzungen, um vom Publikum bewusst nachvollzogen werden zu können. Mozart hat bei der Niederschrift unmöglich auf musikalische Fachleute gerechnet, die gleichzeitig symbolkundige »Eingeweihte« sind *und* die Opernpartitur mitlesen. Versuchen Sie also nicht angestrengt, bei Ihrem nächsten Theaterbesuch diese Dinge zu hören. Darauf kommt es gar nicht an!

Wenn Sie sich von diesen Überlegungen allerdings mitnehmen lassen, welche Fülle von Details Mozart liebevoll in diese Partitur eingearbeitet hat – wir nehmen an: aus spielerischem Vergnügen, nicht als Botschaft an irgendwen – wäre schon viel erreicht.

11 MOZARTS EIGENE HANDSCHRIFT – EINE FUNDGRUBE FÜR MUSIKDETEKTIVE

Viele der folgenden Beispiele kommen aus dem genauen Studium von Mozarts Autograph, also aus der Gestalt, wie er die Partitur in seiner eigenen Handschrift aufnotiert hat. Im Unterschied zu einer herkömmlichen heutigen Druckausgabe entfaltet die akribische Kenntnis der persönlichen Noten-Handschrift ein aufregendes Kaleidoskop von Zusatz-Informationen.

Vor ungefähr 30 Jahren wurden die ersten quellenkritischen Ausgaben mit dem ziemlich deutsch anmutenden Etikett »Urtext« herausgegeben. Sie verglichen jede Note und jeden Stakkato-Punkt mit dem, was ein Komponist *wirklich* seinerzeit notiert hatte. Über Jahrhunderte war das übliche Notenmaterial durchsetzt mit teilweise sinnentstellenden Druckfehlern. Oft beruhten sie auf Abschreibefehlern der im Akkord arbeitenden Kopisten. Dazu kamen oft wohlmeinende, aber willkürliche Veränderungen der Herausgeber. Jetzt gab es zum ersten Mal hundertprozentige Verlässlichkeit, *was* genau ein Komponist wie Mozart aufgeschrieben hatte.

Nur, *wie* er es aufgeschrieben hatte, ging beim Umwandeln der Handschrift in säuberlich gedruckten Notentext komplett verloren – auch in den modernsten und korrektesten Druckausgaben. Und bei einem mit Herz und Leidenschaft komponierenden Musiker wie Wolfgang Amadé kann genau das *Wie* der persönlichen Handschrift sehr spannend und aufschlussreich sein.

Daher ist die Faksimile-Reproduktion des Mozart'schen Autographs eine unschätzbare Quelle für unsere Untersuchungen.[186]

Durch die unterschiedlichen Tintenfarben lässt sich zum Beispiel genau nachvollziehen, welche Passagen der Partitur ihm als erstes einfielen und bei welchen er sich mit der Ausarbeitung für später Zeit ließ. Einige Passagen sind fein säuberlich aufgeschrieben, andere hastig hingeworfen – also entweder in überschwänglichem Schaffensfluss oder aber in Eile aufnotiert.

Andere Passagen sind gekürzt oder nachträglich noch verändert – und auch diese Änderungen von Mozarts eigener Hand sind natürlich hochinteressant, geben sie uns doch einen direkten Einblick in die Werkstatt des Komponisten.

So hat Mozart viele Musiknummern in einem ersten Arbeitsschritt nur mit Singstimmen und Instrumentalbass aufgeschrieben, um Zeit zu sparen. In der Wiedergabe seiner Handschrift erkennt man diesen ersten Arbeitsschritt an der dunkleren Tintenfarbe. Nach Vollendung der ganzen Oper in diesem skizzenhaften Stadium wurde diese Teilpartitur von seinen Assistenten kopiert, um vorab mit den Sängern ihre Partien einzustudieren – die mussten ja alle noch auswendig gelernt werden!

Erst danach kam die Vorab-Partitur wieder zurück zu Mozart, der dann die restlichen Stimmen orchestrierte – die im Autograph an der helleren Tinte erkenntlich sind. Aus dieser fertigen Partitur wurden ganz zuletzt von Profi-Kopisten alle Orchesterstimmen herausgeschrieben.

Man kann aus dem Autograph also erkennen, welche Details Mozart gleich von Anfang an miterfunden hatte, und welche er erst später festlegte.

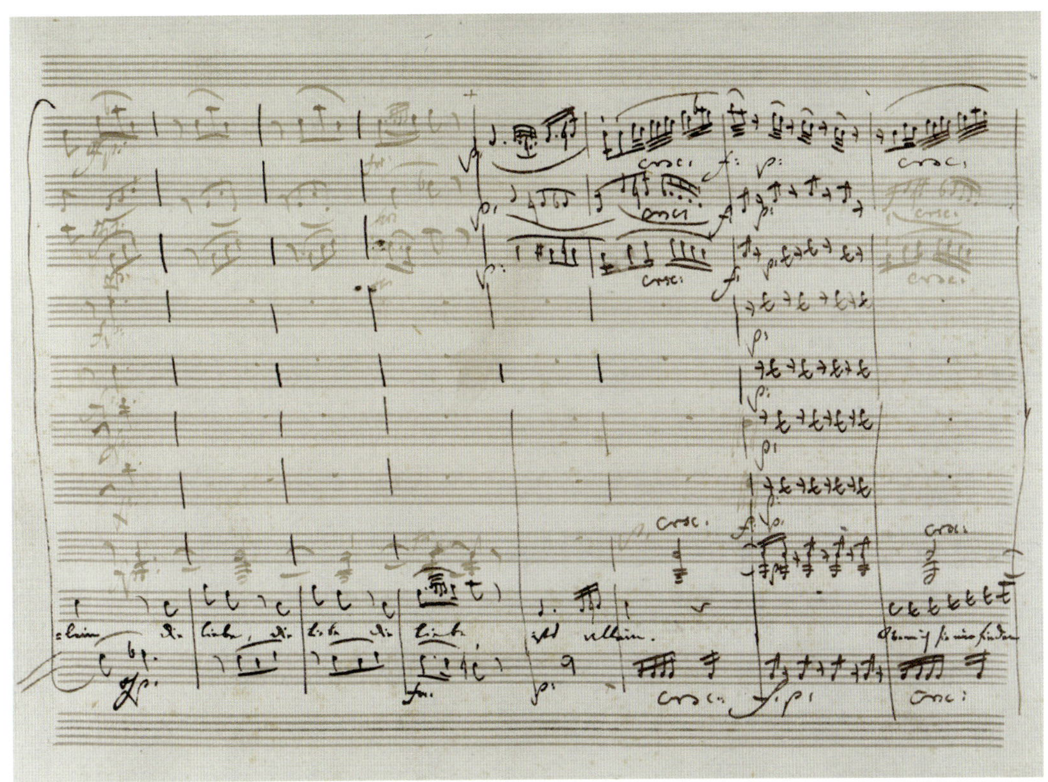

Mozarts Handschrift – eine Fundgrube an Informationen.

Bildnisarie No 3, Takt 29–36: die dunklen Noten sind zuerst komponiert, die hellen später ausgeführt.

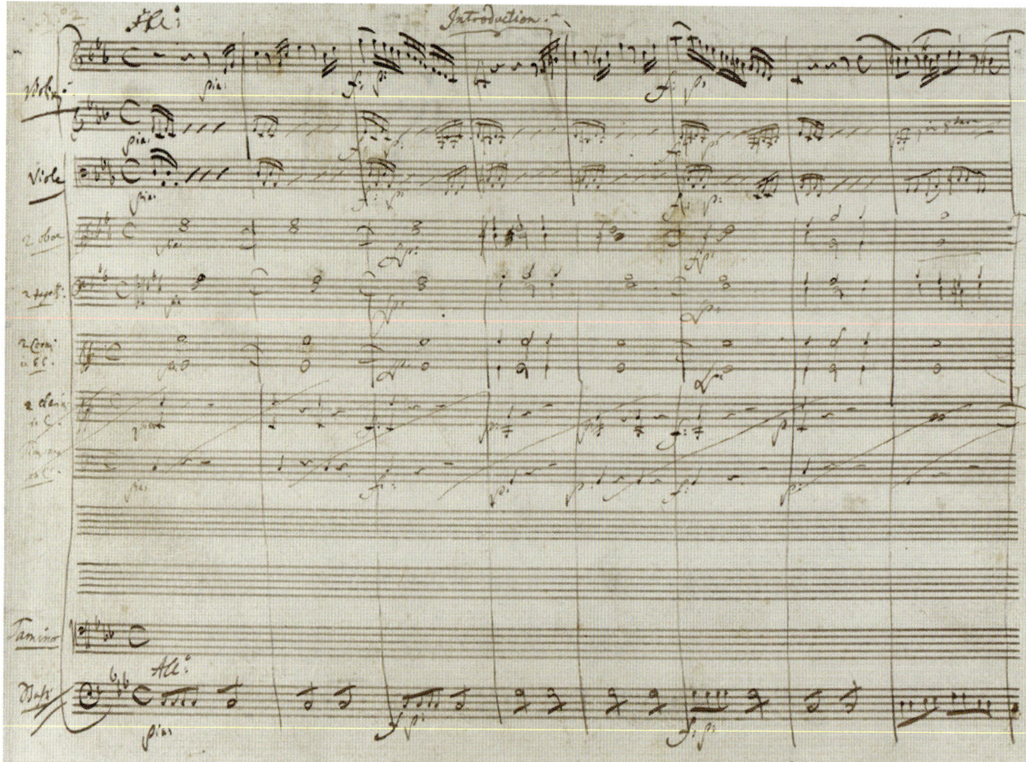

Introduktion No 1: Takt 1–8 mit den von Mozart später gestrichenen Trompeten/ Pauken für Tamino

Mozart scheint ein geradezu kindliches Vergnügen an der Vertonung dieses Theater-Textbuches von Schikaneder gehabt zu haben. Aufmerksames Studium der *Zauberflöten*-Handschrift bringt eine Menge Indizien zutage. Ein besonders reizvolles Beispiel dafür findet sich im Finale des 1. Aktes, genau dort, wo Manostatos mit seinen Sklaven von Papagenos Glockenspiel verzaubert wird – eine Szene, die aus einem Harry-Potter-Film stammen könnte.

Das Glockenspiel wird im Orchester von einem Klaviaturglockenspiel gespielt. Dieses Instrument sieht aus wie ein Klavier, hat aber im Gegensatz dazu nur ein einziges Pedal und schlägt im Innern kleine Metallplättchen über eine Tastatur an. Wie beim Klavier spielt dabei die rechte Hand die hohen Töne und wird im höheren Violinschlüssel notiert; die linke Hand ist für die tieferen Töne im Bassschlüssel zuständig.

Genauso fängt die Niederschrift des Glöckchen-Solos in Mozarts Handschrift auch an. Sobald Manostatos aber gebannt ist, passiert etwas Erstaunliches. Von einem Takt zum anderen[187] vertauscht Mozart die Notensysteme. Der Spieler soll linke und rechte Hand überkreuzen! Um jedes Missverständnis auszuschließen, notiert Mozart am Beginn der neuen Seite »linke Hand« vor dem *oberen* und »rechte Hand« vor dem *unteren* System.

Die theatralische Bedeutung dieses graphischen Details ist auch Ihnen sofort klar, wenn Sie Ihre linke Hand in Klavierhaltung über die rechte kreuzen: Der Spieler der Glöckchentöne imitiert während des Spielens die gefesselten Hände von Manostatos! Aus Berichten von Zeitgenossen wissen wir zuverlässig, dass Mozart seit seiner frühesten Jugend dieses Kunststück beherrschte – mit überkreuzten Händen Klavier zu spielen. Belegt ist auch, dass er Papagenos Glöckchen oft selbst in Aufführungen gespielt hat.[188] Es muss ihm ein köstliches Vergnügen bereitet haben, im Orchestergraben quasi das Spiel auf der Bühne mitzumachen!

Hört man die vertauschten Hände des Spielers? Nein. Man *soll* sie gerade nicht hören, darin besteht ja das Verblüffende dieser Kunstfertigkeit. Kann das Publikum dem Glöckchen-Spieler auf die Finger sehen? Nein. Haben Sie während dieser Szene schon einmal überhaupt auf das Orchester geachtet? Gar in den Orchestergraben hinein- und dem Celesta-Spieler auf die Finger geschaut? Wahrscheinlich nicht.

Dieses Überkreuzen der Hände macht einzig und allein dem einsamen Spieler von Papagenos Glöckchen Sinn und Vergnügen. Das Publikum merkt es nicht. Ganz davon abgesehen, dass diese gekreuzten Hände natürlich der Klavierspieler-Norm widersprechen. Sie sind in allen Druckausgaben, auch in der Texttreue suggerierenden Urtext-Partitur, »ordentlich« zurückkorrigiert. Die rechte Hand gehört nun mal nach landläufiger Übereinkunft nach oben und die linke nach unten! Leichter spielbar, leichter zu lesen – aber Wolfgang Mozarts spielerische Interpretation geht verloren. Hier wurde im Übereifer und in bester Absicht – verschlimmbessert.

Kommen wir zu *hörbaren* Exempeln für Mozarts Jonglieren mit Noten und Symbolen.

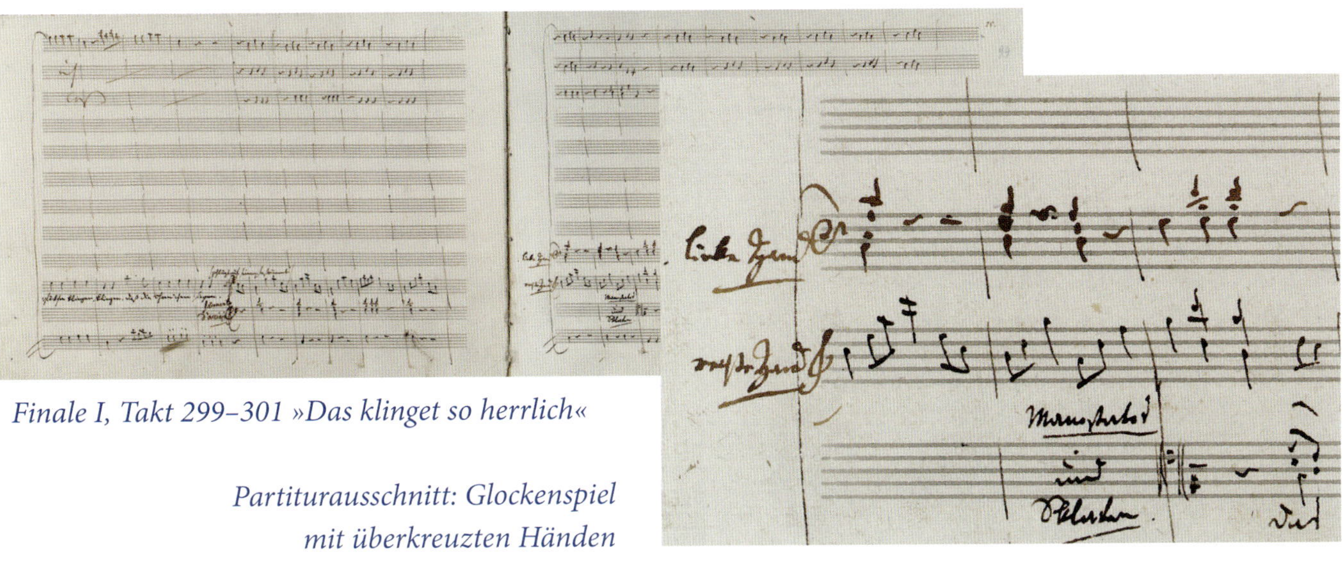

Finale I, Takt 299–301 »Das klinget so herrlich«

Partiturausschnitt: Glockenspiel mit überkreuzten Händen

12 KLOPFET AN, SO WIRD EUCH AUFGETAN

Das Jesuswort »Suchet, so werdet ihr finden – bittet, so wird euch gegeben – klopfet an, so wird euch aufgetan«[189] spielt eine wichtige Rolle in der Freimaurerei. Es steht für den eigenen Entschluss, aus dem spirituellen Dunkel seiner Unwissenheit herauszutreten und aus eigenen Stücken nach geistig-sittlicher Weiterentwicklung zu streben. Oder mit Immanuel Kant: »*… der Ausgang des Menschen aus seiner selbst verschuldeten Unmündigkeit!*«[190]

Es ist offensichtlich, dass dies der Weg Taminos ist, der im Verlaufe dieser Oper dargestellt und entfaltet wird. Folgerichtig durchsetzt Mozart die Partitur, die diese Geschichte erzählt, mit »klopfenden« Tonfolgen und Rhythmen. Deutlich hörbar ist so ein punktierter Rhythmus sofort nach den Einleitungsakkorden der Ouverture im 4. Takt, später z. B. zu Beginn des Finales des 1. Aktes (C-Dur-Orchesterbeginn vor »*Zum Ziele führt dich diese Bahn*«) und im Finale des 2. Aktes beim finsteren Beginn der Geharnischten-Szene, gleich nach dem jubelnden Abgang der Drei Knaben mit Pamina.

Besonders offensichtlich ist der Klopfrhythmus zu Beginn des ersten Finales. Im Vorspiel beginnt das Orchester trochäisch, volltaktig, die Drei Knaben beginnen ihren Gesangseinsatz jambisch, mit einem Auftakt: »*Zum Ziele führt dich diese Bahn …*«

Auch bei Taminos Antwort »*Ihr holden Kleinen, sagt mir an …*« erklingt der punktierte Klopfrhythmus durchgängig in Celli und Kontrabässen im Orchester. Den Eingeweihten ist klar, worum es geht: Dies ist das Vorspiel zu einer Szene, in der es um Schlüsselbegriffe der maurerischen Initiation geht.

»*Suchet, so werdet ihr finden – bittet, so wird euch gegeben – klopfet an, so wird euch aufgetan.*«

Die punktierten Rhythmen illustrieren hier den inneren Entschluss des Individuums, mit der Arbeit an sich selbst zu beginnen. Die Instrumentation Mozarts unterstützt die Feierlichkeit dieses Augenblicks: seit der Ouverture haben die Posaunen geschwiegen, in der Einleitung zu dieser Szene verleihen sie dem Orchesterklang charakteristische Weihe.

Den theatralischen Effekt dieses schleppend-punktierten Klopfrhythmus' hatte Mozart bereits im *Don Giovanni* ausprobiert. Dort hört man ihn ebenfalls nach den Einleitungsschlägen der Ouverture in den Streichern; später dann bei der Parallelstelle im 2. Finale der Oper, beim unheimlichen Auftritt des Steinernen Gastes, der an die Tür klopft und Einlass begehrt.

In der *Zauberflöte* bekommt dieser gut erkennbare Klopfrythmus aus punktierten Noten eine speziell masonische Bedeutung. Hier ist es die Geste des Suchenden, der an die Pforte des imaginären Tempels Salomos klopft, um aus dem Dunkel der Unwissenheit in das Licht der Erkenntnis zu gelangen.[191]

Eine Möglichkeit, das Klopfen musikalisch darzustellen, besteht in der Abfolge aus einer längeren (punktierten) und kurzen Note. Dieses trochäische Motiv kann einzeln stehen oder als Gruppe mehrfach wiederholt werden.

Der auftaktig klopfende Musikbeginn ist musikalisch die andere Variante dieses Anklopfens in Tönen: Es klopft praktisch »andersherum«, indem die kurze Note beginnt und eine längere danach kommt. Das »jambische« Klopfen ist auch für ungeübte Hörer aufzuspüren.

Hier ein paar Beispiele von »klopfenden« Musik-Anfängen:

auftaktig/jambisch: (kurze Note – lange Note)

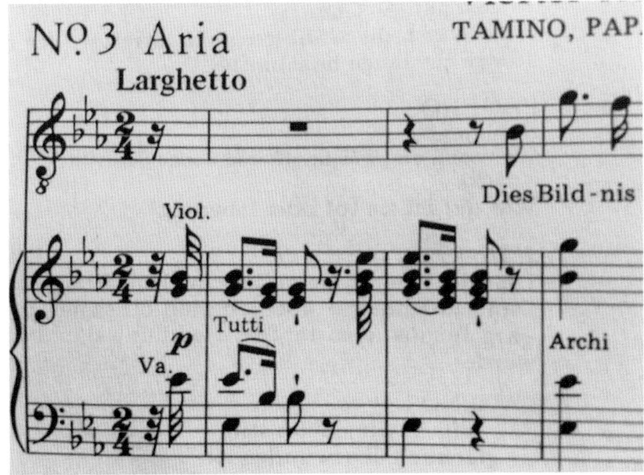

Orchestereinleitung von Taminos Arie, vor »*Dies Bildnis ist bezaubernd schön*«[192]

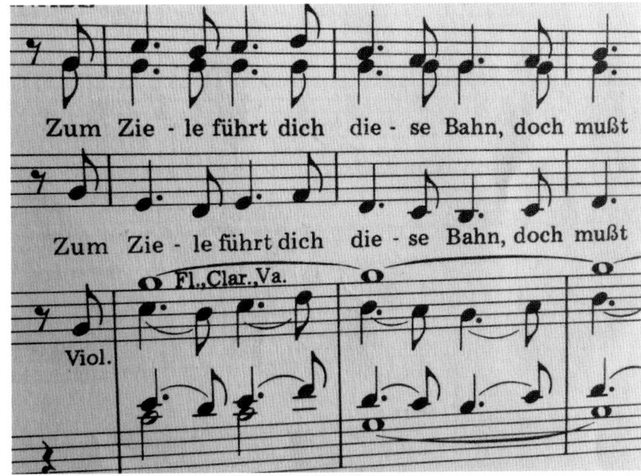

Drei Knaben, Melodiebeginn »*Zum Ziele führt dich diese Bahn*«[193]

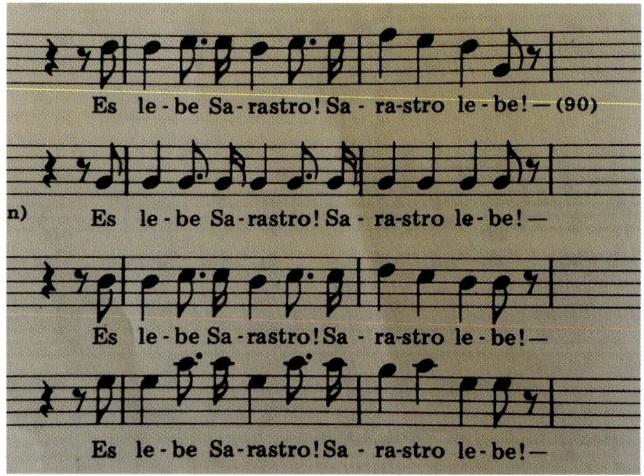

Chorauftritt mit Sarastro »*Es lebe Sarastro, Sarastro lebe*«[194]

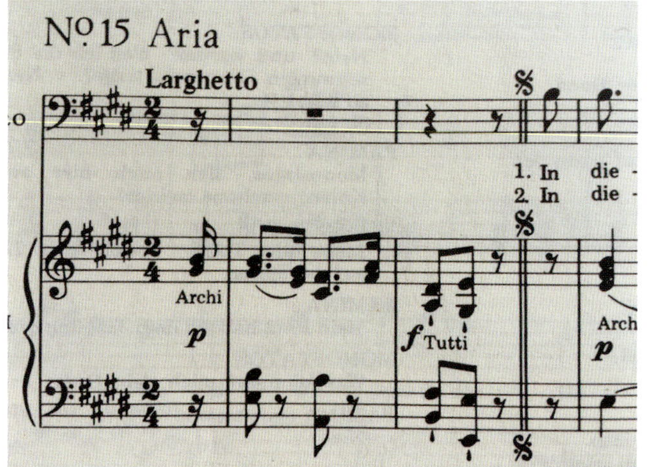

Orchestereinleitung von Sarastros Arie, vor »*In diesen heil'gen Hallen*«[195]

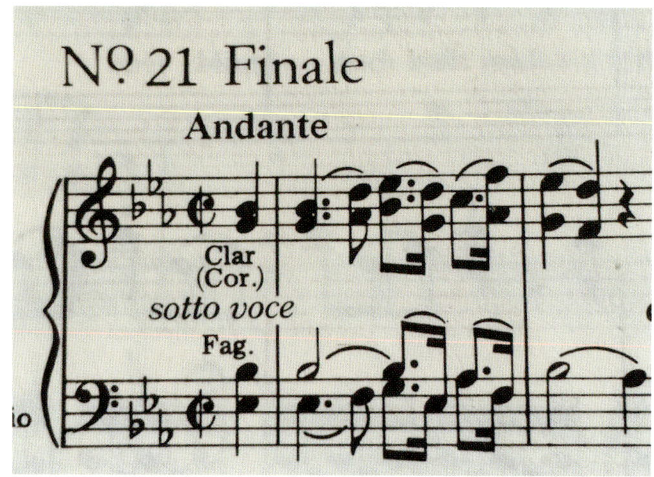

Drei Knaben, Orchestereinleitung und Melodiebeginn »*Bald prangt, den Morgen zu verkünden*«[196]

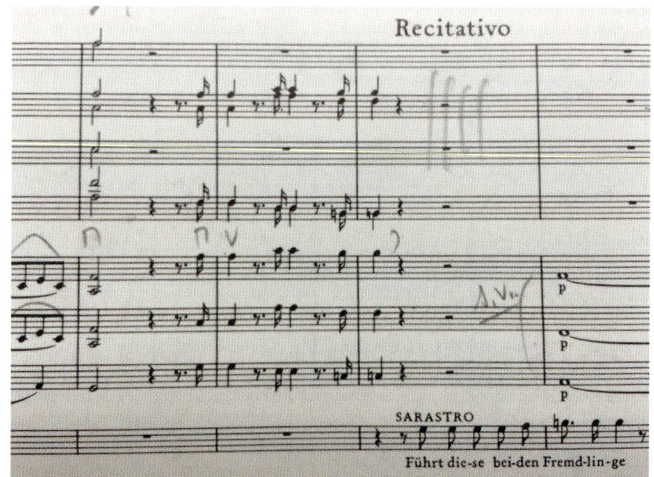

Orchesterschläge im 1. Finale, vor Sarastros »*Führt diese beiden Fremdlinge …*«[197]

volltaktig/trochäisch:
(lange Note – kurze Note – lange Note)

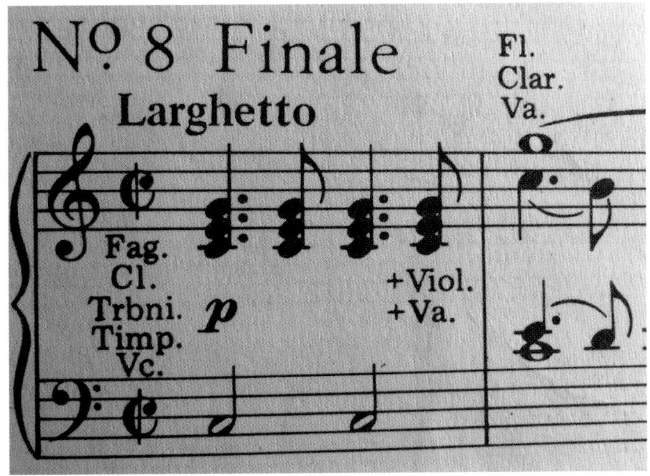

1. Finale, Orchestereinleitung[198]

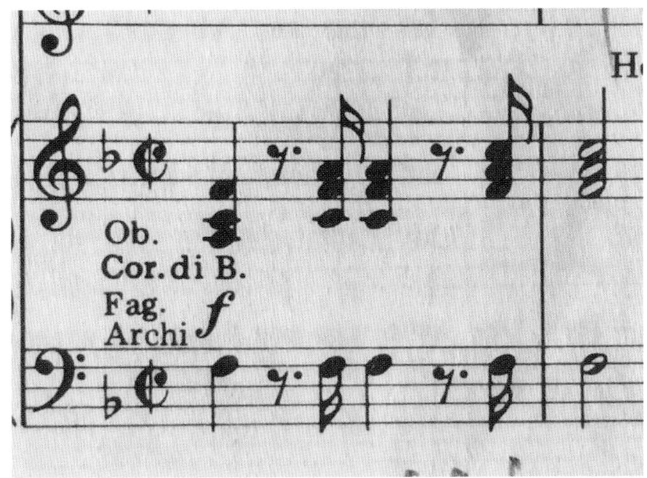

1. Finale, Orchesterschläge vor Paminas *»Herr, ich bin zwar Verbrecherin …«*[200]

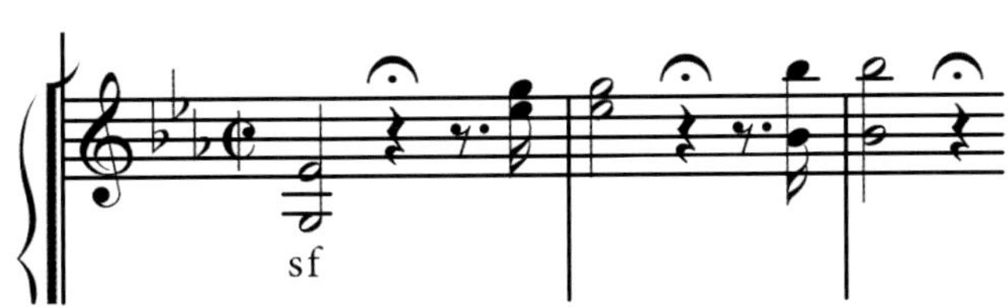

Einleitungstakte der Ouverture[199]

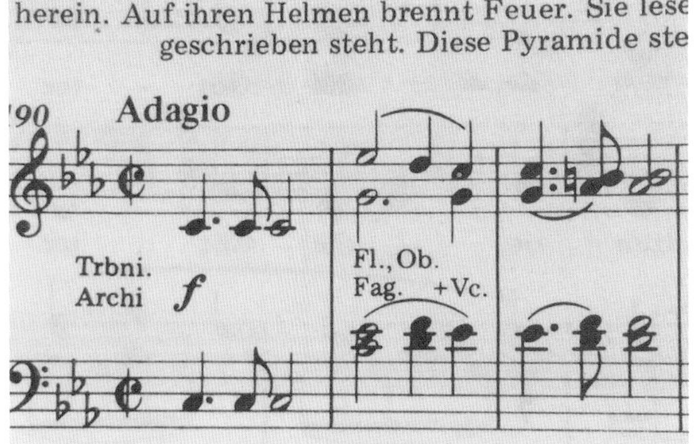

2. Finale, Orchestereinleitung zur Geharnischten-Szene, nach Abgang Drei Knaben/Pamina, vor *»Der, welcher wandert …«*[201]

Im Terzett No 19 *»Soll ich dich Teurer nicht mehr sehn«* von Pamina/Tamino/Sarastro hat fast jeder Melodiebeginn der Solisten einen dreifach klopfenden Auftakt. Dieser pochende Puls zeichnet eindrucksvoll die nervöse Anspannung der beiden Suchenden, bevor es zu den Prüfungen geht …

Drei (!) Personen singen – und dies ist ein ganz zentraler Moment im Drama: Er zeigt Tamino hin- und hergerissen zwischen Pflicht und Liebe, zwischen Sarastro mit seinem Schweigegebot und Pamina zwischen Pflicht und Liebe. Konsequent verkomponiert Mozart dann auch diese hochdramatische Situation, indem er Tamino mal mit Sarastro (und mit ihm zuerst), mal mit Pamina (mit ihr am Ende) im Duett singen lässt.

Eine Duettpassage mit seiner Geliebten bildet also den Schlusspunkt – quasi als Ausblick und Vorwegnahme des glücklichen Endes. Dabei erinnern nach der Textpassage *»kehre wieder«* zwölf tropfende Streicherakkorde[202] den symbolkundigen Partiturleser an die zwölf Stunden des Tageslaufes und die verrinnende Zeit …[203]

Im maurerischen Ritual beginnt mit dem Zwölfuhrläuten, mit der Mittagsstunde die symbolische Arbeit am rauen Stein, an sich selbst, und in der Tat beginnt mit diesem Moment in der Oper die Initiation Taminos und Paminas.

Dieses Terzett bringt mit häufig wiederholtem dreifach klopfendem Melodiebeginn den Zauber der Zahl als solcher, als Zahlen*symbol,* ins Spiel.

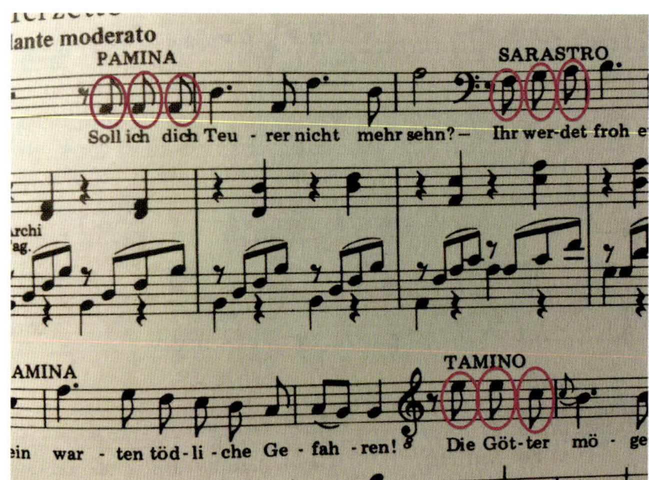

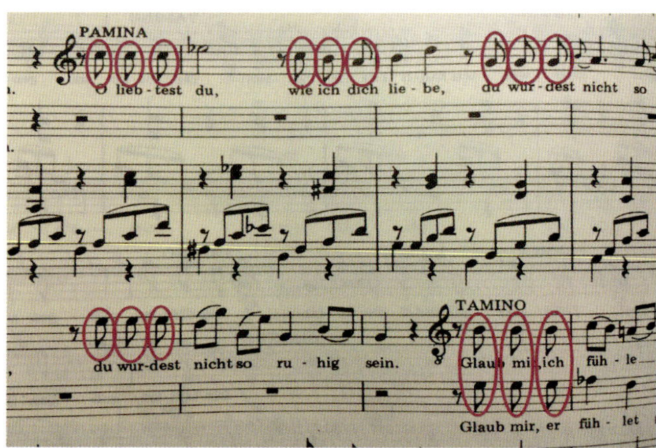

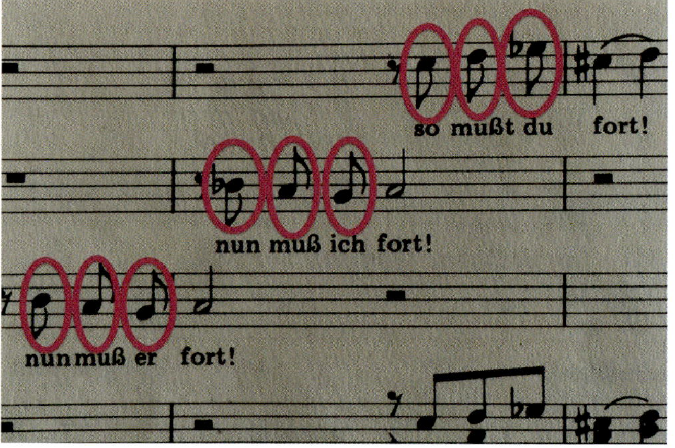

Im Terzett klopft's immer dreimal …

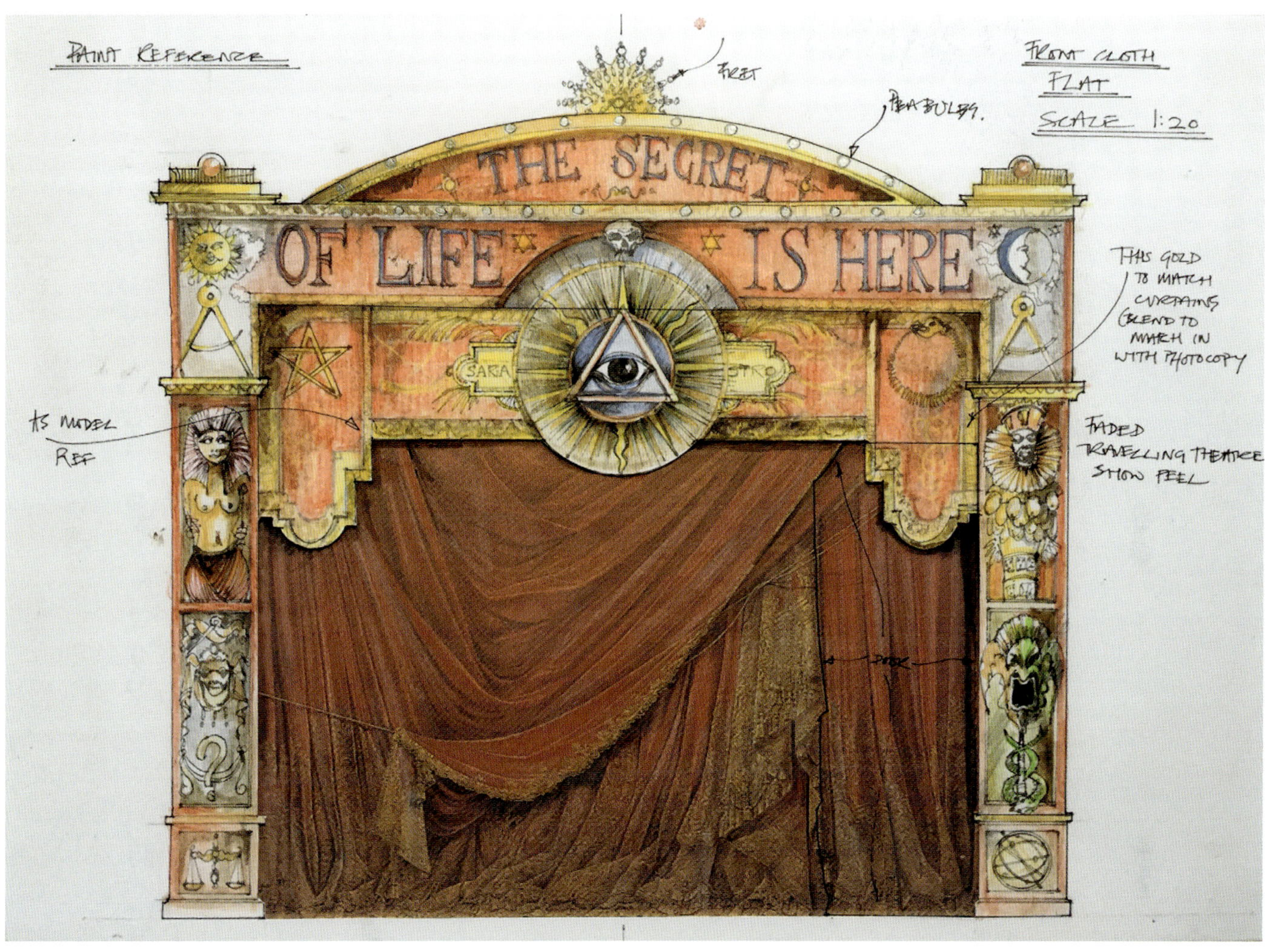

Simon Higlett: »The Secret of Life is here« – Entwurf zum Bühnenvorhang der Zauberflöte an der Scottish Opera Glasgow, 2012

13 ZAHLENZAUBER FÜR ANFÄNGER: DIE DREI

Überall in der *Zauberflöte* begegnet dem Hörer und dem Zuschauer die Symbolik der Zahlen. Dies ist uraltes esoterisches Wissen und gleichwohl aktuell. Wir begegnen dem Wissen um die mächtige Bedeutung der Zahlen in Natur und für eine ideale Welt bereits im Alten Ägypten, bei den Pythagoreern, in der jüdischen Kabbala, in der christlichen und der arabischen Mystik und vielerorts sonst.

In Forschung und Wissenschaft des 21. Jahrhunderts erfährt das Staunen über die der Natur innewohnenden Gesetzmäßigkeiten, die sich in Zahlenverhältnissen wie dem Goldenen Schnitt oder den Fibonacci-Zahlen ausdrücken lassen, eine Renaissance.

In der Zahl als Symbol versucht der Mensch die Gesetzmäßigkeiten der von Gott geschaffenen Natur zu erfassen. Der Begriff »Symbol« heißt nichts anderes als »Zusammen-Geworfenes« – das, was hier zusammengeworfen wird, sind das Zeichen und seine Bedeutung!

Novalis formuliert: *»Das Leben der Götter ist Mathematik.«* Und weiter: *»In der Musik erscheint sie förmlich als Offenbarung, als schaffender Idealismus.«*[204]

Aus diesem Verständnis heraus studierten seit dem Mittelalter zunächst die Mönche und seit der Renaissance dann die Künstler diese natürlichen Verhältnisse und ihre zahlenmäßigen Gesetzmäßigkeiten, um aus Verehrung für den Schöpfer selber im Bauwerk oder im Kunstwerk dessen idealen Bauplan der Natur nachzuvollziehen. Im Ritual können solche Zusammenhänge für eine Gemeinschaft von Individuen erlebbar gemacht werden.

Die Eins bezeichnet in allen Kulturen die Einheit, das Göttliche, oft durch die vollkommene Figur, den Kreis, gekennzeichnet.

Die Zwei steht demgegenüber für das Gegensätzliche – sinnfällig und für jeden erlebbar im Symbol durch das Weibliche und das Männliche ausgedrückt.

Die Drei ist der erste Übergang, die Transzendenz. Aus zwei Dingen entsteht etwas Drittes – und dies ist immer etwas Wunderbares, Unerklärliches. Ent-

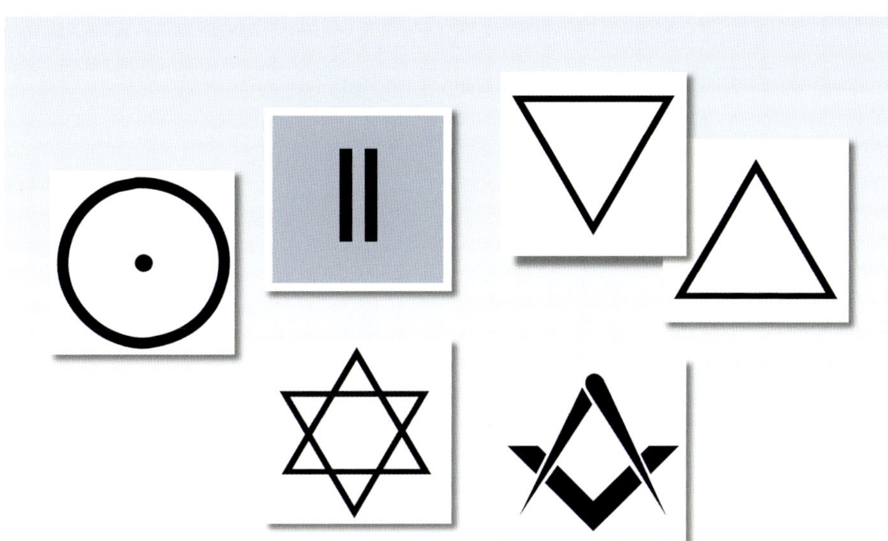

Von der Eins durch die Zwei zur Drei

weder entsteht aus Mann und Frau ein Kind (Osiris/Isis/Horus) oder Mann und Frau sind auf das Göttliche bezogen (Jahwe/Adam/Eva). In anderer Darstellung: das »gebende«, königliche Dreieck: ins Himmlische weisend, die Basis auf der Erde – die Spitze nach oben; und das »empfangende«, priesterliche Dreieck: Basis im Himmel, auf die Erde weisend – Spitze nach unten. Letztere sind in der Alchemie die Zeichen für Feuer und Wasser.

Zusammengefügt ergeben beide Dreiecke das Hexagramm, das Sigillum Salomonis, den Davidstern – oder Zirkel und Winkelmaß der Freimaurer. Diese Figur *»konnte auch als Ausdruck der sechsten Sephira* [göttlichen Erscheinungsform] *gelten, die den Namen ›Tipheret‹ trug, was soviel wie Schönheit oder Zier bedeutete«.*[1205]

Die Dreizahl ist kein exklusiv freimaurerisches, vielmehr durch das Mysterium ihrer transzendenten Bedeutung seit Urzeiten ein altes, universelles Segens-Symbol. Auch Mephisto empfiehlt dem Faust, als sein bannender Zauber zunächst versagt: *»Du musst es dreimal sagen.«*[206]

Im westlichen, christlich-hellenistisch geprägten Kulturkreis hat die göttliche Dreifaltigkeit aus Vater, Sohn und Heiligem Geist sicherlich die am stärksten aufgeladene Symbolkraft. Zu Mozarts Zeit war die Bedeutung der Zahl Drei als »Zahl Gottes« eine Selbstverständlichkeit.

In der aufgeklärten Freimaurerei des 18. Jahrhunderts gerinnt diese prägnante Dreizahl zu einer Fülle von Symbolgruppen.

Eine der bekanntesten, die Trias der Ideale »Weisheit – Stärke – Schönheit«, hat sich bis in die heutige, säkularisiert-humanitäre Freimaurerei erhalten. Im Katechismus der »Stricten Observanz« werden

»Sonne – Mond – Sterne« als »drei große Lichter« benannt[207]. Diese schillernde Freimaurerlehrart erregte zu Mozarts Zeit in deutschsprachigen Ländern ein großes Aufsehen. Der Einfluss der Strikten Observanz auf Textbuch, Bühnengestaltung und Attribute der Protagonisten in der *Zauberflöte* ist offensichtlich – und der Freimaurerbezug der Dreizahl war auch Profanen erkenntlich.

Die besondere Bedeutung der Drei zieht sich aber generell und auf vielen Ebenen durch die gesamte *Zauberflöte*. Die allgemein bekannten, oft wiederholten Beispiele bleiben ziemlich an der Oberfläche und erschöpfen sich häufig in banalen Äußerlichkeiten. Als Standardbeispiele für »freimaurerische« Symbolik werden fast immer die Drei Damen und die Drei Knaben aufgezählt. Ist ja auch zu schön, dass diese die Zahl Drei praktischerweise im Namen tragen. Muss ja irgendwas Freimaurerisches bedeuten. Warum eigentlich – das weiß man dann schon nicht mehr so genau. Ach ja, und dann fallen einem natürlich noch die Drei Akkorde ein – das war's dann meist aber auch schon.

Die Drei in der *Zauberflöte*? Da wollen wir doch einmal genauer hinschauen.

Einiges bedeutsam Dreifaches kann man *sehen*.

So gibt es neben den Damen und den Knaben auch drei Paarungen der Protagonisten: Wie schon gezeigt, sind es das »hohe« und das »niedere« Paar, die jeweils zu zweit zusammengehören, und das Gegensatzpaar Königin/Sarastro.

Es gibt aber auch drei Terzette – die gewissermaßen drei Seinszustände oder dramatische Affekte darstellen:
No 6: Pamina/Manostatos/Papageno – aggressiv/kämpferisch: »*Du feines Täubchen nur herein*«;
No 17: Drei Knaben – souverän/über den Dingen schwebend: »*Seid uns zum zweiten Mal willkommen*«;
No 19: Pamina/Tamino/Sarastro – harmonisch/zuversichtlich: »*Soll ich dich Teurer nicht mehr sehn*«.

Und es gibt drei Quintette – zwei ausdrücklich als solche bezeichnete und eines, das sich auf der Bühne ergibt:
No 5: Drei Damen/Tamino/Papageno im 1. Akt »*Hm hm hm …*«;
No 12: die gleiche Besetzung im 2. Akt »*Wie, wie, wie – ihr an diesem Schreckensort*«
und – dieses »Quintett« wird oft vergessen, es ist aber ein richtiges »Rachequintett«! –
in der No 21, ab Takt 745 Königin/Drei Damen/Manostatos kurz vor Opernschluss »*nur stille stille …*«

Und gleichermaßen gibt es drei Duette:
No 7: Pamina/Papageno im ersten Akt »*Bei Männern, welche Liebe fühlen*«;
No 11: das Priesterduett im 2. Akt »Bewahret euch vor Weibertücken« und
No 21: die köstliche Duettszene Papageno/Papagena »*Pa- pa- pa …*« ab Takt 616, effektvoll und einfach hinreißend komponiert. Papagena singt am kürzesten von allen Hauptfiguren – und räumt regelmäßig den stärksten Applaus ab!

Oper ist Theater. Dreimal fällt jemand in Ohnmacht! Tamino gleich zu Beginn der Oper. Es ist so ziemlich seine erste Aktion. Dann Pamina im 1. Akt, als sie von Manostatos verfolgt wird. Und Papageno nach dem Quintett des 2. Aktes, als Parodie. »*Steh auf, mein Freund, wie ist dir?*« – »*Ich lieg in einer Ohnmacht!*«[208] Eine von den Stellen, die dramatisch derartig gut konstruiert sind, dass sie ihre Wirkung in einer Live-Aufführung nie verfehlen.

Dreimal spielt Tamino die Flöte. Gemeint ist hier nicht die Orchesterflöte, die spielt öfter – wobei es ein feiner Zug von Mozart ist, dass die Flöte ausgerechnet dann *nicht* im Orchestersatz mitspielt, wenn sie dem Tamino von den Drei Damen im Quintett des 1. Aktes übergeben wird …

Nein, wir meinen die bühnenhandlungswirksame, szenische, die »wirkliche« *Zauberflöte*, die Tamino auf der Bühne spielt – und die, wie wir nun wissen, in Schikaneders Aufführungen vom Tenor auch selber geblasen wurde.

Das erste Mal kommt sie zum Einsatz, als im 1. Finale Tamino als neuer Orpheus die wilden Tiere bezaubert.[209] Das zweite Mal spielt er sie im 2. Akt, einsam, während der Schweigeprüfung[210]. Und die Flöte ruft Pamina zu ihm. Wie wir wissen, kommt es durch Taminos Schweigen hier zur ersten großen Krise.

Erst beim dritten Mal[211] entfaltet die *Zauberflöte* auf der Bühne ihre ganze Macht, wenn es darum geht, symbolische Todesgefahr durch Feuer und Wasser zu überwinden. Und hier ist es bemerkenswerterweise Pamina, die Tamino in die Geschichte der Flöte einweiht und ihn dazu drängt, sie anzuspielen. Pamina, die die Führung des Paares übernommen hat! »*Nun komm und spiel die Flöte an, sie leite uns auf grauser Bahn.*«[212] Erst durch ihre Initiative, durch ihr aktives Handeln werden solar-männliches und lunar-weibliches Prinzip vereint.

Dieses Dreifache ist auf der Bühne *sichtbar*. Anderes bedeutsam Dreifaches kann man *hören*. Wie Hefe durch den Sauerteig, so ziehen sich dreitönige Strukturen überall durch die Oper, und zwar als melodische Dreiklangsfigur.

Der Dreiklang – bestehend aus den Tönen Grundton, Terz und Quinte – ist Grundbaustein jeder westlichen Musik seit dem Mittelalter.

Interessanterweise entsprechen der erste, dritte, und der fünfte Ton in der nacheinander erklingenden Abfolge der Tonleiter auch dem ersten, dritten und fünften unterschiedlichen Teilton in der Reihenfolge der gleichzeitig erklingenden Obertonreihe.

Diese gleichzeitig über dem Grundton erklingenden Teiltöne stehen in wechselseitiger, staunenswerter Beziehung zueinander: So ist z. B. der dritte Oberton die Quinte, und der fünfte Oberton ist die Terz![213]

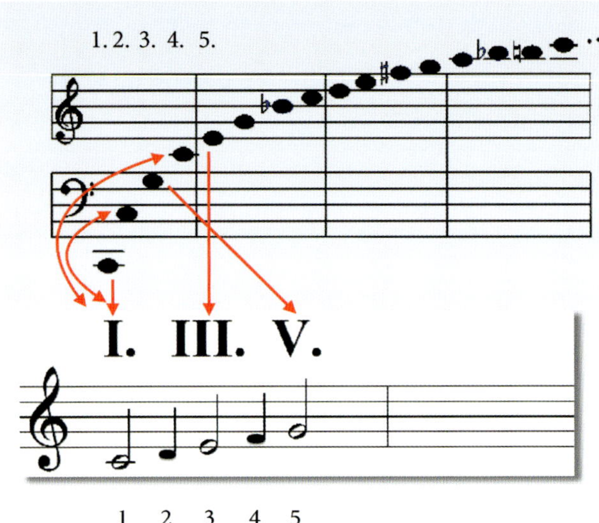

Dreiklang - bestehend aus 1, 3 und 5
oben: Teile der Obertonreihe
unten: Töne der Tonleiter

Wenn die drei Einzeltöne eines Dreiklangs nun gleichzeitig erklingen, ergeben sie einen harmonischen Zusammenklang. Dies ist Substanz jeder tonalen Musik und erst einmal nichts Besonderes.

Werden diese drei Töne aber nacheinander in der *Melodie* angesprungen, ergibt sich ein sehr markantes, fanfarenartiges Motiv. Mozart war als Komponist in der Melodieerfindung ja völlig frei – es ist daher auffällig, wie oft er dieses Motiv des »angesprungenen Dreiklangs« in den Melodien der *Zauberflöte* einbaut.

Bisweilen werden diese Fanfarentöne rein angespielt, manchmal findet man sie in den Ecktönen der Melodie. Immer aber ist dieser »angesprungene Dreiklang« offensichtlich formbildend.

Ein paar Beispiele quer durch das ganze Stück – es sind längst nicht alle!

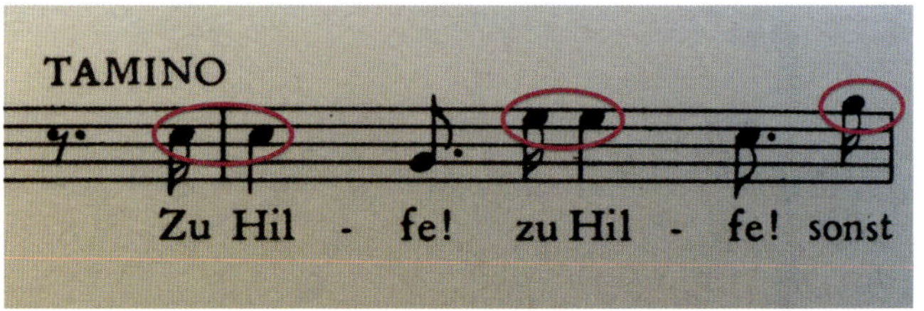

Tamino: »*Zu Hilfe, zu Hilfe, sonst bin ich verloren*«[214] (in Moll)

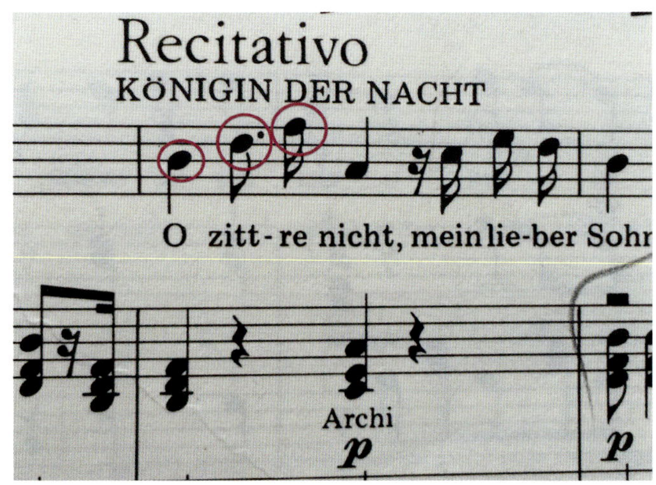

Auftrittsarie der Königin der Nacht, Rezitativbeginn »*O zittre nicht, mein lieber Sohn*«[215]

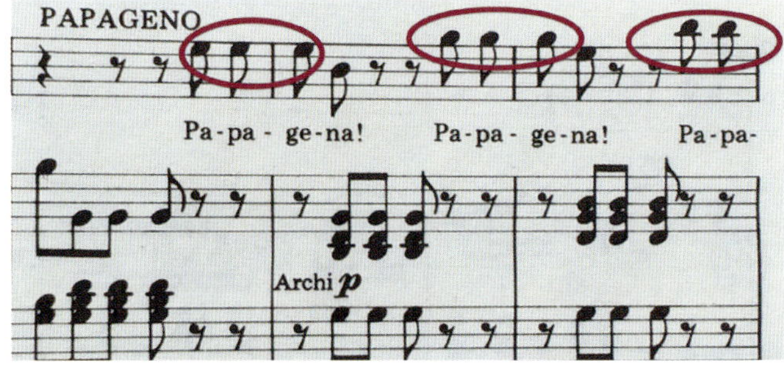

Arioso Papagenos im 2. Finale »*Papagena – Papagena – Papagena!*«[216]

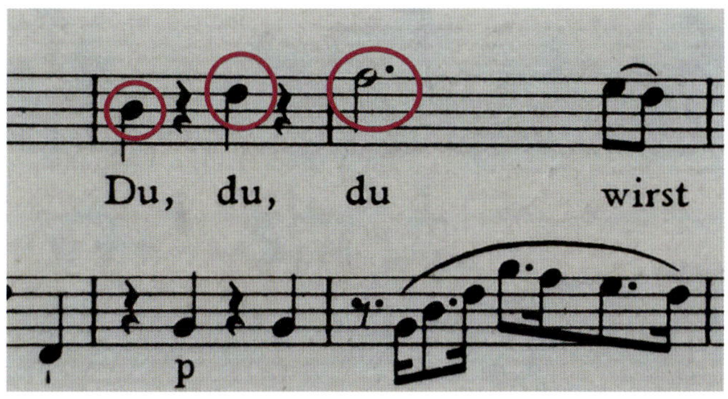

Auftrittsarie der Königin der Nacht, Schlussallegro *»Du, du, du wirst sie zu befreien gehen«*[217]

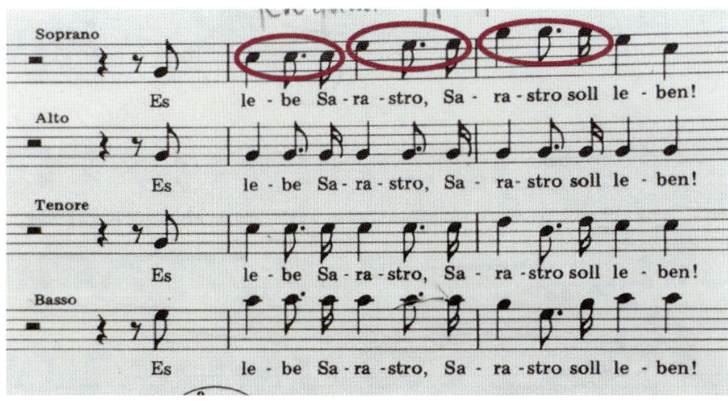

Chorauftritt im 1. Akt *»Es lebe Sarastro, Sarastro soll leben!«*[218]

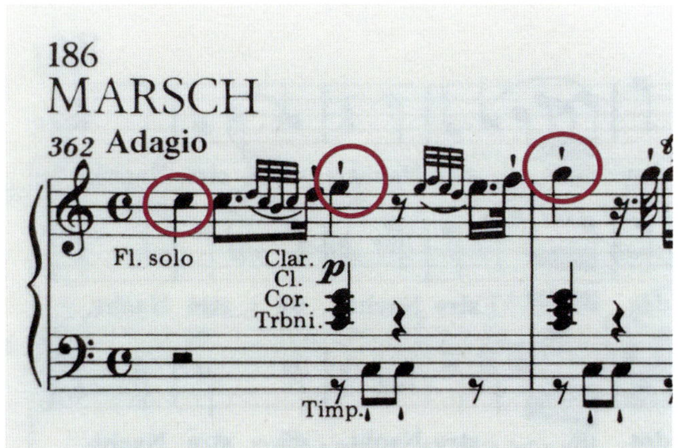

Flötenmelodie in der Feuer-/Wasserprobe im 2. Finale[219]

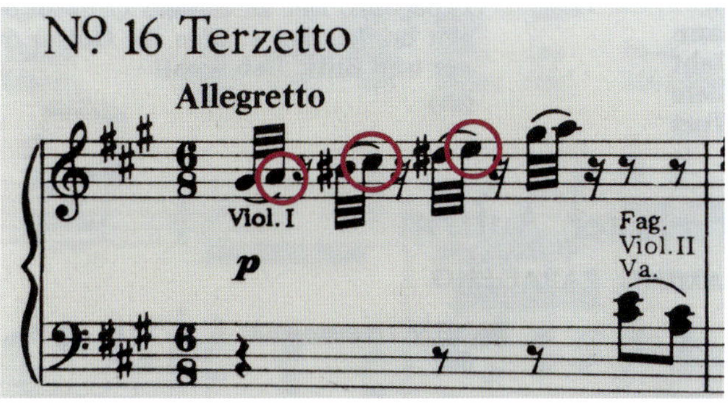

Orchestereinleitung zum *Knabenterzett im 2. Akt*[220]

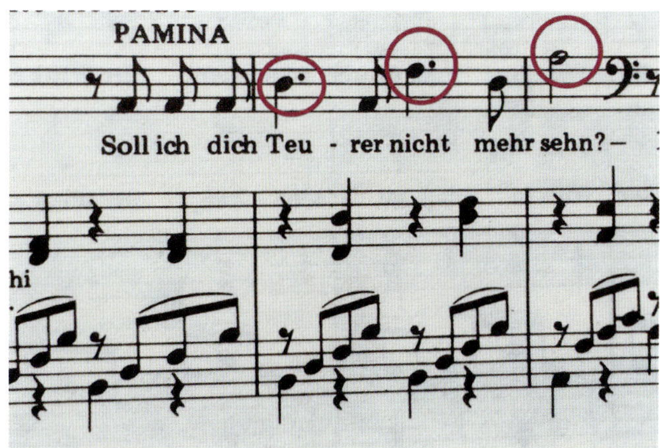

Terzett Pamina/Tamino/Sarastro *»Soll ich dich Teurer nicht mehr sehn?«*[221]

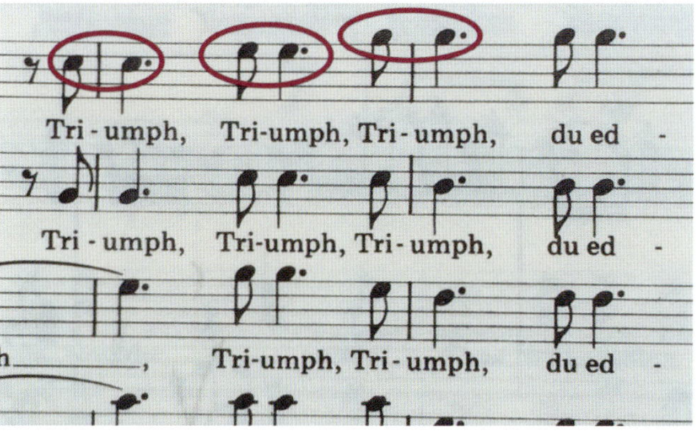

Chor *»Triumph, Triumph, Triumph, du edles Paar«*[222]

Die Melodielinie der Drei Akkorde und der Ouvertureneinleitung gehören auch hierher, sie stellen besonders verschachtelte, reichhaltige Symbole dar und werden im nächsten und im letzten Kapitel noch besonders analysiert.

Die Verwendung dieser dreifach angesprungenen Melodie ist kein Leitmotiv! Sie »bedeutet« in diesem Sinne kein Ding, ist keiner Person zugeordnet. Sie hat auch keinen Affektcharakter, drückt also auch keine Stimmung aus. Das erklärt, warum sie von gegensätzlichen Personen gesungen werden kann und an allen möglichen Stellen vorkommt.

Die dreifach angesprungene Melodie taucht aber als Motiv derart häufig und gleich zu Melodiebeginn auf, dass sie an ein musikalisches Siegel erinnert – vergleichbar beispielsweise mit der Verwendung der französischen Lilie auf Gemälden oder dem Stoff eines Königsmantels. Eine Verbindung zu den oben beschriebenen »Drei Punkten« und den damit zusammenhängenden drei Idealen ist naheliegend: *»Weisheit plane den Bau – Stärke führe ihn aus – und über allem leuchte das Feuer der Schönheit!«*

Als musikalische »Drei Punkte« künden die Dreifachsymbole von der besonderen Bedeutung dieses Märchenspiels. Es ist, als ob Mozart mit diesen Dreitonmotiven seine Zauberflöten-Musik gleichsam mit einem musikalischen Wasserzeichen durchzogen hat, das überall um die Ecke guckt, die Musik mit Bedeutung auflädt und die Stückaussage unterstreicht.

14 INTERMEZZO: ZAHLENZAUBER IM ORCHESTER

Bisher wurden nur Beispiele für Zahlensymbolik in Personenkonstellationen oder melodischen Wendungen allgemein aufgezeigt. Mozart hat aber auch in die Noten*schrift* der Orchesterpartitur spielerisch Symbolzahlen eingearbeitet.

Was ist überhaupt eine Partitur? – Sie ist so etwas wie eine »Roadmap« oder der Quellcode der Musik. In ihr werden alle Töne notiert, die in einem Musikstück erklingen sollen. Sie ist also so etwas ähnliches wie der Text eines Computerprogrammes. Die Partitur zeigt, wie auf einem mathematischen Funktionsgraphen, den Bedarf an Instrumenten auf der senkrechten y-Achse und die Parameter Tondauer, Tonhöhe und Lautstärke auf der waagrechten x-Achse.

Dabei steht übereinander, was gleichzeitig, und nebeneinander, was nacheinander erklingt. Gelesen wird die Partitur – analog zu einem Buchstabentext – von links nach rechts, kongruent zur verlaufenden Zeit.

Die feierlichen Drei Akkorde, die im 2. Akt immer wieder während des Rituals erklingen, wirken einfach und klar – und sind doch ein raffiniertes Symbol. Sie stellen eine besonders kunstvolle Verknüpfung von Klopfrhythmus, dreifach angesprungener Melodie und Zahlensymbolik in der Partitur dar.

Zunächst werden diese Akkorde intuitiv als Klopfrhythmen wahrgenommen. Bei genauer Betrachtung sind es auch nicht »Drei Akkorde«, sondern streng genommen dreimal drei Akkorde. Jede Gruppe besteht in sich aus dem Rhythmus kurz – lang – lang; diese Gruppe wird insgsamt dreimal intoniert. Den Eingeweihten ist dieser Klopfrhythmus wohlbekannt: es ist das Erkennungszeichen eines bestimmten Freimaurergrades. Auch hier geht man nicht fehl, dahinter wieder die »Drei-Punkte-Ideale« Weisheit/Stärke/Schönheit zu sehen.

Mozart erfindet in der musikalischen Gestalt der Drei Akkorde eine musikalisch-esoterische Verbindung von 3 × 3 sowie Eins, Drei und Fünf. Dazu nutzt er, neben dem musikalischen Parameter Rhythmus, auch Melodie und Klangfarbe (= Verteilung auf die Instrumente).

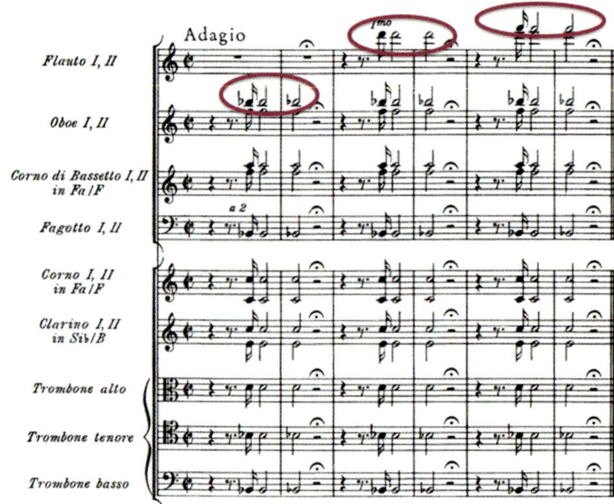

»Der dreymalige Accord«: 3 × 3 und 3 × 5

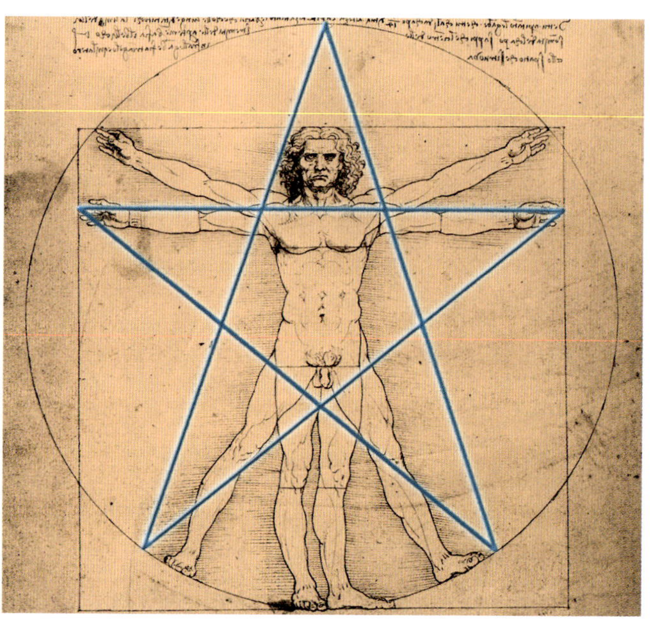

Leonardo da Vinci: Proportionsstudie nach Vitruv, Ende 15. Jhdt.

Die Oberstimme im Orchester – sinnigerweise von Mozart in die *Flöte* gelegt! – bringt in jeder Dreiergruppe einen anderen Melodieton. Dabei ergibt sich von Gruppe zu Gruppe wieder der uns bekannte anspringende Dreiklang. Zur Erinnerung: Dieses Motiv besteht aus der 1., 3. und 5. Tonstufe, aus dem Grundton, der Terz und der Quinte der Tonleiter.

Die Eins und die Drei kennen wir schon – was drückt die Fünf aus?

Eine Erklärung gibt der »Vitruvische Mensch«, dessen Abbildung im Pentagramm Sie bestimmt schon einmal gesehen haben. Ausgestreckte Arme und Beine stehen für die Vier Elemente der Welt, der Kopf an der Spitze symbolisiert die fünfte Materie, die »quinta essentia«, die »Quintessenz«, durch die der Mensch die Begrenztheit der vier Elemente überwinden und nach geistiger Weiterentwicklung streben kann, indem er sich an einem transzendenten Prinzip orientiert.

Der Mensch ist dann in der Lage, die Materie zu vergeistigen und verbindet derart Irdisches (symbolisiert im Winkel) und Transzendentes (symbolisiert im Zirkel).

»Das Was *bedenke, mehr bedenke* Wie.« (Goethe, *Faust II*)

Das uralte Segenssymbol des Pentagramms[223] bezeichnet und beschützt also den Menschen, der sich bewusst einer höheren Welt zuwendet. Eine andere, verborgene Bedeutung der Fünf werden wir am Ende unsrer Studie, im letzten Kapitel, entdecken …

Schaut man in die Partitur, so wird unsere Interpretation der Drei Akkorde als okkultes Zahlensymbol auf verblüffende Weise bestätigt. Mozart verwendet für die Drei Akkorde ausschließlich Blasinstrumente. Er verzichtet also auf die Streicher, die für gewöhnlich in der Oper andauernd beschäftigt sind. So unterstreicht er die Bedeutung dieser Akkorde allein schon durch die ungewöhnliche Instrumentierung.

Zählt man nun die Anzahl der spielenden Instrumente, entdeckt man hinter der Gesamtzahl 15 die Verbindung 1 × 3 × 5 – bei einer Tonfigur, deren Melodie wiederum gleichzeitig auf Grundton, Terz und Quinte, also dem 1., 3., 5. Ton, beruht!

Die Drei Akkorde – eine vollkommene musikalische Verbindung der Drei als perfekter Zahl, der Zahlenbeziehung 3 × 3 im Rhythmus und der Eins, Drei und Fünf in der Melodie.

Als nächstes untersuchen wir ein Partiturdetail, mit dem Mozart *musikalisch* den Text interpretiert und ihm eine Richtung gibt. Und zwar eine dezidiert freimaurerische!

15 SAG'S NICHT JEDEM

Wenn die Drei Knaben zum ersten Mal zu Tamino singen, raten sie ihm (etwas altklug): »*Sei standhaft – duldsam – und verschwiegen!*«[224] Die Antwort im Orchester ist drei Mal unverändert und klingt schon durch diese Statik bedeutungsschwanger – wie ein erhobener Zeigefinger.

Mozart hat an dieser Stelle durch seine Komposition Schikaneders Text freimaurerisch interpretiert. Die Bedeutung dieser Orchesterantwort liegt im Namen des Tonbuchstabens, der nach den Sätzen der Knaben penetrant dreifach wiederholt wird. Es ist ein »G«.

Das G symbolisiert in der Freimaurerei die Geometrie, die fünfte (!) Wissenschaft der antiken sieben freien Künste. In alten Ritualen war eine andere gängige Interpretation dieses überlieferten Zeichens natürlich »God«.[225] Und sowohl die hebräische Version des Buchstabens G, das Gimel, als auch dessen griechische Parallele, das Gamma, hatten als ihren Zahlwert die 3 …

Warum hat die Geometrie in der Freimaurerei so hohes Ansehen? – Mit Hilfe der Geometrie kann man wie am Reißbrett symbolisch planen, wie die durch den Schöpfer geschenkten Gaben in der Welt am besten einsetzbar sind. In der symbolischen Ausgestaltung der Loge nimmt dieses G einen prominenten Raum ein. Und in der angelsächsischen Freimaurerei wird bis heute das G ganz offen zwischen Zirkel und Winkel am Revers getragen.

Mozart stellt dieses G direkt in seine Partitur und unterstreicht die okkulte Bedeutung dieses Details durch die Anzahl von 7 (!) Instrumenten – 2 Flöten, 2 Klarinetten und 3 Posaunen – durch die er dieses G spielen lässt.

Dies ist kein Zufall, wie man meinen könnte. Warum? Mozart verdoppelt in den Oberstimmen die beiden Klarinetten durch zwei Flöten. Jene werden aber in dieser Lage von den Klarinetten vollständig überdeckt und sind daher nicht zu hören. Mozart hätte also den gleichen Höreindruck auch *ohne* Hinzunahme der Flöten erreichen können. Die »unhörbaren Flöten« spielen das G offenbar nur deshalb mit, um auf die »besondere« Zahl von sieben Spielern zu kommen!

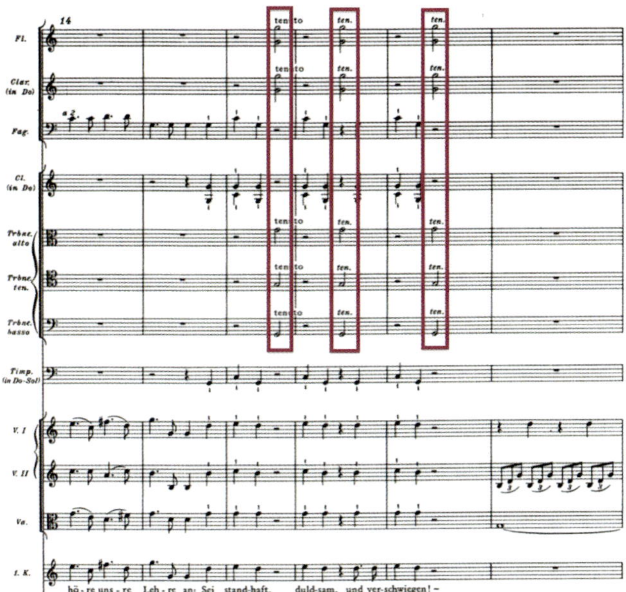

Antwort im Orchester: Finale 1 »Sei standhaft – duldsam – und verschwiegen.«

Wolfgang Mozart hat also in diesem klingenden G ein grafisches Symbol in klingende Musiksprache übersetzt – und zwar offenbar nur zum eigenen Plaisier, denn kein Mensch ist in der Lage, dies während einer Aufführung analytisch zu hören oder zu verarbeiten.

Auch an anderer Stelle weist die Anzahl der begleitenden Instrumente diskret auf die besondere Bedeutung dieses szenischen Augenblicks hin: während der gemeinsamen Initiationsreise von Pamina und Tamino.

Die *Zauberflöte* beschirmt das Paar symbolisch während der Prüfung durch die vier Elemente – ihre Melodie umspielt die Ecktöne 1, 3 und 5 des »anspringenden Dreiklangs«. Dabei wird sie von einer geheimnisvoll klingenden Instrumental-Kombi von feierlichen Blechbläser-Akkorden im Orchester begleitet. Pauken klopfen dazwischen, und wieder pausieren die Streicher, wie bei den »Drei Akkorden«: Die Flöte wird hier nur von Bläsern begleitet. Ein Blick in die Partitur offenbart, dass auch in diesem Fall die Anzahl der Begleitinstrumente mit Bedacht gewählt wurde. Wieder wird die Begleitung insgesamt von 7 Instrumenten ausgeführt: 2 Hörner, 2 Trompeten und 3 Posaunen. Zusammen mit der Solo-Flöte und den Pauken sind es insgesamt 9 = 3 × 3 Spieler!

Wieder hätte Mozart mit weniger spielenden Instrumenten im Graben auskommen können, um die Akkorde bei gleicher Wirkung vollständig zu haben: Die Instrumente überlappen sich in den Akkorden mehrfach, es sind also »zuviele« Instrumente für die Akkordtöne. Sie spielen in dieser Besetzung offenbar nur, um auf die magische Zahl von 9 Teamplayern zu kommen.

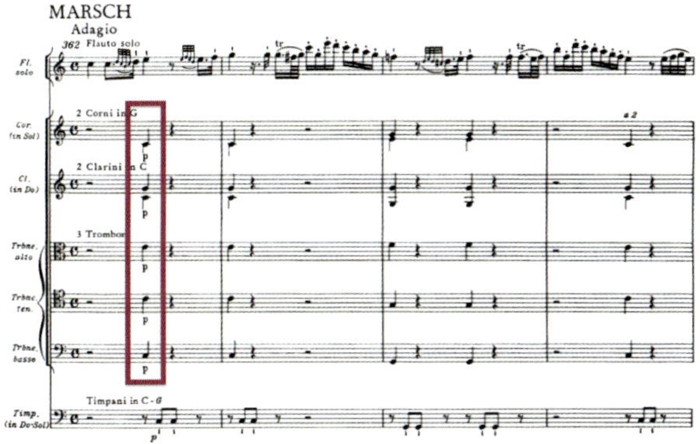

Initiationsreise: Marsch zur Feuer-/Wasserprobe

Auch in der Orchesterpartitur zum »Priesterchor« im 2. Akt versteckt Mozart bedeutungsvolle Chiffren. »*O Isis und Osiris … Bald, bald wird er unsrer würdig sein*« – dieser Text scheint ganz besonders die kompositorische Fantasie Mozarts angeregt zu haben. Schon die Position innerhalb der Oper gibt mit der 18. Musiknummer eine Steilvorlage: Dahinter $3 \times (3 + 3)$ zu entdecken, ist nicht schwer. Gleichzeitig ist 18 die Gesamtzahl aller Priester im originalen Textbuch.

Mozart komponiert diesen Chor als dreistimmigen Männerchor – den einzigen dreistimmigen Chor in der ganzen Oper. Nun muss man die originale Szenenanweisung des Textbuches und Mozarts Orchesterpartitur zusammen lesen. Hier steht:

»Das Theater verwandelt sich in das Gewölbe von Pyramiden. Zwei Priester tragen eine beleuchtete Pyramide auf den Schultern; jeder Priester hat eine transparente Pyramide, in der Größe einer Laterne, in der Hand.«[226]

Hier findet sich eine gleich dreifache Erwähnung von Pyramiden im Text – und wie wäre es, wenn Mozart eine *musikalische* Entsprechung dieser Pyramiden in seine Partitur eingearbeitet hätte?

Die Partitur des Priesterchores bringt hier allerdings nicht das dreipünktige Es-Dur, das mit drei B's bezeichnet wäre. Die Vorzeichnung dieser Nummer mit zwei Kreuzen ist auf den ersten Blick für den Musikdetektiv erst einmal eine Enttäuschung.

Die verborgene Bedeutung der Tonart erschließt sich aber in Mozarts muttersprachlicher Bezeichnung dieser Tonart: Es ist D-Dur. Das große D erinnert über seine griechische Entsprechung, das Delta, eben – an eine Pyramide!

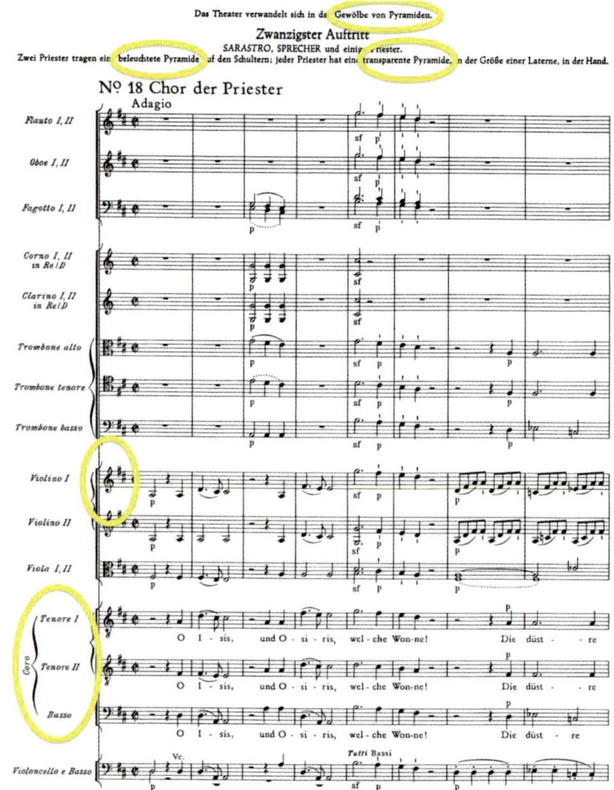

Pyramide – Delta – D-Dur: Priesterchor im 2. Akt

Die Pyramide ist kein ausschließlich freimaurerisches Symbol, und bei denen noch nicht einmal ein wichtiges. Im Gegenteil: Dem Freimaurer heutiger Zeit ist das »Ägyptisieren« ein ärgerlicher Dorn im Auge.

Zu Mozarts Zeit war das allerdings ganz anders. Wir haben im Kapitel 6 bereits beleuchtet, wie fasziniert das späte 18. Jahrhundert von allem Fremdartigen war. Die bunten, vielfarbigen, mannigfaltigen Spielarten der Freimaurerei dieser Zeit trieben den Exotismus bis zum Äußersten weiter. Mozart und Schikaneder waren hier mittendrin – und haben begeistert mitgemacht.

An diesem pyramidonalen Delta, das Mozart in die Partitur pflanzte, lässt sich eines zeigen: Er *hat* beim Komponieren dieser Partitur mit Chiffren und Symbolen gespielt – und er *hat* musikalisch Dinge hineingebracht, die nicht jeder sieht oder hört.

Wir kennen beispielsweise aus der Szenenanweisung[227] die originale Anzahl der Priester auf der Bühne: Nach Schikaneders Vorstellung sollten es 18 sein. Zusammen mit Sarastro, 1. und 2. Priester aber ist die Gesamtzahl der Eingeweihten auf der Bühne – 21, und dies entspricht genau der Anzahl von Mozarts Musiknummern mit Bühnengeschehen, nach der einleitenden Ouverture. 21 ist auch die Gesamtzahl der Instrumentengruppen im vollständigen Orchestertutti[228] – und so reflektiert diese Zahl, die Mozart in doppelter Weise in die Partitur hineinlegt, das, was das Publikum 1791 auf der Bühne zu sehen bekam.

Ein Kabinettstückchen verborgener Zahlensymbole mit gleich fünf (!) ineinander verschachtelten Chiffren ist die Orchestereinleitung zum Choral der Geharnischten, gleich nachdem die Drei Knaben und Pamina abgegangen sind.

Sie beginnt, wie oben beschrieben, mit dem punktierten Klopfsymbol (gelb) im ganzen Orchester, diesmal forte, und im furchteinflößenden c-Moll, dem »gespiegelten« Es-Dur, mit den gleichen 3-Punkte-Vorzeichen.

Auch an dieser Stelle unterstreicht Mozart die Bedeutung dieses Moments durch die Anzahl der spielenden Blasinstrumente: 3 × 3 (dunkelrot). Wieder doppelt er Instrumente im Orchester – die man in der Realität nicht hört. Diesmal schreibt er beide Flöten über die in gleicher Lage geführten Oboen. Jene sind hier nicht heraushörbar und werden nur zum Erreichen der Symbolzahl benötigt!

Zusätzlich komponiert er diese Orchestereinleitung *nicht,* wie normalerweise zu dieser Zeit üblich, in geraden Taktperioden, also Sinnabschnitten von zwei, vier oder acht Takten. Hier gehören jeweils *drei* Takte zusammen (grün) – und solche dreitaktigen Perioden sind in der Klassik sehr selten.

Nebenbei arbeitet Mozart hier, am Beginn der Initiation Paminas und Taminos, das Klopfsymbol des Ouverturenbeginns als Rahmen für die dreitaktige Phrase ein (hellrot). Er beginnt und endet diese dreitaktige Zelle mit dem Rhythmus des Ouverturenbeginns, sodass die ersten drei und die letzten beiden Töne der Dreitaktphrase exakt den Rhythmus wiederholen, der gewissermaßen als Überschrift über der ganzen Oper steht. Auch darauf werden wir im letzten Kapitel zurückkommen.

Solche okkult-esoterischen Zahlenspielereien entdeckt nur jemand, der eine Partitur mitliest. Und dann – auch nur mit Glück! – muss er dazu noch ein notenkundiger *Eingeweihter* sein. Sie sind *nicht* für ein Publikum bestimmt. Komponisten wie Mozart konnten in dieser Zeit nicht im Traum damit rechnen, dass, wie heutzutage eine gedruckte Partitur für jedermann zugänglich ist.

Musikalisch fassen diese zweimal drei Takte zusätzlich wie ein konzentrierter musikalischer Espresso in komprimiertester Form die ganze Oper zusammen. Wie? Nun, sie verknüpfen den klopfenden, punktierten Ouverturenbeginn, der – wie noch zu zeigen sein wird – ein besonders stark aufgeladenes Musiksymbol darstellt, mit derjenigen Melodielinie, die am Ende der Oper in leuchtendem Es-Dur das glückliche Ende des Dramas feiert: »*Heil sei euch Geweihten!*«[229] (blau).

Der Clou besteht darin, dass an dieser Stelle beide Tonfiguren nicht in strahlendem Es-Dur, sondern in dunklem c-Moll (dessen Spiegeltonart mit gleichen Vorzeichen) aufgestellt werden – und so wirkungsvoll die drohende Gefahr der Prüfungen abbilden.

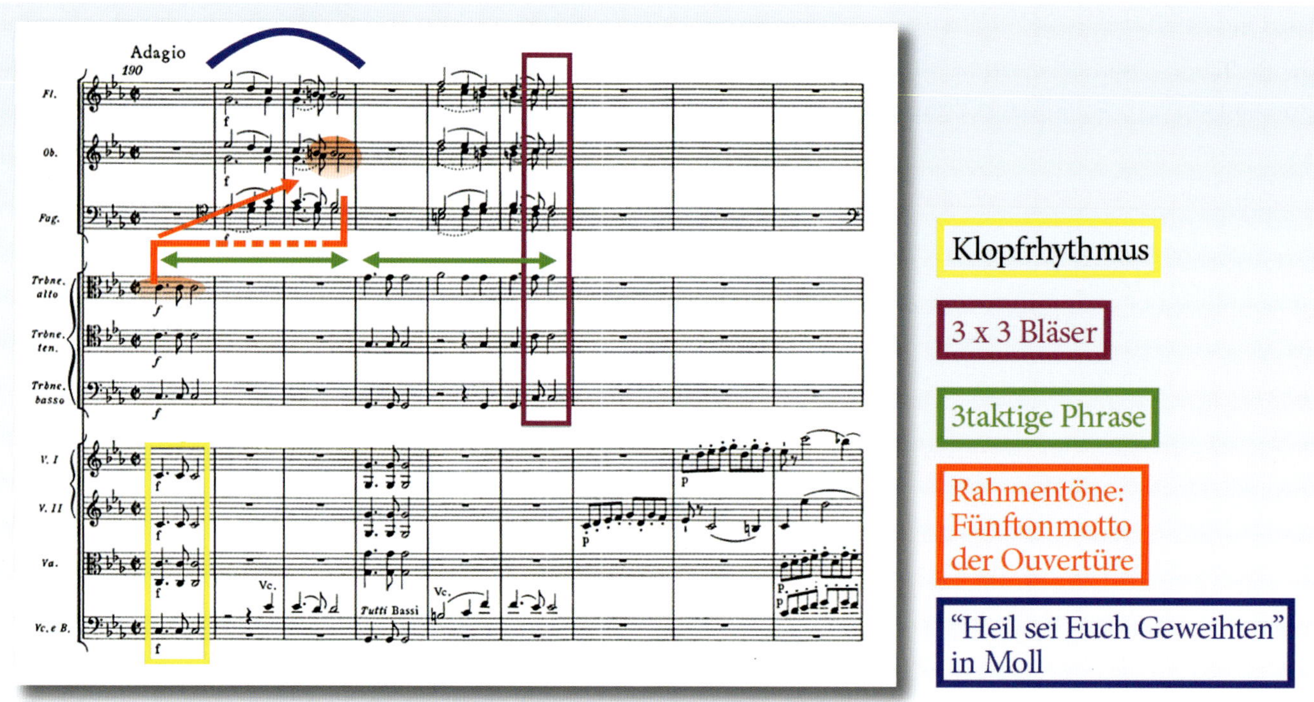

2. Akt, Finale: Einleitung zur Feuer-/Wasserprobe

16 ZAHLENZAUBER FÜR FORTGESCHRITTENE: DIE ZWEI

Dass die *Drei* in der *Zauberflöte* eine bedeutsame Funktion hat, gehört zu den musikalischen Binsenweisheiten gesellschaftlichen Smalltalks. Wie wir gesehen haben, stimmt das sogar. Weitaus weniger ist bekannt, dass auch die *Zwei* in dieser Oper eine Rolle spielt. Wie wir zeigen möchten, übertrifft die Wirkungsmacht der *Zwei* in der *Zauberflöte* sogar diejenige der *Drei*!

Der große Aufbau der Oper ist zweiaktig, jeder Akt ist, wie wir oben gezeigt haben, wieder in je zwei große Tonartfelder geteilt. Wichtiger als die äußere Zweiteilung – sie gliedert auch die vorangegangenen Mozart-Opern – ist jedoch etwas Inhaltliches. Der 1. Akt erzählt die Geschichte quasi durch die Brille der Königin, der 2. Akt mit den Augen Sarastros.

Weiter oben wurde bereits ausgeführt, dass, neben dem freimaurerisch-aufklärerischen Hintergrund und dem Wiener Vorstadt-Theater, der »Ewige Dualismus« die dritte große Säule der *Zauberflöte* bildet. Gemeint sind die großen Gegensatzpaare, mit denen von alters her der Kosmos, die Welt und das eigene Selbst in unserer Vorstellung erfassbar und erlebbar werden:

Sonne und Mond
Schwarz und Weiß
Tag und Nacht
Erde und Himmel
Gold und Silber
Schaffendes und Zerstörendes usw.

Diesen Gegensätzen und dem »großen Dualismus« gelten unsere folgenden Untersuchungen. Und sie sind einer der gewichtigen Gründe, warum die *Zauberflöte* auf der ganzen Welt erlebbar ist.

Der Dualismus der Gegensatzpaare in der Welt ist eine allen Kulturen innewohnende Erkenntnis – stellvertretend zitieren wir aus der Tora, den hebräischen Anfangsbüchern der Bibel:

»Solange die Erde steht, sollen nicht aufhören Saat und Ernte, Frost und Hitze, Sommer und Winter, Tag und Nacht.«[230]

Und Goethe huldigt im »West-Östlichen Divan« dem zweigeteilten Blatt des Gingko-Baumes als einem Ur-Geheimnis der Welt:

»Dieses Baumes Blatt,
Der von Osten Meinem Garten anvertraut,
Gibt geheimen Sinn zu kosten,
Wie's den Wissenden erbaut.
Ist es ein lebendig Wesen,
Das sich in sich selbst getrennt?
Sind es zwei, die sich erlesen,
Daß man sie als eines kennt?
Solche Fragen zu erwidern
Fand ich wohl den rechten Sinn.
Fühlst du nicht an meinen Liedern,
Daß ich eins und doppelt bin?«[231]

In der Bildsprache des jüdischen Tanach, für Christen des Alten Testaments, wird dieser Dualismus in der Welt durch die beiden Säulen Jakin und Boas versinnbildlicht, die vor dem Tempel Salomos standen[232].

Theaterpraktisch werden diese Gegensatzpaare zusammengefasst durch die von alters her sinnlich erfahrbarste Gegenüberstellung von Mann und Weib. Dabei handelt es sich nicht um Geschlechterrollen, sondern um Archetypen!

Mozart und Schikaneder stellen drei Zweierkonstellationen auf die Bühne, um das Drama zu entfalten. Hier werden die Drei und die Zwei miteinander verschränkt, analog zu den drei Dimensionen unsrer Welt mit dem verschwisterten Gegensatz der Archetypen.

Musikalisch lassen sich die Zweierkonstellationen durch die Art der musikalischen Tonsprache, den Stil, zuordnen:

- Pamina/Tamino: »hohes Paar«, überwiegend ernsthafte Musik mit einigen heiteren Elementen;
- Papagena/Papageno: »niederes Paar«, mehr komisch-buffoneske Musik mit einigen ernsten Elementen;
- Königin der Nacht/Sarastro: Mutter-/Vaterfiguren, reine »serioso«-Musik.

Übrigens: Sarastro/Königin sind *kein* Paar und Sarastro ist *nicht* Paminas Vater! Wer hier ein Paar im Rosenkrieg sieht, hat das Stück nicht richtig gelesen.[233] Der Text des Librettos ist hier sonnenklar: Paminas Vater übergab kurz vor seinem Tod den »siebenfachen Sonnenkreis« an Sarastro, der ihn nun auf seiner Brust trägt – man muss sich das wohl so wie ein mächtiges Mandala vorstellen. Gleichzeitig übergab er seine Tochter Pamina in Sarastros Obhut.[234]

Pamina kennt die Flöte, die Tamino spielt, gut: Ihr Vater schnitt *»in einer Zauberstunde* [...] *sie aus tiefstem Grunde der tausendjähr'gen Eiche aus«*[235]. Die Flöte wurde Tamino durch die Drei Damen von der Königin übergeben, um Pamina aus der Herrschaft Sarastros zu befreien.

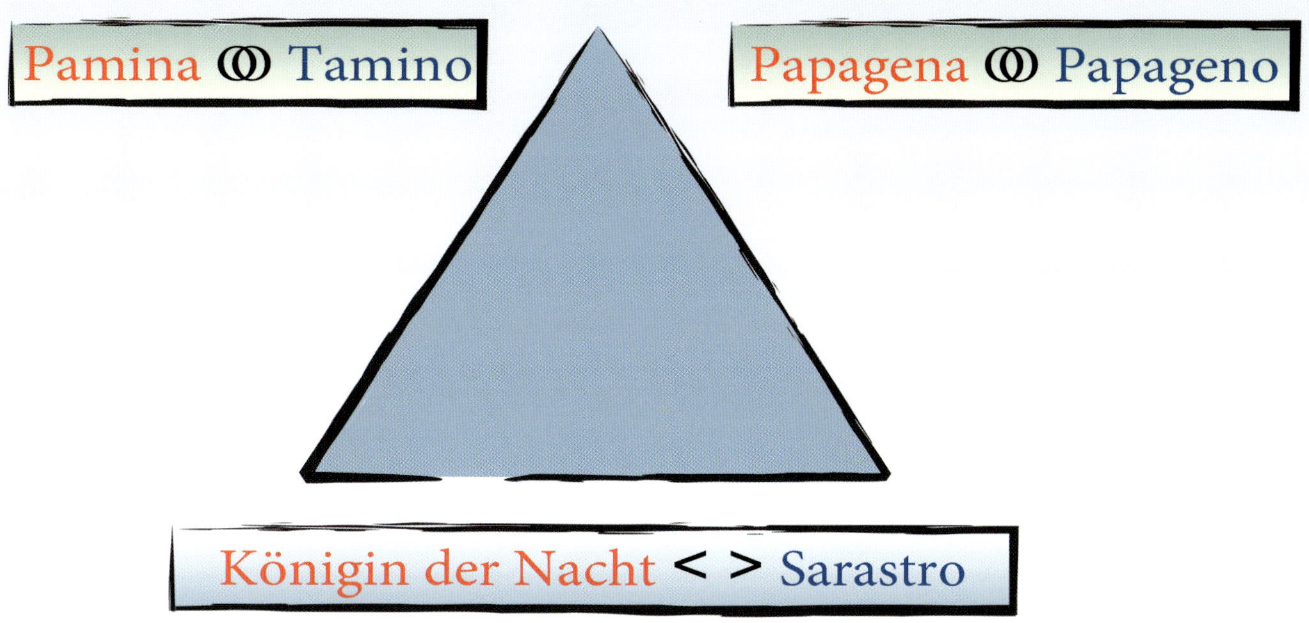

Drei Paare: die 3 und die 2

Ausgerechnet im Gegensatz Sarastro/Königin, die beide einander im Negativen gegenüberstehen, liegt der Schlüssel zum Verständnis der Oper – und dabei können wir in einem Aufwasch auch mit ein paar Vorurteilen aufräumen.

In der *Zauberflöte* geht es um nichts weniger als den uralten symbolischen »Tanz der Geschlechter«. Damit ist nicht – nach Art des 20. Jahrhunderts – der Geschlechterkampf gemeint. Das griffe viel zu kurz. Gemeint ist vielmehr der Widerstreit zwischen zwei archetypischen Prinzipien.

Robert Donington: »… an archetypical image, and all archetypes are ambivalent, showing now a creative and now a destructive aspect of the same mythologem. Human nature is ambivalent, and all our fabled images for human nature are ambivalent or are paired with complementary opposites which show the other side of them.«[236]

Die Königin und auch Sarastro sind *beide* Extremisten! Intuitiv erkennt das Publikum dies sofort: Mozart gibt ihnen hörbar die höchste und die tiefste Stimmlage, beide singen die höchsten und die tiefsten Töne in der Oper.

Die Königin der Nacht verkörpert das feminine Prinzip – aber eigensüchtig-intrigant-borniert. Sarastro verkörpert den männlichen Archetypus – aber er bleibt im ausschließlich Maskulinen verhaftet. Auch er ist gleichfalls unvollkommen.

Beide sind nicht perfekt, und beide müssen scheitern, da sie das jeweils andere Prinzip nicht zulassen!

Die Königin sowieso, da sie in verletztem Mutterstolz von Hass zerfressen ist und mit Lügen, Betrug und Intrige operiert. Das kann auf Dauer nicht gutgehen.

Aber auch Sarastro ist nicht perfekt! Zwar ist er erkennbar von den Idealen der Aufklärung durchdrungen. Seine Aktionen sind von tief verinnerlichtem Humanismus geleitet, im Gegensatz zu denen der Königin – die hat offenbar eher ihren Machiavelli gelesen. Sarastro macht als Führungsfigur und als Mensch große Schritte in die richtige Richtung.

Aber – was viele übersehen: Auch Manostatos gehört zu seinem Gefolge! Genauso wie Sklaven, die überhaupt nicht zum Bild eines idealen Herrschers passen wollen. Schon eher ist Sarastro mit heutigen Worten ein aufgeklärter Despot.

Aufgeklärter Despot, im Sinne eines philosophischen Königs? Eine Art Friedrich der Große auf der Opernbühne? Vorsicht. Auch bei dem verschätzt man sich gewaltig, sieht man in ihm nur das, was man in ihm sehen *will*. Wie gerne möchten viele immer noch an das arg reduzierte Bild der *Zauberflöte* glauben, das wir oben in Kapitel 1 vorgestellt haben! Sarastro eindimensional: ein gütiger weiser Gutmensch mit Bart.

Gehen wir den Dingen wirklich auf den Grund, wird etwas anderes in dieser Oper dargestellt. Sarastro ist zwar schon ziemlich klasse – würde er sich nicht immer mal wieder zu diesen Sprüchen hinreißen lassen!

In seiner Arie »*In diesen heil'gen Hallen*«[237] hat Sarastro zwar Wesentliches erkannt, propagiert Toleranz und Vergebung, trotzdem ist ein Satz wie »*Ein Mann muss eure Herzen leiten/denn ohne ihn pflegt jedes Weib aus ihrem Wirkungskreis zu schreiten*«[238] starker Tobak. Selbst wenn wir zugestehen, dass diese Worte auch der Geschlechter-Realität der Zeit geschuldet sind, bleibt ein schaler Beigeschmack zurück.

Wer sich – und sei es im Affekt – zu solchen Sätzen hinreißen lässt, disqualifiziert sich mit Recht von der moralischen Pole Position der Operngeschichte. Sarastros rechte Hand, der Sprecher, lässt denn auch einmal so eine ähnliche Ansage vom Stapel: »*Ein Weib tut wenig, plaudert viel/du, Jüngling, glaubst dem Zungenspiel?*«[239]

Das geht nun gar nicht, wenn man sich – wie ein Freimaurer – Toleranz, Mäßigung und Ausgewogenheit verschrieben hat.

Es sind diese Sätze, die der *Zauberflöte* das Verdikt »frauenfeindlich!« wie einen Mühlstein um den Hals gehängt haben. Wie der Vorwurf »*Machwerk!*« hält sich daher auch der hartnäckige Vorwurf der Frauenfeindlichkeit dieser Oper.

Warum allerdings ausgerechnet die *Zauberflöte* immer wieder als Beispiel für die männliche Frauenfeindlichkeit herhalten muss, *Così fan tutte* aber beispielsweise komplett ungeschoren davonkommt, wissen alleine die Opern-Götter. Immerhin hecken in *dieser* Oper drei gestandene Latino-Machos eine gloriose Wette aus, so mir nichts, dir nichts ihre Verlobten auf perfide Weise zum Seitensprung zu verleiten. Nur, um sich am Ende gegenseitig schulterklopfend zu versichern: So seien sie nun mal, die Frauen. Natürlich *nur* die Frauen, nicht die Männer, die ihren Spaß bei dem Spielchen haben. Hier sind nun wirklich die Männer die moralischen Primitivlinge, und die Frauen komplett in der Opferrolle.

Auch, wenn das umgekehrt wieder ein augenzwinkernd-distanziertes Licht auf männlichen Machismo in *Così fan tutte* wirft – auch, wenn die gesamte Story im *Figaro* sich andauernd um einen Grafen mit enormem Sex-Drive dreht – auch, wenn sämtliche ersten, zweiten und sonstigen Priester, Sarastro und Manostatos obendrein es niemals mit den 1003 One-Night-Stands des *Don Giovanni* (alleine in Spanien!) aufnehmen könnten – sei's drum. Die *Zauberflöte* hat in der Literatur eben in puncto Gleichberechtigung grundsätzlich eine schlechte Presse. Schadenfreude von uns heutigen Pharisäern, der größten Erfolgsoper aller Zeiten doch noch etwas ans Zeug zu flicken?

Aber wiederum Vorsicht – hinterher weiß man immer alles besser. Wer allzu leichtfertig heutige Ansichten auf vergangene Zeiten zurückprojiziert, verspielt seine Glaubwürdigkeit. Und wie bei der Mär von der Bruchtheorie wird auch hier gerne mal ein mundgerechter Vorwurf ungeprüft übernommen, ohne wirklich umfassend zu recherchieren.

Selbst (oder gerade?) ein höchst intellektueller Mozart-Biograf wie Wolfgang Hildesheimer will partout nicht von seiner eigenen inneren Vormagnetisierung lassen und macht die *Zauberflöte* einfach a priori zu einem frauenfeindlichen Stück: »*… ändert schließlich nichts an der vordergründigen Tatsache, dass in ihr das positive Prinzip männlich, das negative weiblich ist.* […] *daß sich dieses negative Prinzip mit hartnäckiger Penetranz manifestiere. Darin ist nun einmal die ›Zauberflöte‹ einzig in der Geschichte des Dramas …*«[240]

Catherine Clément wird gar melodramatisch: »*My voice trails off in embarrassed mumblings. Nothing I can do gets through this skin toughened by centuries of repression. The queen is lost, the voice is crushed beneath the stones of the temple; mine is too. Women's undoing is ensured. And thousands of initiates tell me in a single grumbling voice that Pamina the girl-child pulls through best of all …*«[241]

Frauenfeindlichkeit in der *Zauberflöte*?

Doch, die gibt es tatsächlich im Männerclub um Sarastro, keine Frage – wie es ja auch immer wieder mit Zitaten genüsslich belegt wird.

Sie korrespondiert aber mit der spiegelbildlichen *Männerfeindlichkeit* der Damengesellschaft um die Königin, die der Misogynie der Männer in nichts nachsteht! Dass dies in der Literatur konsequent übersehen wird, ist derart erstaunlich, dass es nur durch den wohlfeilen Zeitgeist der Nachsechziger erklärbar ist.

Hat sich eigentlich mal jemand die Mühe gemacht, neben den unappetitlichen Sätzen der Männer, unvoreingenommen auch die Sprüche und Praktiken der Königin und ihrer Drei Damen unter die Lupe zu nehmen? Schließlich fangen die doch mit der üblen Nachrede an! Und sind damit um keinen Deut besser, als die Männer:
(über Sarastro:) *»… hat ein mächtiger, böser Dämon ihr entrissen.« (…)*
»Der Bösewicht schlich unbemerkt hinein … er hat nebst seinem bösen Herzen auch noch die Macht, sich in jede erdenkliche Gestalt zu verwandeln …«[242]

Die Königin der Nacht stößt gleich danach ins gleiche Horn:
»Ein Bösewicht … entfloh mit ihr …«[243]

Und im zweiten Akt lästern die Drei Damen munter weiter:
»Wie, wie, wie – ihr an diesem Schreckensort? Nie, nie, nie kommt ihr glücklich wieder fort! Tamino, dir ist Tod geschworen! Du Papageno bist verloren!«[244] (…)
»Man zischelt viel sich in die Ohren/von dieser Priester falschem Sinn – man sagt, wer ihrem Bunde schwört/der fährt zu Höll' mit Haut und Haar.«[245]

Gern und zu Recht werden die obigen Sätze des Sprechers über die Frau als Plaudertasche und Sarastros feixende Stammtischparole über die Frauen, die bitteschön hübsch ihre Rolle spielen sollen, angeprangert.

Aber müssen diese Macho-Sätzchen nicht allein schon in der chronologischen Abfolge der Oper wie eine *Reaktion* auf die Männerfeindschaft der Damen wirken?

Fazit: Bei gründlicher Textbetrachtung reden die Königin und ihre Damen ebenso schlecht über die männerzentrierte Welt Sarastros, wie diese ihre Stammtisch-Sprüche über die Damen loslassen.

Die *Zauberflöte* zeigt gleichermaßen die flache, peinliche Fratze von Frauenverächtern, wie sie ebenso das Zerrbild keifender Männerhasser bringt. Überdies malt es mit Manostatos' Karikatur ein armes Würstchen, das seine Triebe nicht in den Griff bekommt. In der schonungslosen Darstellung dieses Typen ist es ein Teil der *Männerwelt*, der übel wegkommt.

Beiden Geschlechtern werden hier, wie in einem Spiegel, ihre dunklen Seiten vorgehalten. Und es ist doch hochinteressant zu sehen, wie Mozart hier bei der stärksten Macho-Phrase des *Zauberflöten*-Textbuchs überhaupt musikalisch Stellung bezieht.

Ist es nicht so, dass die testosteron-gesättigten Stammtischphrasen im Priesterduett No 11 durch Mozarts Musik selbst ad absurdum geführt und entlarvt werden? Liegt denn nicht offen zutage, wie der Komponist diese Verse vertont hat?

»Bewahret euch vor Weibertücken, dies ist des Bundes erste Pflicht« – singen die Priester, und *textlich* ist das ja nun wirklich ein Aufreger. Mozart aber kleidet die Orchestrierung satirisch in eine derart altväterliche Renaissancemusik-Verpackung, dass sofort deutlich wird: Das ist rückwärtsgewandt, das ist spießig, das hat keinen Bestand.

Was in der Ouverture und in den Finali in aller Pracht daherkommt – die große Orchesterbesetzung, wirkt in dieser Mikro-Nummer seltsam deplatziert. Solch fette Orchesterbesetzung, dieser Pomp und Aufwand für so ein Mini-Stückchen – das gibt es kein zweites Mal in Mozarts Opernschaffen. Es kann nur als Parodie zu verstehen sein!

Für ein knapp einminütiges Stückchen lässt er das ganze Orchester spielen – einschließlich der feierlichen Posaunen, die hier seltsam unmotiviert im Orchester-Tutti mittanzen. Viel zu viel übertriebener Aufwand für ein zwergenhaftes Musiknümmerchen. Das allerkürzeste der *Zauberflöte*. Der Berg kreißte und gebar ein Mäuslein.

Ganz konkret können wir nur erahnen, über was sich Mozart durch seine Instrumentation lustig macht. Aber *dass* hier etwas auf die Schippe genommen wird, das macht er hörbar: durch die Wahl viel zu großer Schuhe für viel zu kleine Füße.

Und wenn Briefe unbestechliche Einblicke in die Seele eines Künstlers geben, dann ist Mozarts Brief vom 11. Juni 1791 gewiss ein Beleg dafür. Am Ende verwendet er einen Satz aus der frisch komponierten Oper und schreibt an Constanze: *»ich küsse Dich 1000mal und sage in Gedanken mit Dir: Tod und Verzweiflung war sein Lohn!«* Hier steht der Satz genauso, wie er auch in der Oper gemeint ist: amüsiert, mit Augenzwinkern, als skurriler Nonsens, als paradoxe Parodie.

Ein weiteres Beispiel dafür, wie Mozart durch seine Vertonung einer Textstelle einen Subtext verleiht: Die Drei Damen verschaffen sich bei ihrem »*Wie, wie, wie …?*«-Auftritt im Quintett des 2. Aktes mit einer nach Moll gewendeten Verzerrung des Ouverturenbeginns[246] wie mit einem falschen Passwort Zutritt in den Bereich der Eingeweihten.

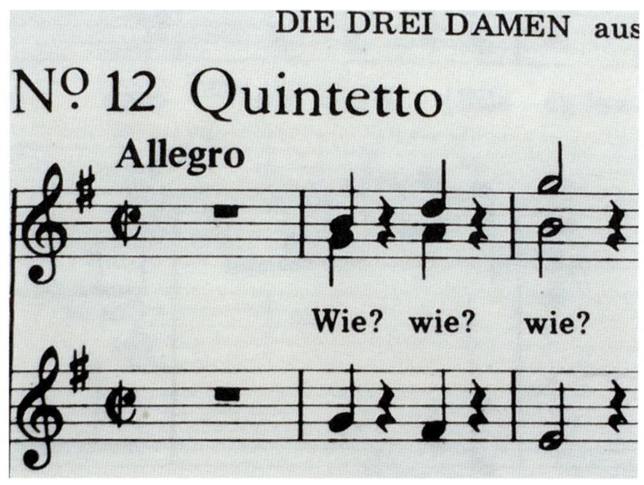

Ein falsches Passwort: G-Dur → e-Moll

Musikalisch wertet Mozart dies als klaren Betrugsversuch, indem er sie das bedeutungsvolle Signal des Ouverturenbeginns wie ein Erkennungszeichen singen lässt, aber in einer unpassenden Tonart (dem Papageno-G-Dur!) und sofort »fehlerhaft« nach Moll abgleitet.

Mozart führt diesen »Fehler«, diese »Verirrung nach Moll«, sogar nach *e-Moll* – und das ist vom perfekten Es-Dur, der Dreipunkte-Tonart, wieder himmelweit entfernt! Es spiegelt die helle »Papageno-Tonart« G-Dur[247] des ewig lustigen Quatschkopfs, den man nicht ernst nehmen *kann*, in die düstere Molltonart mit den gleichen Vorzeichen, dem gleichen Tonvorrat, weil man das verballhornte Musikmotiv nicht ernst nehmen *soll*.

All dies geht irre schnell vorüber – diese Persiflage des Ouverturenbeginns rast in einem Augenblick von gerade mal zwei Sekunden vorbei. In seiner ganzen Anspielung und Symboldichte! Diese Fülle an Informationen in gedrängtester Knappheit, dazu noch intuitiv erfassbar – das kann nur Musik.

Auch im Reich Sarastros interpretiert Mozart musikalisch. Immerhin singen im männerzentrierten Umfeld gleich zu Anfang Männer *und* Frauen. Sooo schlimm kann die Frauenfeindlichkeit dort also nicht sein! Die Königin der Nacht treibt dagegen die Frauendominanz auf die Spitze: bei ihr gibt's offenbar ausnahmslos Damen. Ein einziger Mann schlägt sich auf ihre Seite – und dank der Piccoloflöte Mozarts wissen wir, dass Manostatos nun ausgerechnet nur ein Männchen sein soll. Und ein opportunistischer Kriecher obendrein.

Und derjenige, der dies wieder in staunenswerter Weise durchdrungen hat, ist Bruder Johann Wolfgang von Goethe: In seiner Fortsetzung der *Zauberflöte* hat sich Manostatos erfolgreich »hochgeschlafen«, wie man heute in schonungsloser Offenheit sagen würde. Er ist dort nämlich zum Geliebten der Königin und damit zum Throngemahl aufgestiegen – als Juniorpartner im Matriarchat nur geduldet. Nicht besonders schmeichelhaft für jemanden, der einstmals zu Sarastros Reich gehörte …

Aber wer sagt denn eigentlich, dass Sarastro der ultimativ Gute und die Königin die Böse sein muss? Wo steht geschrieben, dass überhaupt einer von beiden alleine siegen muss? Siegen kann?

Schikaneder/Mozart haben das nie behauptet. Vielmehr stellt sich die Aufsummierung moralischer Sympathiewerte im Publikum doch bei unvoreingenommener Sicht so dar: 1. Akt Königin im Plus, Sarastro im Minus – 2. Akt Sarastro im Plus, Königin im Minus. Ergibt am Ende operntaktisch nichts mehr und nichts weniger als eine gerade mal eben ausgeglichene Bilanz zwischen beiden! In Goethes *Der Zauberflöte Zweyter Teil* ist die Königin der Nacht folgerichtig auch nicht vollständig vernichtet worden, sondern als grundlegendes Seinsprinzip in der Welt wieder da …

»Archetypen scheinen einen besonderen Zauber auszuüben.« (C. G. Jung)[248]. Seine Mitarbeiterin Jolande Jacobi unterstreicht: »Nicht umsonst haben die archetypischen Bilder und Erlebnisse seit jeher zum Inhalt und zum wertvollsten Gut sämtlicher Religionen unserer Erde gehört.«[249]

Die Königin erklärt bei ihrem ersten Auftritt Tamino die Welt – und dieser übernimmt ihre Sichtweise zunächst. Damit tut die Königin der Nacht als handelnde Figur nichts anderes als das, was Götter in der statischen Welt des Mythos immer getan haben: sie schaffen Bedeutung – und nur sie. »Götter sind nichts anderes als unvergängliche Bedeutungsträger. Sie machen die Welt bedeutungsvoll, ja sinnvoll. Sie erzählen, wie Dinge und Ereignisse zusammenhängen.«[250]

Im weiteren Verlauf der Handlung emanzipiert sich Tamino von der unkritischen Übernahme der Weltsicht der Königin. In seiner Individualentwicklung vollzieht er hiermit den Schritt der Menschheit hin zur geschichtlichen Welt nach, die im Gegensatz zum statischen Mythos dynamisch-linear, nämlich auf ein Ziel hin angelegt ist[251].

In diesem Detail ist die *Zauberflöte* weniger Freimaureroper als vielmehr Oper der Aufklärung: der Weg Taminos (und Paminas!) als Immanuel Kants »*Ausgang des Menschen aus seiner selbst verschuldeten Unmündigkeit*«[252]. Und genauso, wie die Kant'sche Philosophie und die Freimaurerei große Schnittmengen anbieten, aber nicht deckungsgleich sind, ist die *Zauberflöte* eben nicht nur Freimaureroper.

Die Königin der Nacht, als Herrscherin die Vertreterin eines autokratischen Regimes, wird musikalisch als brillant Koloraturen singende Rachefurie gezeichnet – ihr ganzes jetziges Dasein ist auf Krawall gebürstet. Sarastro ist demgegenüber als aufgeklärterer Führer dargestellt – er ist kein königlicher, sondern ein geistiger Herrscher und verkörpert als Gegensatz zum ancien régime der Königin den vernunftgeleiteten Führer mit breiten, warm-versöhnlichen Melodiebögen.

Dass Mozart aber auch den Sarastro *nicht* als perfekte Figur hingestellt hat, widerspricht so ziemlich allen eingefahrenen Sichtweisen.

Verblüffenderweise lässt sich diese Aussage jedoch *musikalisch* belegen!

»*In diesen heil'gen Hallen kennt man die Rache nicht/und ist ein Mensch gefallen, führt Liebe ihn zur Pflicht*« – Dieser Text, den Sarastro in seiner zweiten Arie singt, ist textlich eines der ergreifendsten Bekenntnisse zu Humanismus und Toleranz.

Dementsprechend findet diese Arie auch zu Recht immer wieder ihren Platz im Logenritual, das diese Ideale in der Gemeinsamkeit erlebbar macht und einübt.

Mozart hätte sich doch bestimmt nicht entgehen lassen, *das* in der »Freimaurer-Tonart« zu komponieren, oder?

Nun, offenbar hat Mozart dieses nicht nur nicht gewollt, sondern sich – klar dagegen entschieden.

Viele Passagen in der *Zauberflöte* sind in Mozarts »Freimaurer-Tonart« Es-Dur komponiert. – Ausgerechnet diese Arie aber nicht!

17 WIE KLINGEN WEISHEIT, STÄRKE, SCHÖNHEIT?

Sarastros »Hallen-Arie« steht aber eben *nicht* in Es-Dur. Das ist aus unseren Überlegungen heraus auffällig. Mozart schrieb sie in E-Dur, und das ist in der Musik ein gewaltiger Unterschied.

Die Tonart E-Dur unterscheidet sich von dem freimaurerischen Es-Dur – das Mozart in der *Zauberflöte* prominent einsetzt – äußerlich nur um eine Winzigkeit. Die Grundtöne unterscheiden sich nur um einen halben Ton. Der Tonvorrat aber – der den Verwandtschaftsgrad der Tonarten bestimmt – ist komplett ein anderer. E-Dur ist musikalisch von Es-Dur himmelweit entfernt.

E-Dur hat von Es-Dur sieben Schritte Abstand im Quintenzirkel, der den musikalischen Verwandtschaftsgrad anzeigt. Von verwandten Tonarten spricht man bei ein bis zwei Schritten Abstand im Quintenzirkel.

Mozart lässt also Sarastro bildlich gesprochen »ganz woanders« singen. Sarastros E-Dur hat mit der »Freimaurertonart« Es-Dur gerade mal zwei Töne der acht Tonschritte umfassenden Tonleiter gemeinsam!

Nun gehört es zum kompositorischen Handwerk, dass ein Komponist eine Melodie dem Stimmumfang eines Sängers oder Instruments anpasst. König in dieser Disziplin war Giuseppe Verdi, der bestimmten Sängern ihre Melodien meisterlich bis auf den Halbton maßgeschneidert hat[253]. Hatte Mozart vielleicht Rücksicht nehmen müssen auf den begrenzten Tonumfang seines Sängers?

Wir haben aufgezeigt: Mozarts erster Sarastro war noch jung – könnte man nicht annehmen, dass vielleicht seine tiefen Töne noch nicht so entwickelt waren? Theoretisch wäre denkbar, dass eine in Es-Dur geplante Arie etwas höher nach E-Dur gerückt (»transponiert«) wurde, um dem Sänger zu ermöglichen, diese Arie doch zu singen.

Aber auch hier ein klares Nein: Diese Möglichkeit scheidet aus. Sarastros Hallen-Arie nutzt beileibe nicht die tiefsten Regionen eines Mozart-Bassisten. Der Sarastro der Uraufführung sang daneben auch den Osmin in Mozarts *Entführung aus dem Serail.* Und in dieser Partie musste er viel tiefere Töne singen als bei Sarastro![254]

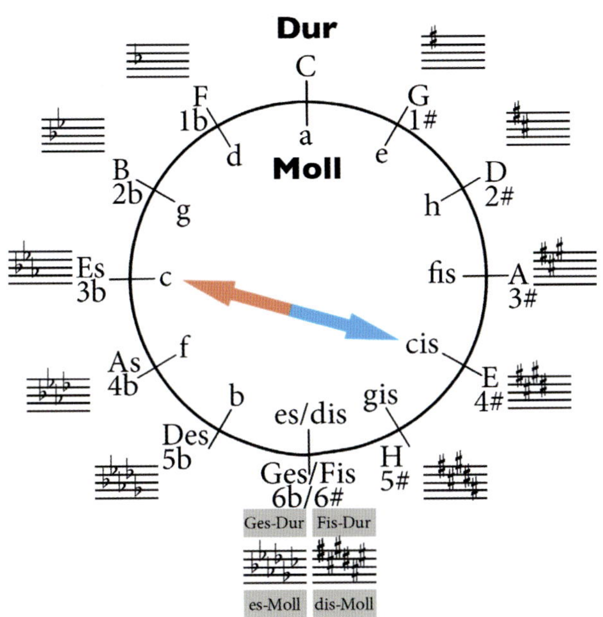

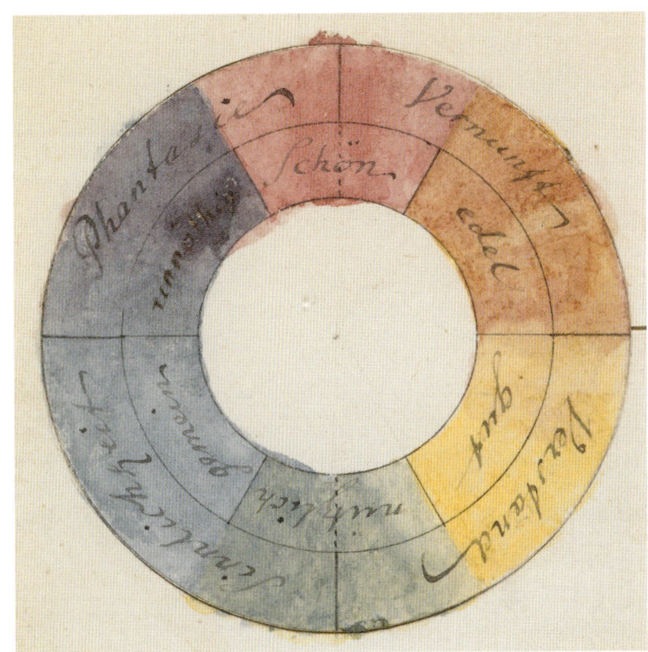

Farbenkreis, aquarellierte Federzeichnung von Johann Wolfgang von Goethe, 1809

Und auch dem Sarastro selbst gibt Mozart anderswo tiefere Noten als hier in dieser Arie – so gleich bei seinem ersten Auftritt[255]. Sie schließt im Übrigen in der Partitur nicht mit dem tiefen Abschlusston, den manche Sänger etwas selbstgefällig hier einbauen, sondern endet in mittlerer, unspektakulärer Lage.

Sarastro *hätte* diese Arie also auch in der »freimaurerischen« Tonart einen Halbton tiefer singen können. Diese Tonart hätte sogar viel besser in das Tonartenfeld gepasst, in dem der erste Teil des 2. Aktes komponiert wurde: E-Dur passt hier so gar nicht zum Rest des Aktes.

Dies lässt aber nur einen Schluss zu: Mozart hat diese Arie offenbar ganz bewusst *nicht* in derjenigen Tonart geschrieben, die für ihn eine zentrale Chiffre in diesem Freimaurer-Kontext bedeutete.

Sarastro steht nicht für das höchste Ziel!

So geschmeidig sich das auch vielleicht in unsere geläufige Sichtweise einfügen mag: Mozart gibt dem weisen Oberpriester zwar eine ganz besondere Tonart – im höchst seltenen E-Dur steht in allen von Mozarts Meisteropern nur eine einzige andere Arie[256].

Aber in der »Freimaurertonart« singt Sarastro nicht. Im Gegenteil sitzt die Tonart seiner Hallen-Arie wie ein Fremdkörper in Mozarts fein ausbalancierter Farb-Komposition, seinen Tonart-Feldern mit ihren verwandten Fortschreitungen und sinnstiftenden Verklammerungen, die wir oben kennengelernt haben.

Damit nicht genug: Auch die andere Arie Sarastros – alle seine Gesangslinien – die feierlichen Chöre – die berühmten drei Akkorde: Für all dies findet Mozart weihevolle, festliche Töne. Alfred Einstein spricht hier zutreffend von »Weltfeierlichkeit«[257].

Aber *keine* dieser Musiken – keine! – steht in der Tonart der Logenideale Weisheit/Stärke/Schönheit, die im Schlusschor so prominent bejubelt werden.

Die *Zauberflöte* – eine Freimaureroper? Eine schulterklopfende Hurra-Lobhudelei auf den Oberpriester der Bühnenbruderschaft scheint Mozart zumindest nicht im Sinn gehabt zu haben, als er seine *Zauberflöte* schrieb.

Wenn aber nicht Sarastro in der bedeutsamsten, zentralen Tonart singt – wo findet sich denn dann Mozarts persönliche Chiffre für Weisheit/Stärke/Schönheit? Denn *dass* es um höhere Ziele in diesem Mysterienspiel geht, ist offensichtlich. Und genauso ist klar, dass Mozart die Details seiner Vertonung nicht zufällig oder planlos ausgewählt hat.

Die einzige Arie in der gesamten *Zauberflöte*, die in Es-Dur – der »Drei-Punkte-Tonart« – steht, singt Tamino. Es ist seine »Bildnisarie« zu Beginn der Oper. Und in dieser singt er mitnichten von irgendwelchen geistig-moralischen Idealen.

Er singt von einer Frau. Von seiner zukünftigen Frau, genauer gesagt.

Und damit sind wir auf einer hochinteressanten Spur.

Wir haben gezeigt, wie Mozart in der *Zauberflöte* in auffälliger Weise die Tonart Es-Dur als sein persönliches Merkzeichen, seine Chiffre für von freimaurerischen Idealen getragene Musik nimmt.

Diese Tonart findet sich in der *Zauberflöte* zwar nur in einer – Taminos – Arie. Untersuchen wir die ganze Oper, dann setzt der Komponist sie an folgenden Stellen ein:

- Ouverture
- Taminos Bildnisarie »*Dies Bildnis ist bezaubernd schön*«
- Duetto Pamina/Papageno »*Bei Männern, welche Liebe fühlen*«
- Finale des 2. Aktes: Drei Knaben »*Bald prangt, den Morgen zu verkünden*«
- Schlussszene der Oper »*Heil sei euch Geweihten!*«

Sofern Text unterlegt ist – das ist natürlich erst nach der Ouverture der Fall – sind die Schlüsselworte dieser Passagen:

- *»Ja ja – die Liebe ist's allein«*[258]
- *»Mann und Weib, und Weib und Mann reichen an die Gottheit an«*[259]
- *»Zwei Herzen, die vor Liebe brennen …«*[260]
- *»Es siegte die Stärke und krönet zum Lohn die Schönheit und Weisheit mit ewiger Kron'«*[261]

Mozart setzt also als Komponist Prioritäten, er nimmt eine unterschwellige, aber subtile Wertung vor. Mit seiner eigenen Tonarten-Chiffre, die für ihn offenbar die Freimaurer-Ideale symbolisierte, unterstreicht er zentrale Aussagen als ihm wichtig.

Aber das sind andere, als gemeinhin angenommen wird!

Was hebt Mozart mit dieser Fokussierung hervor? Was ist die Schnittmenge dieser Musikstücke und Texte um Liebe, Mann und Frau, Weisheit, Stärke und Schönheit?

Es ist das *ideale Paar*, versinnbildlicht in der Verbindung von Pamina und Tamino.

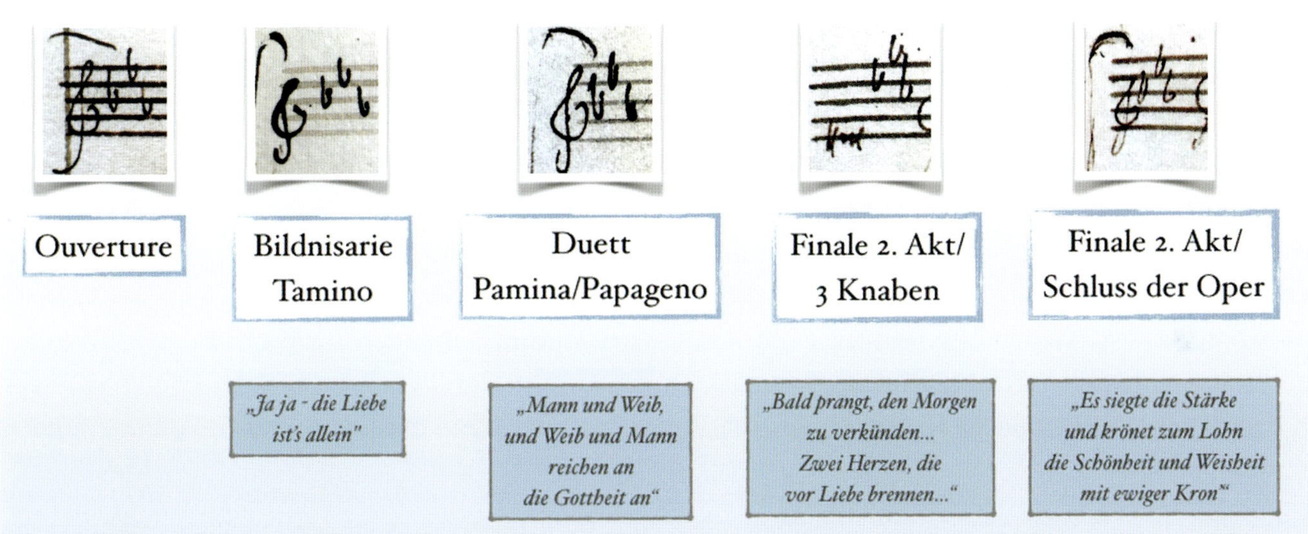

18 EINS UND EINS GLEICH EINS

Die *Zauberflöte* ist die erste Oper, in der ein Paar *gemeinsam* Schwierigkeiten überwindet und dadurch zueinander findet. Pamina ist die erste wirklich starke, gleichberechtigte Partnerin der Musikgeschichte. Sie siegt *zusammen* mit dem Helden – dies ist auch bei Mozart ohne Vorbilder.

Konstanze, eine andere Powerfrau Mozarts, kämpft in der *Entführung aus dem Serail* alleine – Belmonte, ein ziemlicher Maulheld, hilft ihr im Ernstfall nicht wirklich. Ganz zu schweigen von ihrer Kammerzofe Blonde oder Donna Anna, Elvira oder Zerlina im *Don Giovanni*, die komplett alleine bestehen müssen. Fiordiligi und Dorabella, die Wuchtbrummen in *Così fan tutte*, sind zwei starke Schwestern – aber ohne tiefere Bindungen an ihre galanten Herrchen. Der Gräfin im *Figaro* steht sowieso niemand bei, und Susanna, das Master Mind dieser Oper, muss ihr und dem Titelhelden mehr als genug alleine aus der Patsche helfen.

In der *Zauberflöte* kann Tamino die Prüfungen nur mit Hilfe der Flöte von Paminas Vater bestehen, die er im richtigen Moment aus *ihrer* Hand zurückbekommt! Im 2. Finale erzählt Pamina uns den Mythos von der Herkunft dieses Zauberinstrumentes: »*Es schnitt in einer Zauberstunde/Mein Vater sie aus tiefstem Grunde/Der tausendjähr'gen Eiche aus/Bei Blitz und Donner/Sturm und Braus.*«[262]

Das verweist auf ein dynastisches Prinzip, das durch Pamina von ihrem Vater auf Tamino weitergegeben werden soll. Eigenartigerweise kämpfen ja *beide* – die Königin wie Sarastro – um das gleiche Ziel, nämlich Tamino mit Pamina zusammenzuführen!

Beide haben lediglich komplett andere Absichten im Hinterkopf. Während die Königin vor allem den Machtaspekt dieser Verbindung sieht, hat Sarastro den spirituellen Aspekt im Sinn.

Ganz im Sinne von C. G. Jungs späterer Deutung des ambivalenten Charakters der Seele, sind in der *Zauberflöte* beide Tendenzen des Weiblichen und des Männlichen theatralisch dargestellt. In Königin/Sarastro manifestieren sich die negativ-auseinanderstrebenden Tendenzen, im idealen Paar Pamina/Tamino die harmonisch-vereinigenden Seiten.

Während Pamina den Flöten-Mythos erzählt, lässt Mozart ihre Melodie im Orchester von einem Fagott begleiten – dieses aus Holz gefertigte Instrument verweist auf das chtonische, das Erd-Element, und auf die germanische Sage der Weltesche.

Dabei bleibt die Königin der Nacht durch das gesamte Werk hindurch szenisch wie musikalisch unangefochten die stärkste Kraft. Sie dominiert jede Szene, in der sie auftritt, Mozart gibt ihr das lauteste und glanzvollste Orchester. Sie ist die Vertreterin des alten matriarchalischen Prinzips, der »Großen Mutter«.

Der Psychologe Erich Neumann sagt es so: »In keinem Fall läßt sich diese Königin der Nacht so abtun, wie es von Sarastro versucht wird. Während er ein Priester ist, ist sie eigentlich eine Göttin, und das gesamte Geschehen der Zauberflöte, zumindest des ersten Aktes, wird durch ihre überlegene Aktivität bestimmt. Sie wählt Tamino zum Befreier, sie teilt ihm Papageno als Hilfe zu, von ihr stammen die Zaubergeräte, und sowohl die drei Damen wie auch die später zu Sarastros Reich gehörenden drei Knaben stehen unter ihrem Gesetz. Und wen all dies noch nicht überzeugt, dass es sich bei der Königin der Nacht um eine uralt überlegene weibliche Gottheit handelt, den mag die grandiose Musik Mozarts überzeugen, die ihr archetypisches Erscheinen beide Male begleitet.«[263]

Neumann zeigt auf, wie in den Figuren von Königin und Sarastro das Matriarchat mit dem Patriarchat ringt – und dabei beide Fehler machen: das Matriarchat als eifernd, rachedürstend, einseitig sich selbst bestimmend, das Patriarchat als das Weibliche beherrschend und sich ihm überlegen fühlend.

Einzig die Vereinigung beider Prinzipien führt letztlich zur Erfüllung: das »Weibliche« mit dem »Männlichen«, das »Oben« mit dem »Unten«, das »Geistige« mit dem »Materiellen« und so fort.

Dies darzustellen, ist der Kern dieses Mysterienspiels – und zwar wiederum in beiderlei Weise, auf ernsthafte und auf komische Art.

Zusammen beginnt das Paar in der *Zauberflöte* die Initiationsreise in der Szene mit den Geharnischten. Zusammen bestehen sie die Prüfungen als *Gefährte und Gefährtin.*

Eingeweiht wird also ein priesterliches Paar. Der Gedanke, auch eine Frau einzuweihen, ist revolutionär. Dies steht quer, nicht nur zum damaligen Geschlechterbild in der Gesellschaft, sondern auch zu der landläufigen Wahrnehmung der Freimaurerei als ausschließlichem Männerbund.

Und dennoch steht es so seit 1791 ganz klar in der Szenenanweisung zur letzten Szene: *»Tamino, Pamina, beide in priesterlicher Kleidung …«*[264] (sic!)

Nebenbei: Was bleibt jetzt noch vom Verdikt der Frauenfeindlichkeit der *Zauberflöte*? Genau umgekehrt ist's richtig! Schikaneder und Mozart stellen zum ersten Mal ein selbstbewusstes, wahrhaft gleichberechtigtes Paar auf die Bühne. Was singen die Geharnischten? Genau zuhören, bitte! *»Ein Weib, das Nacht und Tod nicht scheut/Ist würdig und wird eingeweiht.«*[265]

Das *Miteinander von Mann und Frau* führt Pamina und Tamino zum Ziel – und dieses, nicht das ausschließlich maskuline Prinzip vom Oberpriester Sarastro, ist das siegreiche Prinzip. Papageno und Papagena wiederholen dieses Miteinander der Geschlechter auf einer anderen Gesellschaftsebene. Als Gegenentwurf zur Einseitigkeit von Königin und Sarastro – sie in der Versenkung verschwunden, er am Ende allein und isoliert!

Die Musik unterstreicht ganz eindeutig diese Kernaussage, und das ist etwas ganz anderes als das immer wieder kolportierte Bild der *Zauberflöte*, in der ein alberner Männerclub unter Gehirnwäsche sich selbst feiert und Frauen herunterputzt.

Unsere Reise in die Musikwelt der *Zauberflöte* wird diese Lesart mit weiteren erstaunlichen Details untermauern.

Haben Sie sich eigentlich schon einmal die sonderbaren Namen der beiden Protagonisten näher angesehen? Es gibt nämlich einen Schlüssel für die Bedeutung der Namen Tamino und Pamina!

Zunächst einmal: Mozart vertont die Namen des hohen Paares musikalisch mit hoher Subtilität. Und zwar in gleicher Weise, wo die Gleichwertigkeit beider betont wird: »*Tamino mein! O welch ein Glück – Pamina mein! O welch ein Glück!*«[266] beginnt für beide Namen mit *auftaktigem* Beginn – genauso, wie man die Namen auch in freier, ungebundener Rede betonen würde.

Wo jedoch der entschlussfreudige Charakter Taminos hervorgehoben wird, oder ihm vielleicht auch nur Mut dazu gemacht werden soll, vertont Mozart Taminos Namen *volltaktig*, in klingendem »Yang«: »*Támino Mut!*«[267] So singen es die Drei Knaben in ihrem Terzett des 2. Aktes.

Pamina hingegen wird im Finale 1 vom Männerchor (!) umgekehrt im »Yin« besungen. Die Zeile »*Pamína, Pamína lebet noch*«[268] gewinnt seine Eindringlichkeit nicht nur durch die Klangfarbe der begleitenden Posaunen, sondern auch durch die betonte Auftaktigkeit der Namensanrufung. Erst durch den Gegensatz zur unmittelbar vorausgegangenen parallelen Textzeile, in der Mozart die Worte »*Báld, báld, Jüngling, oder nie!*« mit derselben Melodie auf dieselbe Harmoniefolge, aber eben volltaktig-männlich vertont, gewinnt Paminas Name in der nacholgenden Stelle den ausdrücklich weiblichen Charakter.

Aus Briefen und von Zeitgenossen wissen wir, dass Mozart seit seiner Kindheit Wortverdreher liebte und häufig damit herumjuxte. So nennt er sich statt »Mozart« zum Beispiel »Trazom«, indem er seinen Namen einfach rückwärts liest. Oder »Romatz« – das ist schon komplizierter, denn hier werden alle Buchstaben durcheinandergeschüttelt.

Mozarts Zeit – und insbesondere Wolfgang Amadeus selber – liebte diese Wortspiele, Verdrehungen und komischen Verwerfungen. Nicht nur war er in dieser Hinsicht familiär vorbelastet – seine Briefe sind voller versteckter Anspielungen und werden (nicht nur vom berühmten Bäsle, sondern auch von Schwester, Vater, Ehefrau) vom Briefpartner mit ebensolchen bedeutungslos-bedeutsamen enthüllenden Verhüllungen beantwortet.

Große Teile der Gesellschaft des späten 18. Jahrhunderts ergingen sich in diesem Gesellschaftsspiel der Allusion – der Anspielung. Dahinter musste nicht unbedingt eine Bedeutung stehen, konnte aber … Dies herauszufinden, war gerade der Reiz des Spiels.

Nimmt man nun den Namen »Tamino« als solche Allusion, und wendet man die Mozart'sche »Romatz«-Schütteltechnik auf »Tamino« an, schüttelt man also die Allusion wieder zurück, entsteht – unter Auslassung des Anfangsbuchstabens – der Begriff »ANIMO«.

Dies könnte man nun als Zufall abtun, hieße Taminos Partnerin nicht »Pamina«. Und, richtig, kommt man bei gleicher Dechiffrierung – Anfangsbuchstaben weg, dann die Buchstaben schütteln – auf »ANIMA«.

TRAZOM – MOZART
ROMATZ – MOZART

TAMINO – ANIMO
PAMINA – ANIMA

Animo ist Italienisch. Woher kommt's? Es ist nichts anderes als italianisiertes Latein! Im Lateinischen sind *ANIMUS* – Geist, Tatkraft, Mut – und *ANIMA* – Herz, Seele, Gefühl – Schwesterbegriffe, die wie zwei Seiten einer Medaille die zwei (!) Persönlichkeitspole beschreiben, die in uns allen wohnen und in jedem von uns ins Gleichgewicht gebracht werden sollten.

Carl Gustav Jung, der Erfinder der analytischen Psychologie, wird mehr als ein Jahrhundert später systematisch aufzeigen, wie sich *»in jedem von uns männliche und weibliche Elemente befinden«*[269]. Es versetzt einen in Staunen, mit welcher Selbstverständlichkeit das Autorenpaar Schikaneder/Mozart diese Tatsache künstlerisch bereits Ende des 18. Jahrhunderts vorausempfindet. *»O Isis und Osiris, schenket der Weisheit Geist dem neuen Paar«*[270] – hier wird die Neuartigkeit der Verbindung von *ANIMA*-Isis in der *»Bedeutung einer Führerin nach innen«* (C. G. Jung)[271] mit *ANIMUS*-Osiris als »Held-Gott«[272] klar herausgestellt.

Genau um dies geht es in der *Zauberflöte*. Tamino und Pamina: das ideale Paar.

Und – *»wie oben, so unten«*[273] – Papageno und Papagena wiederholen das noch einmal, nur ein bisschen volkstümlicher. Im Publikum kann sich so jede und jeder aussuchen, mit wem man sich identifiziert.

Auf Schritt und Tritt begegnet uns in dieser Oper der Dualismus von Männlichem und Weiblichem. Im Duett Pamina/Papageno singen die beiden den Text

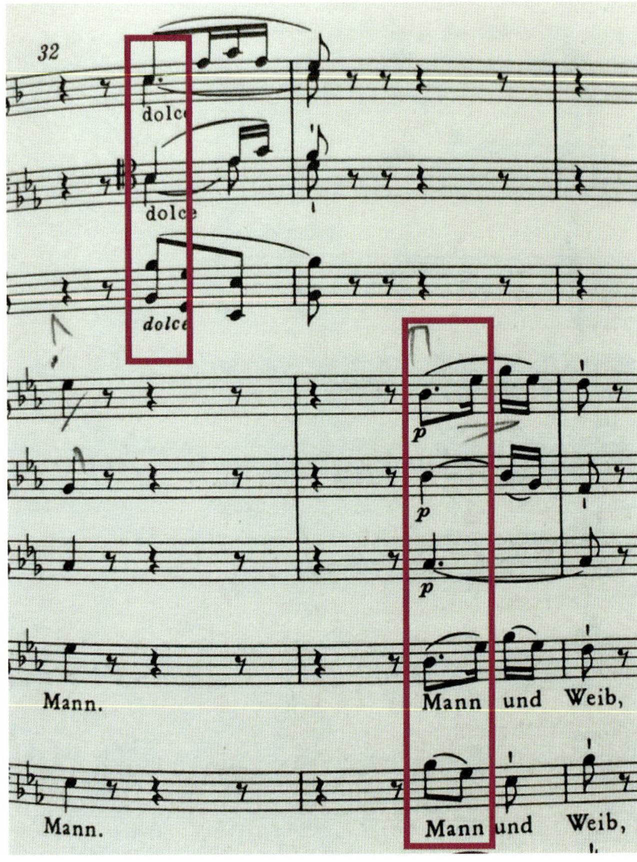

Duett No 7. »*Mann und Weib, …*«

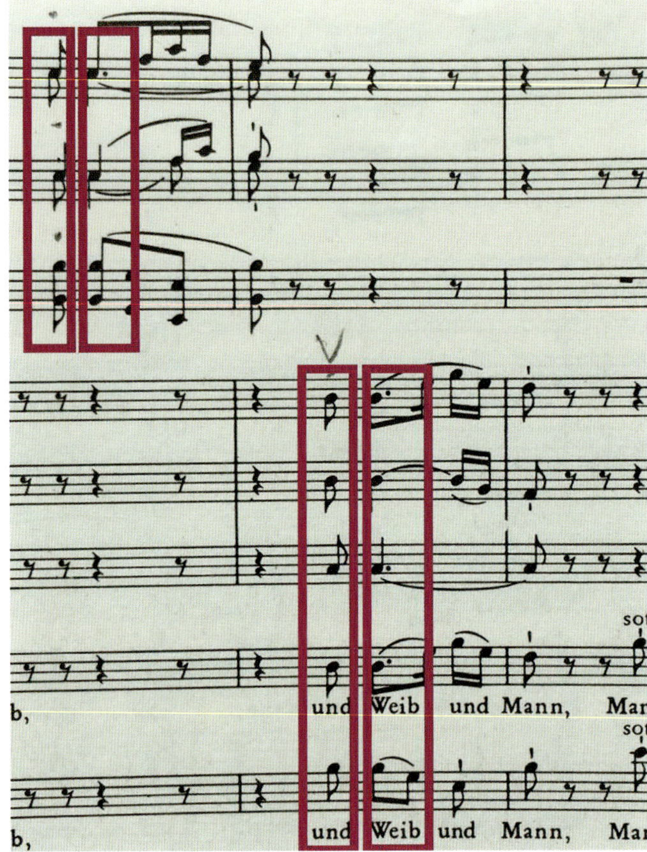

»*… und Weib und Mann …*«

»*Mann und Weib/und Weib und Mann/reichen an die Gottheit an*«[274]. Das ist erst einmal ein sehr klares Statement in Schikaneders Text. Doch Mozart verstärkt diese Worte noch. Er drückt die Gleichrangigkeit dieser beiden Prinzipien musikalisch aus!

Um das zu verstehen, müssen wir einen kleinen Ausflug in die Verslehre unternehmen. Bekannt ist die sogenannte »weibliche« und »männliche« Vers-Endung, die weibliche und die männliche Kadenz:
»*Der Morgen kam, es scheuchten seine Schrítte/*
Den leisen Schlaf, der mich gelind umfíng.«[275]

Genauso kann ein Vers mit »männlichem« Volltakt beginnen – als Trochäus: »*Gráu, mein Freund, ist alle Theorie*«[276] – oder mit »weiblichem« Auftakt – als Jambus: »*Vom Éise befreit sind Strom und Bäche…*«[277]

Jetzt kann's wieder zurückgehen zu dem zentralen Vers in Paminas und Papagenos Duett. Erinnern Sie sich noch? »*Mann und Weib/und Weib und Mann/reichen an die Gottheit an*«.

Mozart komponiert die Orchestermelodie in den Bläsern kurz *vor* dieser Stelle zuerst volltaktig, dann wiederholen die Sänger diese Melodie und unterlegen den Text »*Mánn und Weib*« – mit »männlichem« Beginn. Die Entgegnung im Orchester notiert er mit den gleichen Tönen, aber er wiederholt den ersten Ton auftaktig, sodass ein »weiblicher« Beginn entsteht: »*und Wéib und Mann*«.

Dieselbe Melodie, einmal in »männlicher«, einmal in »weiblicher« Gestalt abgewandelt – und nur zusammen entsteht die vollständige musikalische Phrase, die Sinneinheit. Vollkommener kann man eine gleichberechtigte Verbindung von männlichem und weiblichem Prinzip kaum darstellen – und das Schöne ist: seit zwei Jahrhunderten muss man das nicht *verstehen*, um zu *begreifen*.

Aber das ist nicht alles, was dieses Musikstückchen zu etwas Besonderem macht. In ihm steckt noch mehr verborgene Symbolik.

19 EINE HYMNE AUF ZWEI PRINZIPIEN

Eine der ersten Musiknummern der *Zauberflöte*, die aufgrund des starken Publikumsbeifalls stets wiederholt wurden[278], war eben dieses Duett »*Bei Männern, welche Liebe fühlen*« zwischen Pamina und Papageno. Bis heute ist dieses Duett eines der beliebtesten Stücke der Oper.

Dass es gleichzeitig in der abwechselnden Verschränkung von männlichem und weiblichem Versanfang auch symbolisch hoch aufgeladen ist, haben wir nun bereits ausgeführt. Analysiert man die dramaturgische Konstellation, so offenbart sich auch weiterhin eine derart ausgewogene Balance gegensätzlicher Strukturen, dass man aus dem Staunen nicht mehr herauskommt.

Auf fast jeder Ebene finden sich Gegensätze, die durch die volkstümliche, genial eingängige Musik zu harmonischer Einheit verschmolzen werden!

- es singen: eine Frau und ein Mann
- genau genommen: ein Mensch und ein Fantasiewesen
- eine hohe und eine tiefe Stimme
- je eine Vertreterin des »hohen« und des »niederen« Paares: Prinzessin und Plebejer
- eine »ernste« und eine »komische« Figur
- eine ausgewiesene Vertreterin des »italienischen« Kunstgesangs und einer des »deutschen« Volkslieds, in der Gegenüberstellung von großem, »künstlerischem« und geringem, »natürlichem« Stimmumfang
- also nach damaligem Verständnis je eine Vertreterin von »Kunst« und »Natur«.

Es hört sich ziemlich gewagt an, gerade an diesem eingängigsten »Stückchen« der Oper die Kernaussage der *Zauberflöte* festmachen zu wollen. Doch anhand seiner eigenen Handschrift, dem Autograph, lässt sich unmissverständlich nachweisen, wie wichtig Mozart dieses Duetto – und die ihm innewohnende, verborgene Botschaft war!

Den ersten Hinweis auf etwas Bedeutsames gibt uns wieder die Tonart. Wir haben herausgearbeitet, dass Sarastro merkwürdigerweise niemals in der Tonart Es-Dur singt, die für die drei großen Ideale steht.

Andere aber schon. Und hier, im Duett mit Pamina, ist es sogar der Lackl Papageno, der sich diese bedeutsame Tonart aneignet – wo er doch normalerweise in seiner eigenen Tonart, dem satyrhaften G-Dur, singt! Papageno wirkt musikalisch fast wie ein Hochstapler, wenn er hier auf einmal das von feierlicher Bedeutung gesättigte Es-Dur usurpiert.

Aber die Tonart ist nur der erste Hinweis darauf, welch großen Stellenwert Mozart gerade dieser Szene beigemessen hat.

In der Mozart-Forschung ist seit langem bekannt, dass der Komponist in der Handschrift dieses Duettes nach dessen Fertigstellung tiefgreifende Änderungen vornahm.

Ein moderner Notendruck der Partitur zeigt hier nichts Unübliches: ein klares, sauberes Notenbild.

In Mozarts eigener Handschrift sehen diese Seiten aber ganz anders aus!

Das Original zeigt eine wahre Streichorgie mit Tinte und Feder. Was ist hier passiert?

Nachdem Mozart das Duett fertig komponiert hatte, strich er im ganzen Duett sämtliche Taktstriche fein säuberlich durch und versetzte sie um einen halben Takt. Radiergummis, Korrekturflüssigkeit oder ein

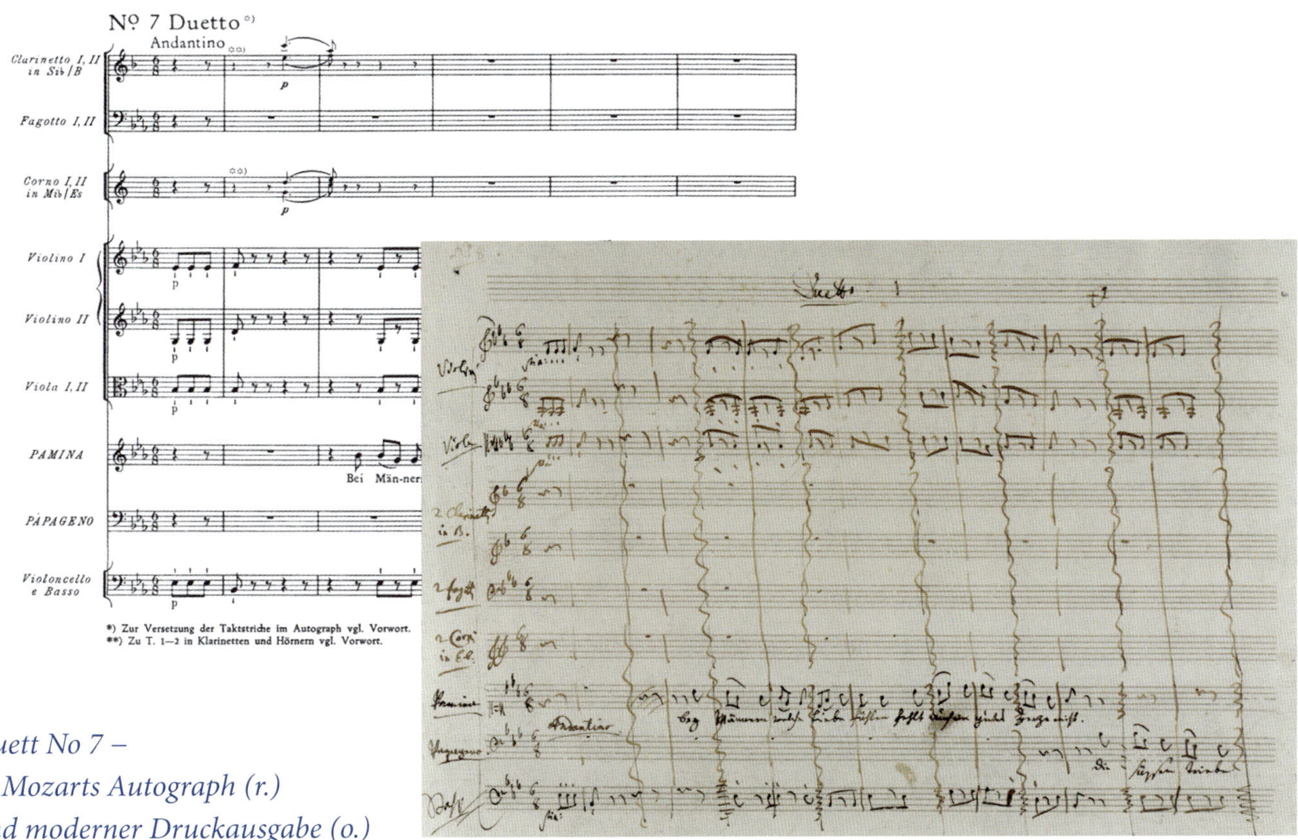

Duett No 7 –
in Mozarts Autograph (r.)
und moderner Druckausgabe (o.)

Computerprogramm für ein perfektes Layout gab es noch nicht, und so ist diese Änderung im Autograph eindeutig nachvollziehbar. Sowohl erste als auch zweite Fassung sind nämlich – praktisch übereinander – stehen geblieben.

Was ändert Mozart hier, und vor allem – gibt's einen Hinweis darauf, *warum* er hier etwas geändert hat, nachdem die Komposition doch schon fertig war?

Nun sind nachträgliche Änderungen eines Komponisten nichts ganz Ungewöhnliches. In diesem Fall allerdings ist die Korrektur spektakulär. Eigentlich hatte Mozart nämlich keine Zeit zu verlieren – diese Änderung aber war ziemlich zeitraubend.

Stellen wir uns vor: Mozart hat die ganze Oper fertig komponiert. Er steht unter Zeitdruck. Die Partitur muss so schnell wie möglich zum Kopisten, damit die vielen, vielen Orchesterstimmen ausgeschrieben werden können. Die Sänger warten auf ihre Partien, die sie auswendig lernen müssen, aber bis jetzt noch nicht einmal kennen. Und Mozart investiert kostbare Arbeitszeit –

– in etwas, das man nicht hört!

Ob diese Musik auf dem Volltakt, wie vor der Änderung, oder auf dem halben Takt beginnt, wie nach seiner Korrektur – es macht in der praktischen Aufführung keinen Unterschied.

Nicht den geringsten.

Beide Versionen klingen exakt gleich!

Falls wir bis jetzt immer noch daran gezweifelt haben, dass Mozart aus lauter Vergnügen in diese Partitur eine Fülle von hochbedeutsamen Verborgenheiten eingearbeitet hat, sollte uns spätestens dieses Beispiel überzeugen. Denn *dass* er diese zeitlich aufwändigen Änderungen vorgenommen hat, haben wir durch sein eigenes Autograph schwarz auf weiß – besser braun auf weiß – vorliegen.

Und im Vorher-Nachher-Vergleich ergibt sich nach den zeitraubenden Änderungen *klingend* trotzdem nicht der geringste Unterschied.

Aus Mozarts Situation heraus bleibt nur eine einzig mögliche Schlussfolgerung.

Irgendetwas muss ihm so wichtig gewesen sein, dass er sich diese Arbeit gemacht hat. Welchen anderen Grund für diese »überflüssige« Mühe lässt sich nach unseren Überlegungen denken, als eine symbolische Bedeutung für dieses Stück – dieses Stück, das auf allen Ebenen die ideale Verschränkung zweier Prinzipien feiert?

Am liebsten würden wir Mozart selber nach dem Warum fragen. Solange das nun mal nicht geht, müssen wir als Musikdetektive selber suchen.

Nun: Es gibt eine Lösung, und sie liegt offen zutage! Man braucht nur nach der *Taktzahl* des Duetts zu schauen, und sofort wird einem klar, warum Mozart diese Versetzung der Taktstriche vornahm.

Als Mozart dieses Musikstück fertig komponiert hatte, hatte es von Beginn bis zum Ende genau 50 Takte. *Irgendeine* Länge. Nichts Besonderes. Nach der Versetzung der Taktstriche begann das Duett aber jetzt mit einem Auftakt, der in der Musik nicht mitgezählt wird. So bekam die Taktzahl auf einmal eine gewichtige Bedeutung: nach der Veränderung hatte das Stück jetzt 49 Takte. Was aber ist 49? Nichts anderes als 7 x 7!

Welch ein sinniger, tiefer Gedanke, die Bedeutung von »*Mann und Weib/und Weib und Mann/reichen an die Gottheit an*« durch eine unhörbare, besondere Zahlensymbolik zu unterstreichen, ohne dass es dadurch auch nur einen Deut komplizierter klingen würde![279]

Und – an die letzten Zweifler: Das ist noch nicht alles. Werfen wir noch einmal einen Blick in die Druckausgabe, die am Seitenbeginn die laufende Nummer in der Oper auflistet. Links oben. Wir lesen richtig – das Duett ist auch die 7. Nummer in der *Zauberflöte*[280].

Die Nummer 7 mit 7 x 7 Takten …
Dreimal die bedeutsam-aufgeladene Sieben für dieses Duett, und mit wie viel Bedacht und Arbeit hineingepflanzt …!

Erinnern Sie sich an die Gesamtzahl der Musiknummern in der *Zauberflöte*? Ouverture plus – 21 Musiknummern mit der Bühne. 21 – das sind 3 × 7, daran führt kein Weg vorbei.

Noch einmal: alle diese eingestreuten Details sind keine Geheimbotschaft an die Menschheit. Versuchen Sie erst gar nicht, ein System[281] oder eine freimaurerische Verschwörungstheorie darum herum zu konstruieren. Sie *sollen* diese Symbole nicht verstehen. Sie sollen den Abend genießen. Dafür wurde diese Oper ja geschrieben und komponiert!

Aber all diese Details *sind* Bestandteil der *Zauberflöte*, das ist nicht wegzudiskutieren. Sie wurden in genialem Zusammenwirken hineingebracht von zwei außergewöhnlichen Menschen – denn ohne Schikaneder und Mozart gäbe es dieses Textbuch und diese Partitur nicht. Es gilt heute als absolut sicher, dass beide alle Arbeitsbereiche mitgestaltet haben – der Anteil des einen ist also mit dem des jeweils anderen untrennbar verwoben.

Und so spielt es überhaupt keine Rolle, ob beide all dies bewusst oder intuitiv hineingearbeitet haben. Oder eben – welchen Anteil Mozart und welchen Schikaneder hatte[283]. Nur eines ist wichtig, und es ist so wichtig, dass es nochmals gesagt werden muss:

Ohne Mozart und Schikaneder gäbe es die *Zauberflöte* nicht! Wie bei jedem anderen Meisterwerk gab es vorher nur weißes Papier, und danach – stand all dies da. Alle diese Notenspielereien, wunderlichen Konstellationen, Querbezüge und Wechselwirkungen, von denen wir einige in dieser Studie entfaltet haben.

Die legen allerdings sehr deutlich den Schluss nahe, dass Mozart die Theaterhandlungen der *Zauberflöte* aus einer »*außerordentlichen freimaurerischen Perspektive*« (Giacomo Fornari)[283] darstellt.

Ob Sie in all diesem die Symbolkraft und Bedeutung sehen, die zwischen diesen Buchdeckeln angedeutet wurde, liegt bei Ihnen.

Sie sollen – bittebitte! – beim nächsten Opernbesuch nicht krampfhaft alle diese Dinge wiederentdecken wollen.

Nur, tun Sie Emanuel und Wolfgang den Gefallen und glauben Sie niemandem, der Ihnen weismachen möchte, diese Oper sei ein zusammengesudeltes Wirrwarr.

In der Zauberflöte sehen wir in doppelt verschränkter Weise den Sieg des Zusammenwirkens von Prinzipien, die eigentlich einander gegensätzlich sind. Tamino und Pamina siegen am Ende – und sie werden *zusammen* eingeweiht. Dabei werden die dunklen, animalischen Kräfte der Instinkte am Ende zurückgedrängt (das Rachequintett von Königin, Drei Damen, und Manostatos versinkt in die Unterwelt, und Schikaneder konnte seine Bühnenversenkungen wieder einmal wirkungsvoll zur Geltung bringen …).

Es siegt: Das Bewusstsein, das uns am stärksten von den Tieren unterscheidet[284] und im plötzlichen Erscheinen von Sarastros Licht- und Sonnenwelt intuitiv erlebbar wird. In diesem Moment wird die Oper selbst zu einem spielerischen Bewusstseins-Ritual, und wenn es mag, wird das ganze Publikum ein Teil davon.

Sarastro, obwohl auf der Lichtseite, steht doch alleine – und so ist die Einweihung des Paares Pamina/Tamino auch ein Sieg der Zweisamkeit über das Alleinsein Sarastros.

Aber nicht nur das: »As so often in these stories of initiation, we find that a secondary couple is going to be involved, who will not be tested so hard nor arrive so far, but for whom the simpler qualities and the more limited adventures may very well suffice.«[285] Auch diejenigen von uns, für die die Exzellenz der Helden Tamino und Pamina ein bisschen zu anstrengend ist, können aufatmen!

Denn auch Papageno findet seine Papagena, und dass er den ganzen Prüfungsstress gar nicht *anstrebt* – weil er die Kriterien noch nicht einmal ansatzweise erfüllen könnte – macht ihn uns Normalmenschen umso sympathischer. Jede und jeder von uns findet schließlich in seiner Bequemlichkeit ein kleines Stückchen von sich selbst wieder – wie beruhigend, dass auch »wie oben, so unten« das zweite Paar sich auf den moralischen Medaillenrängen wiederfinden darf …

Das letzte Verborgene, um das es in diesem Buch geht, steht ganz am Anfang der *Zauberflöte*. Es ist das Allererste, was man an diesem Opernabend hört: der Beginn der Ouverture.

20 MOTTO IN TÖNEN

Wie oft hört man, die Ouverture zur *Zauberflöte* beginne mit den feierlichen Drei Akkorden, die später im 2. Akt das Ritual begleiten. Was für ein Irrtum! Die Einleitungsakkorde der Ouverture und die Drei Akkorde aus dem 2. Akt scheinen gleich – aber nur bei oberflächlichem Hören.

Wenn man die Drei Akkorde dem Ouverturenbeginn direkt gegenüberstellt, hört man sofort, dass sie rhythmisch und harmonisch ganz anders sind. Wie oben gezeigt, sind die Drei Akkorde eigentlich 3 × 3 Akkorde, und ihre Harmonie ist gleichbleibend-statisch.

Diese Drei Akkorde sind ein dreifach wiederholter tönender Klopfrhythmus, das Eintrittszeichen in einen bestimmten Grad der Freimaurerei.

Der Beginn der Ouverture ist ein ganz anderes, eigenartiges Gebilde. Es ist rhythmisch anders aufgebaut, viel kürzer, und auch nicht so statisch, sondern dynamisch – nämlich mit einer melodischen und harmonischen Entwicklung. Es erfüllt eine andere Funktion, und zwar den einer Überschrift oder eines Mottos.

Das Tonsymbol, das Mozart hier erschafft, ist in seiner Kürze, Prägnanz und Vieldeutigkeit einzigartig. Es ist einfach und doch vertrackt, ein Wunder an Komplexität. Und es hat Mozart mindestens 18 Jahre lang beschäftigt.

Warum können wir dies wissen? Weil er die »Vorstufe« dieses Signals bereits in seinem »Thamos, König von Ägypten« 1773 ausprobiert hat![286]

Auf den ersten Blick und beim ersten Höreindruck fällt die frappante Ähnlichkeit mit den Anfangsakkorden der viel späteren *Zauberflöte* auf. Allerdings ist die dortige Urstufe des späteren *Zauberflöten*-Ouverturenbeginns noch sehr unfertig, vergleicht man sie mit dem späteren Ergebnis.

Das Motiv muss Mozart so lange Zeit irgendwie »im Hintergrund« beschäftigt haben. Er greift in seiner letzten Oper auf diese Vorform zurück[287], entwickelt sie aber mit der ganzen kompositorischen Kraft seiner gereiften Erfahrung weiter. Er verändert Rhythmus, Melodie und Harmonie – und schafft eines der vollkommensten musikalischen Symbole der europäischen Kulturgeschichte.

Es sind keine drei Akkorde, wie man bei oberflächlicher Betrachtung annehmen könnte. Es sind auch nicht die 3 × 2 Akkorde aus dem Frühwerk »Thamos«. Und 3 × 3 Akkorde, wie in der Mitte der Ouverture und im 2. Akt, sind es auch nicht.

Dieses Tonsymbol ist genuin Mozarts Erfindung, diese musikalische Figur kennen auch die freimaurerisch Eingeweihten nicht. Um diese Chiffre zu entschlüsseln, müsste man symbolkundig, Freimaurer und gleichzeitig musikerfahrener Partiturleser sein.

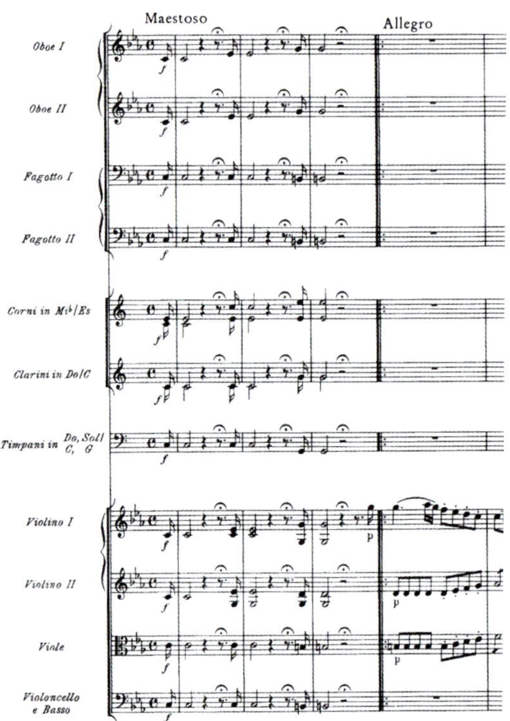

Mozart, »Thamos in Ägypten« (1773). Beginn des Vorspiels zum 2. Aufzug

Der Ouverturen*beginn* der *Zauberflöte* dient als bedeutungsvolle Überschrift der ganzen Oper und ist gleichzeitig das Konzentrat ihrer Aussage. Eine von Grund auf neuartige Erfindung Mozarts!

Das Autograph der *Zauberflöte* selber hat kein Deckblatt, keine Überschrift. Am Kopf der ersten Seite steht von Mozarts Hand lediglich das Wort »Ouverture«, und dann fängt sofort der Notentext an.

Zu Beginn der Ouverture spielen alle Instrumente des Orchesters im Orchestergraben – natürlich ohne die erst später eingeführten Bühnen-Instrumente Glockenspiel und Panflötchen. Das sind 15 Blasinstrumente = 3 × 5 Bläser. Zusammen mit den 5 Gruppen der Streicher und den Pauken sind das 21 Orchestergruppen, 3 × 7.

21 ist auch genau die Anzahl der Musiknummern der *Zauberflöte*, die mit Bühnengeschehen – als »Welt-Theater« – auf die Ouverture folgen.

Die Einleitungsakkorde der Ouverture sind zunächst einmal **rhythmisch** sehr prägnant. Intuitiv werden sie als drei Akkorde wahrgenommen – nämlich als drei Gruppen von Akkordschlägen. In den ersten Tönen der Ouverture klingen Weisheit/ Stärke/Schönheit sofort an – den tonartlichen großen Bogen, die Es-Dur-Tonartklammer über fast drei Stunden bis zum Ende der Oper, haben wir bereits oben nachgewiesen.

Dort, am Schluss, werden diese drei großen Ideale in derselben Tonart, demselben Klanggewand, derselben Instrumentation explizit genannt: »*Es sieget die Stärke/und krönet zum Lohn/die Schönheit und Weisheit mit ewiger Kron*«.[288] Die Tonart ist – Sie werden es sich jetzt schon denken können – Es-Dur, die Tonart, deren Vorzeichen wieder die drei Punkte in Dreiecksform bilden.

Wenn man aber ganz genau jeden einzelnen Ton zählt, besteht der Ouverturenbeginn nicht aus drei, sondern aus *fünf* Akkorden. Nach dem ersten Orchesterschlag beginnt die zweite und dritte Akkordgruppe jeweils mit einem kleinen Vorschlag vor der langen Hauptnote. Das Pentagramm verweist hier wieder auf den Geist als lenkende Kraft jedes menschlichen Strebens.

Paradoxerweise bestehen die Akkorde der Ouverturen-Einleitung also musikalisch *gleichzeitig* aus drei und aus fünf Akkorden.

Untersuchen wir nun die **Melodie**, begegnet uns auch hier wieder der oben bereits beschriebene »anspringende Dreiklang« mit Grundton, Terz und Quinte, dem 1., 3. und 5. Ton der Tonleiter. Damit

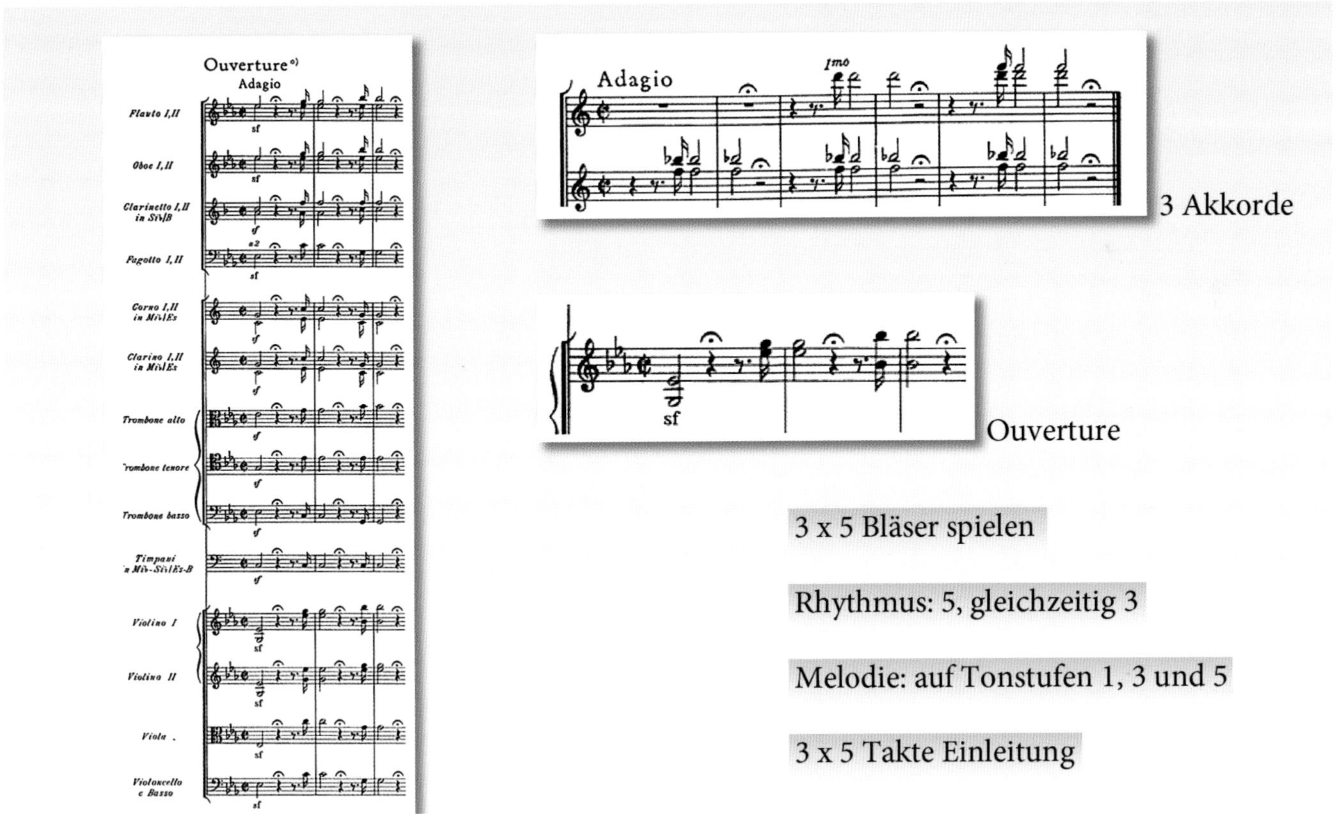

Ouverture: die 5 in der 3

ergeben auch die Anzahl der Bläser im Orchester einen verborgenen Sinn: Das volle Orchester-Tutti aller 15 Bläser repräsentiert Grundton, Terz und Quinte, nämlich 1 × 3 × 5, im Teamwork.

Und auch dies ist eine Besonderheit unter Mozarts Opern: In keiner anderen Ouverture spielen derartig viele unterschiedliche Instrumente von Beginn an.

Eine solche Anzahl und Vielfalt an Instrumenten wie in der *Zauberflöte* verlangt er ansonsten nur in der *Don Giovanni*-Partitur. In dessen Ouverture spart er die Posaunen aber noch aus. Sie treten als gruselige Steigerung erst im 2. Finale der Oper hinzu, dort, wo Mozart das Motiv des Steinernen Gastes erneut bringt.

In der Ouverture zur *Zauberflöte* dagegen spielen die Posaunen direkt von Beginn an, verleihen der Partitur besonderen Klang *und* zahlensymbolischen Reiz.

Die stärkste Veränderung seit der Urform eines solchen Motto-Motivs im *Thamos* hat sich aber in der **Harmonie** ergeben.

Stehen dort die ersten zwei Akkorde in Moll (mit c-Moll übrigens bereits in gespiegeltem *Zauberflöten*-Es-Dur), so endet der dritte Akkord auf der Dominante – also einer anderen Harmonie als Abschluss. Mozart verändert 18 Jahre später beim *Zauberflöten*-Beginn diese Harmoniewendung in genialer Weise. Nach einem Es-Dur-Akkord als Ausgangspunkt setzt er deren Spiegeltonart c-Moll als 2. Akkord dagegen. Durch Dur/Moll werden derart in Noten zwei Gegensätze gegenübergestellt, quasi wie ein schwarz/weißes Pflaster gezeichnet.

Der 3. Akkord springt nun wieder in die Ausgangstonart zurück. So bleiben alle drei Akkorde in *einer* Harmoniefamilie, aber mit einem Farbwechsel, ähnlich »weiß – schwarz – weiß«. Gleichzeitig erzeugt die Stellung dieser letzten Harmonie (mit der Terz und nicht mehr dem Grundton im Bass) einen »offenen« Ausgang, und keinen »halben Abschluss« mehr, wie in der Frühform.

Kommen wir in der Betrachtung noch einmal auf den Rhythmus zurück. Er hält nämlich noch eine weitere Überraschung bereit. Wir stellen fest: Mozart ordnet die fünf Einzeltöne so an, dass gleichzeitig die verschachtelten Klopfsymbole aller drei Freimaurergrade erklingen!

Kennen Sie das berühmte Hasenfenster im Paderborner Dom? *»Drey Haasen und der Löffel drey – und doch hat ieder Haase zwey.«*

In ähnlicher Weise ordnet Mozart die fünf Einzelakkorde so an, dass man beim Hören simultan drei verschiedene Deutungszusammenhänge schaffen kann:

•   •   •

in der Wahrnehmung als »3 starke Schläge« – daher die misszuverstehende Bezeichnung des Ouverturenbeginns als »Drei Akkorde«;

• •   •

der erste Schlag wirkt als einzeln, also »relativ kurz«, der 2. und 3. sind durch den Vorschlag »verlängert«;

•   • •

wenn man nur die ersten drei Einzeltöne isoliert.

Mathematisch wäre die gleichzeitige Darstellung von Drei und Fünf unmöglich. Musikalisch gelingt dies Mozart mühelos!

Hasenfenster im Paderborner Dom, Anfang d. 16. Jhdt.

“Der Hase und der Löffel drey -
und doch hat ieder Haase zwey”

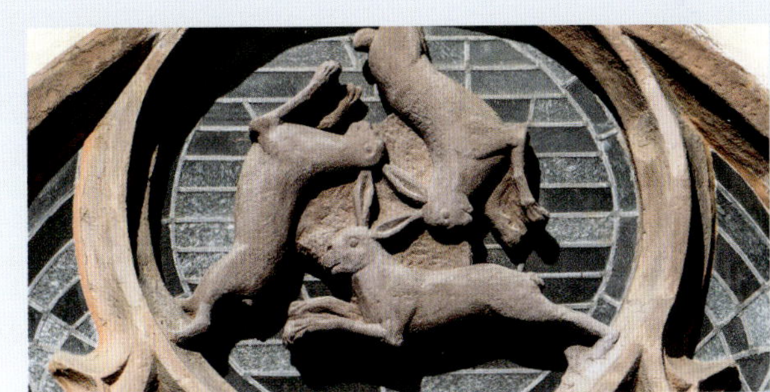

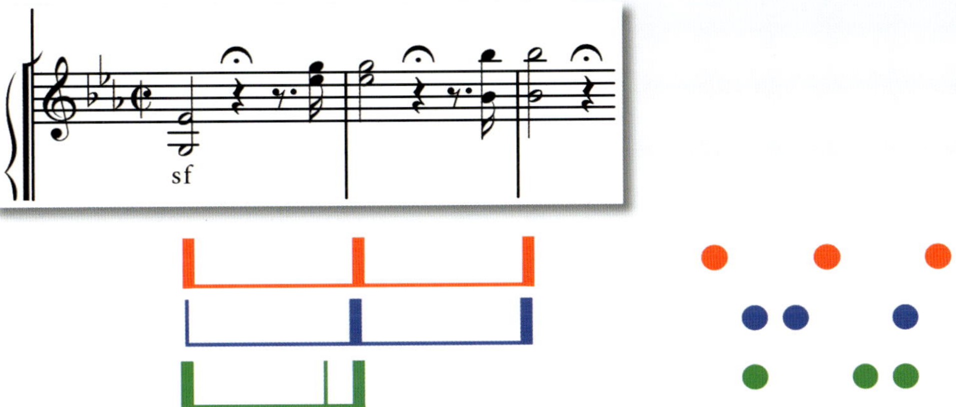

Ähnlich wie am Paderborner »Hasenfenster« kombiniert Mozart die Klopfsymbole dreier Freimaurergrade zur fünftönigen Eröffnungs-Chiffre der Ouverture zur Zauberflöte

21 FINALE: ES LIEGT AN UNS

Kommen wir noch einmal auf unsere Anfangsfragen zurück. Erstens: Die *Zauberflöte* – ein Machwerk? Das wird dieser kunstreich gearbeiteten Oper nun wirklich nicht gerecht. Wer es sich bei einem so komplexen Werk so einfach macht, hat sich selbst und nicht der Oper das Urteil gesprochen.

Die *Zauberflöte* ist wahrscheinlich nie in allen ihren Verästelungen vollständig zu verstehen. Sie vereinigt Unvereinbares: Ernsthaftes und Heiteres, Volkstümliches und höchsten Anspruch.

Begreifen kann man sie nur als großes Mysterienspiel, als großes Welt-Theater, als universale Feier des Lebens und Strebens. Mit Goethe: »*Wenn ihr's nicht fühlt, ihr werdet's nicht erjagen.*«[289]

Zweitens: Ist die *Zauberflöte* nun eine Freimaureroper? Im landläufigen, verengten Sinne sicher nicht. Als Glorifizierung eines selbstverliebten Männerbundes taugt diese Oper ganz und gar nicht. Wie wir gezeigt haben, gehört zu diesem Werk mehr – viel mehr. Daher entzieht es sich jeder wohlfeilen Vereinnahmung – es ist einfach zu viel in diesem herrlichen Opern-Gulasch enthalten.

Unsere Untersuchungen haben gezeigt, dass aber sehr wohl freimaurerische Elemente im Werk enthalten sind – und zwar bis tief hinein in musikalische Strukturen.

Ein weiterer Themenkreis ist jedoch noch tiefer in die musikalische Struktur hineingewurzelt: der »ewige Dualismus«, das Gegensatzspiel zwischen Weiblichem und Männlichem. Diese Oper bringt anfangs widerstreitende Elemente am Ende in eine positive Balance, ohne dass eines das andere dominiert – genau wie in der Schöpfung eine staunenswürdige Ausgewogenheit herrscht zwischen der Neigung zum Chaos und zu mathematischer Ordnung.

Musik und Spiel der *Zauberflöte* feiern in zutiefst kreatürlicher, ambivalenter Verbindung das »duale System« von Daseinsfreude im Augenblick und idealistischem Streben nach einer besseren Zukunft. Nietzsche nannte diese Prinzipien das Dionysische und das Apollinische – in diesem Sinne ist die Oper ein Schwesterwerk des Appells an die

Menschheit aus Beethovens 9. Sinfonie und eine der herausragenden kulturellen Leistungen der europäischen Geistesgeschichte.

Wir haben gezeigt: Mozart erschafft im dreifach klingenden Pentagramm des Ouverturenbeginns ein Signal von vielfach verschränkter Bedeutung. Diese Überschrift, das Motto der Oper, schafft im simultanen Erklingen die erstaunliche Verbindung zwischen den Zahlen Eins, Drei und Fünf.

Im Unterschied zu seinen anderen Opern schrieb Mozart für die *Zauberflöte* kein Titelblatt. Er brauchte keins! Die rätselhaften Einleitungsakkorde der Ouverture *sind* der klingende Titel, ein Pentagramm in Tönen. Sie chiffrieren symbolisch die »göttliche« Eins, die »heilige« Drei und die – Weiblich/Geradzahliges und Männlich/Ungeradzahliges – »verbindende« Fünf[290].

Ein Motto in Tönen, das der Musiker Mozart als Überschrift seiner letzten Oper voranstellt.

Denn dies ist das eigentliche Ziel von Mozarts letzter Oper: die Feier einer ganz besonderen Hochzeit der beiden widerstreitenden und sich ergänzenden Weltprinzipien, des Weiblichen und des Männlichen.

Beinahe zwei Jahrhunderte nach Schikaneder/Mozarts *Zauberflöte* wird Erich Fromm in seinem Hauptwerk »Haben oder Sein« diese Utopie so formulieren:

»Die tiefste Sehnsucht der Menschheit scheint einer Konstellation zu gelten, in der beide Pole (Mütterlichkeit und Väterlichkeit, weiblich und männlich, Gnade und Gerechtigkeit, Fühlen und Denken, Natur und Intellekt) in einer Synthese vereinigt sind, in der beide Pole ihren Antagonismus verlieren und stattdessen einander färben.«[291]

Mit der musikalisch akzentuierten Chiffre derselben Idee widerlegt Mozart die traditionelle Auffassung von der *Zauberflöte* als ausschließlich männerorientierter Freimaureroper.

Und beim Blick auf die geschichtlichen Fakten müssen wir schlussfolgern, dass er dies ganz bewusst tat. Wir haben es bereits angedeutet: Die Freimaurerei im 18. Jahrhundert war in sich wesentlich vielfältiger, bunter und auch widersprüchlicher, als das Bild, das wir üblicherweise heute von ihr haben. Und dies meint nicht nur die Buntheit zwischen den simultanen Erscheinungen von englischer und französischer Freimaurerei, Strikter Observanz, Schottischem Ritus, Illuminaten, Asiatischen Brüdern, Rosenkreuzern, Alchimisten, Abenteurern, wie dem Grafen Cagliostro und dem Grafen von Saint-Germain, und und und …

Es meint auch die aktive Arbeit von Freimaurer*innen*.

Wie Jan Snoek im Detail aufgezeigt hat, gab es im 18. Jahrhundert die Freimaurerei nicht nur für Männer – es gab auch regelmäßig arbeitende Frauenlogen![292] Diese »Adoptionslogen« florierten in ganz

Europa[293]. Und zwar auch in genau dem Wiener Logenhaus, in dem Mozart regelmäßig verkehrte!

Frauenlogen sind also kein Phänomen der jüngeren Vergangenheit, wie man im Zuge der kritischen Emanzipation annehmen könnte. Es hat immer schon auch Damen gegeben, die wie die Männer symbolisch an den Zielen von Humanität, geistiger Unabhängigkeit und Toleranz arbeiteten. Auch unter dem Dach von Mozarts Loge »Zur gekrönten Hoffnung« arbeiteten zu seiner Zeit sowohl Männer- als auch Frauenlogen mit eigenen Ritualen.[294] Und Snoek weist noch mehr nach. Den Dreipunkt ∴ als Bedeutungsträger in den Männerlogen haben wir bereits in Kapitel 10 kennengelernt. Das Zeichen der weiblichen »Adoptionslogen« war nun aber interessanterweise der Fünfpunkt ⁙ [295]!

Das Pentagramm als geometrische Gestalt, die auf die Fünf verweist, ist also beileibe nicht nur in der Symbolik der Männerlogen häufig. In der Bildersprache der Maurerei zu Mozart und Schikaneders Lebzeiten waren Bedeutung und Symbol der Fünf zentral für die Frauenlogen.

Die Fünf gilt von alters her als Verkörperung der Weiblichkeit – insbesondere im Symbol der fünfblättrigen Rose[296]. Als Symbol für Schönheit, Geheimnis, Weiblichkeit taucht sie seit Jahrhunderten in Dichtung, Volkslied, Heraldik und Kunst auf, die Rose ist Bild der Geliebten oder – wie im Kirchenlied – Symbol für Maria, der Weiblichkeit schlechthin[297].

Dass Mozart ausgerechnet eine mit der Drei verschränkte *Fünfzahl* als Motto über seine letzte Oper stellt, weist auf eine sehr eigentümliche Bedeutung. Und überraschend ist dies allemal – bringt man dieses Werk doch üblicherweise mit der übermächtigen Drei in Verbindung.

Die Fünf aber spielt eine andere Rolle als die Drei. Sie erweitert diese um einen zusätzlichen Aspekt. Sie ist vordergründig die Zahl der »quinta essentia«, des Geistes, vor allem ist sie aber die Zusammenfügung der »weiblichen«, geraden Zahl Zwei mit der »männlichen« Drei. Sie ist die mathematische Verkörperung einer ganz besonderen Verbindung.

Genau diese Verbindung aus »Weiblichem« und »Männlichem« stellt Mozart in den fünf Eröffnungsakkorden musikalisch an die Spitze seiner letzten Opernpartitur. Und es soll noch einmal daran erinnert werden, dass Mozart die Ouverture zur *Zauberflöte* erst *zuallerletzt*, kurz vor der Uraufführung niedergeschrieben hat. Inklusive des Einleitungsmottos, das ihn ja – wie wir aufgezeigt haben – seit langem, seit seinem »Thamos« beschäftigt haben muss.

Dieses Eröffnungsmotiv der Ouverture taucht mehrfach im Verlaufe der ganzen – ja *zeitlich vorher* niedergeschriebenen – Opernmusik auf. Und zwar jedes Mal dramatisch-musikalisch abgewandelt. Mozart muss es die ganze Zeit der Komposition über »im Blick« behalten haben, um es immer wieder leicht verändert in die Komposition einzuweben. Eine ganz erstaunliche, Ehrfurcht einflößende Leistung seines kompositorischen Genies.

Und für uns ein mächtiges Indiz, dass er von dieser Idee einer verbindenden Zusammenschau von Weiblichem und Männlichem tief durchdrungen war.

Der Musikwissenschaftler Jacques Chailley deutet die fünf Akkorde des Ouverturenbeginns als »Cinq accords de l' initiation féminine« und den »Dreyfachen accord« der Ouverturenmitte als »Trois accords de l' initiation masculine«[298]. Er versteht sie als nacheinander erklingendes doppeltes Initiationssignal und weist damit auf einen wichtigen Sachverhalt hin: Wir haben bereits herausgearbeitet, dass es Mozart und Schikaneder um eine Initiation *beider* Geschlechter ging.

Wenn wir die *Zauberflöte* als Werk nicht isoliert betrachten, sondern mit Mozarts Kompositionspraxis in seinen anderen Meisteropern vergleichen, können wir aber noch einen Schritt weiter gehen.

Sie ist nämlich die einzige seiner Opern, in der das Motto aus der Ouverture später in der Oper *mehrfach* wieder vorkommt. Dort nimmt es direkt auf das Bühnengeschehen Bezug – und verändert sich dabei. Es ist form- und inhaltsprägend.

In anderen Mozart-Opern taucht das in der Ouverture verwendete Motto-Motiv hingegen im Verlauf der Oper nur *genau ein einziges Mal* wieder auf.

Die drei Akkorde in der Mitte der *Zauberflöten*-Ouverture[299] sind genau wie in den früheren Opern solch ein vorweggenommenes Zitat aus der jeweils später folgenden Opernmusik – und dies gibt's bei Mozart eben mehrfach. Bereits in den Ouverturen zur *Entführung aus dem Serail*[300], *Così fan tutte*[301] und *Don Giovanni*[302] arbeitet Mozart ein Selbstzitat aus der dann folgenden Oper als prägnantes Motiv ein. Für den Hörer löst sich erst im späteren Verlauf dieser Theaterstücke das Motiv aus dem rein musikalischen Zusammenhang der Ouverture und gewinnt durch die simultane Szene dramatische Bedeutung.[303]

Die »Drey Accorde« in der Ouverturenmitte haben genau diese Funktion dieses vorweggenommenen Selbstzitats. Sie bleiben statisch. Mozart bringt sie jedes Mal in wörtlicher Wiederholung und in gleichem dramatischen Kontext: einer zustimmenden Reaktion der Priester im Bühnengeschehen – Mozarts musikalischer Umsetzung der zustimmenden Klopfrhythmen der hammerführenden Beamten in geöffneter Loge[304].

Den späteren »Dreyfachen Accord« aus dem 2. Akt in der Ouverture vorweg zu zitieren, entspricht für Mozart in seiner Reifezeit also seiner eigenen Opernkonvention.

In seiner letzten Oper geht Mozart aber über diese Konvention hinaus – und zwar mit dem *Beginn* dieser Ouverture.

Das Motto der Ouverture, das musikalische Symbol der ersten drei Takte, taucht später im Verlauf der Oper nicht nur mehrfach auf, sondern jedes Mal in abgewandelter Gestalt. Mal deutlich, mit großem Signalcharakter, und dann wieder so schnell vorüberziehend, dass es kaum wahrnehmbar und wie »unter der Oberfläche« eingearbeitet ist[305].

Mozart verändert dieses Motto-Motiv – melodisch, harmonisch, oder im Tempo. Dessen rhythmische Struktur bleibt jedoch stets gleich und sorgt für zweifelsfreie Wiedererkennung. Dass sich jenes Motto immer wieder in der gesamten Oper zeigt, hebt seine Bedeutung über die eines bloßen vorweggenommenen Selbstzitats heraus. Es unterstreicht die Wichtigkeit für den gesamten Kompositionsprozess und die dadurch ausgedrückte Aussage der Oper.

Wir gehen hier noch einen Schritt über Chailleys Deutung hinaus. Nicht nur, dass gleich am Anfang der Oper mit der prominenten Fünfzahl im Ouverturenmotto das Weibliche, eine »initiation féminine«[306], und wenig danach in der Mitte der Ouverture der dreifache Akkord einer »initiation masculine«[307] angekündigt wird.

Vielmehr sind *sofort zu Anfang,* im Ouverturen*beginn* der ersten drei Takte, die Fünf *und* die Drei, Weibliches *und* Männliches auch musikalisch miteinander verknüpft und gegenseitig durchdrungen. Das eigentlich Besondere in der *Zauberflöte* steht als musikalische Überschrift am Anfang: Hier wird ein priesterliches Paar initiiert! Daher erklingen die Drei und die Fünf nicht nur nacheinander, sondern bereits im Motto-Motiv der ersten drei Takte *gleichzeitig*.

Diese Gleichzeitigkeit ist nur vor dem Hintergrund der Adoptionslogen der Frauen in der Mozart-Zeit verständlich.

Dass dies wieder kein Zufall ist, dass Mozart diesen Zusammenhang bewusst in die Partitur hineingelegt hat, erhellt sich aus zwei weiteren Partiturdetails.

Zweimal – beide Male kurz vor den Aktschlüssen mit ihrer starken szenischen Kraft und orchestralen Pracht – lässt Mozart quasi einen musikalischen Dreipunkt und einen musikalischen Fünfpunkt miteinander im Orchester erklingen.

Das erste Mal singt diesen markanten, symbolhaften Dreier- bzw. Fünferrhythmus im ersten Finale der ganze Chor auf die Textworte »*Wenn Tugend – und Gerechtigkeit …*«. Unterstützt wird der Chor von den Posaunen, die in der Klassik aus der Kirchenmusik in die Oper übernommen worden waren. Deren feierlicher, mächtiger Klang wird in der Oper der Klassik immer dort eingesetzt, wo es um Transzendentes geht[308].

Das zweite Mal lässt Mozart Dreier- und Fünferrhythmus kurz vor Schluss der Oper simultan erklingen – im Orchester, zweimal hintereinander, direkt vor dem Auftritt Sarastros, der den Sieg des Lichtes verkündet, gefolgt von dem Chor, der mit »*Heil sei euch Geweihten*« das neu initiierte Paar begrüßt[309].

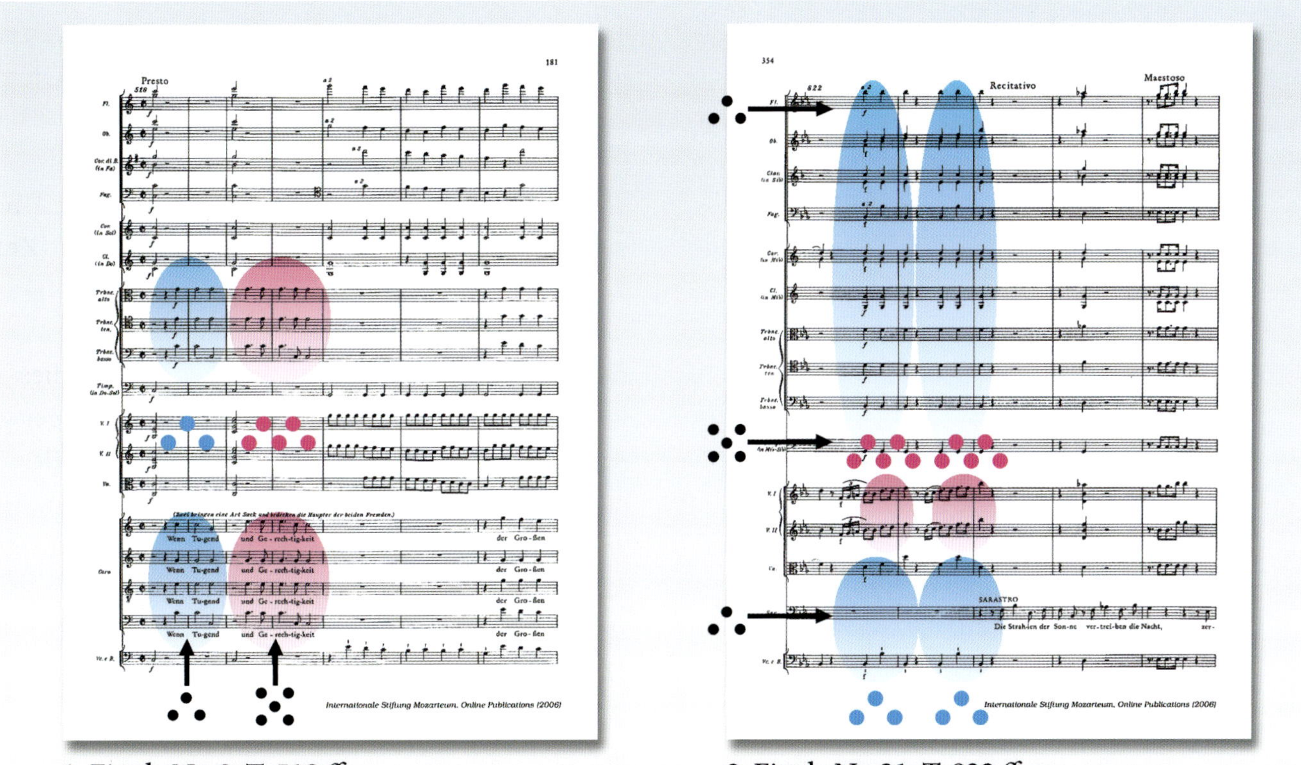

1. Finale No 8, T. 518 ff

2. Finale No 21, T. 822 ff

Dreipunkt, Fünfpunkt

Es ist, als ob Mozart die Verbindung von Weiblichem und Männlichem an wichtigen Stellen der *Zauberflöte*, jeweils vor der Schlusssteigerung, signalhaft wiederholt.

Die *Zauberflöte* – eine Freimaureroper?

Wenn schon, dann eine Freimaurer- *und* Freimaurerinnenoper.

Die *Zauberflöte* – frauenfeindlich?

Nichts liegt ferner.

Die *Zauberflöte* feiert als prallgefülltes Mysterienspiel einen Gegenentwurf zum Engen, Selbstischen. Und mitnichten eine Misogynie: Gezeigt wird die Verbindung von Tamino und Pamina – und auch – »wie oben, so unten« – von Papageno und Papagena. Dies bedeutet die Vereinigung von männlichem *und* weiblichem Prinzip, die nur gemeinsam in Harmonie und Balance zu einer idealen Gesellschaft führen.

Und Mozart hat alle Aspekte dieses Welt-Mysterienspiels auch *musikalisch* in den Notentext hineingelegt – das freimaurerisch-Feierliche, das krachledern-Lustige, und die harmonische Verbindung von Weiblichem und Männlichem.

Uns interessiert in dieser Studie nicht so sehr, ob die Gleichberechtigung von männlichen und weiblichen Freimaurern damals wirklich komplett vollzogen war. Zwar war die gesellschaftliche Gleichberechtigung der Frau vom heutigen Blickwinkel her natürlich noch weit entfernt.

Uns interessieren aber hier Partitur und Szene von Mozarts *Zauberflöte*. Offenbar stellte Mozarts Idealbild der Gleichberechtigung weiblichen und männlichen *Handelns*, das er in die Partitur symbolisch eingepflanzt hat, für ihn keine Utopie dar. Zumindest in puncto maurerischer Arbeit bildete er die realen Ereignisse seiner Zeit ab. Männer *und* Frauen arbeiteten 1791 als Freimaurer und Freimaurerinnen an ihrem »Rauen Stein«.

Aber vielleicht sollten wir hier sowieso nicht in den einengenden Geschlechtergrenzen denken. Jacques Chailley bemerkt in seiner Exegese der *Zauberflöte* als maurerischer Initiationszeremonie feinsinnig, dass Sarastros Charakterisierung Taminos »*… noch mehr: er ist Mensch*«[310] diesen mit einem Ehrentitel belegt, der im Deutschen sprachlich sowohl einen Mann als auch unterschiedslos eine Frau bezeichnen kann[311].

Mozart stellt die Eins, die Drei und die Fünf als verborgene Überschrift über die *Zauberflöte* – klar erkennbar in der Melodielinie mit dem Dreitonmotiv aus 1., 3. und 5. Ton der Tonleiter. 1 × 3 × 5 = 15 ist hierbei die Zahl der Bläser, die bereits im Ouverturenmotto vollzählig spielen und später den »Dreyfachen Accord« alleine intonieren. Nochmal: Dies ist Mozarts umfangreichste Bläserbesetzung, die er kennt, und die einzige Oper, in der diese große Bläserbesetzung sofort zu Beginn der Ouverture spielt. Zur »weiblichen« Fünf mit der »männlichen« Drei im Ouverturenmotto kommt also noch ein weiterer Faktor hinzu: die »göttliche« Eins.

3 × 5 ist 15, und rein mathematisch ergibt 1 × 3 × 5 dasselbe Produkt 15.

In der Zahlensymbolik ist das Produkt aus 3 × 5 aber durchaus etwas anderes als 1 × 3 × 5. Die 1, die als multiplizierender Faktor in der Mathematik ohne Auswirkung ist, darf in der Zahlensymbolik nicht fehlen – denn sie steht für das Göttliche!

15, die Gesamtzahl der Bläser der *Zauberflöte*, zu Beginn der Ouverture und beim »dreyfachen Akkord«, hat in der Gematrie eine ganz besondere Bedeutung.

»Der Ursprung der Zahlenmystik ist die Auffassung, dass Zahlen und Buchstaben Träger metaphysischer, verhüllter Wahrheiten seien, die man mit Hilfe von Zahlenspekulation enthüllen könne. […] Im Hintergrund steht dabei das Weltbild der Pythagoreer: Dieses basierte auf einer Verzahnung von Zahlen und kosmischer Harmonie und führte alles Erkennbare auf die Zahl zurück.« (Vincenzo Petracca)[312]

Zunächst einmal ist 15 als 1 + 2 + 3 + 4 + 5 die Summe der ersten fünf ganzen Zahlen, die »große Fünf«, die alle ihre Vorgänger beinhaltet.

Diese Summenzahl 15 galt besonders in der jüdischen Tradition der Kabbala als heilig[313]. Das Hebräische kennt, wie das Griechische, keine Ziffern – Ziffern werden durch Buchstaben ausgedrückt und umgekehrt. Zwei Worte mit demselben Zahlwert haben in der Kabbala dieselbe spirituelle Natur.

»So wird der Zusammenhang zwischen Wort und Zahl bei den Eigennamen besonders innig. Zahl und Name stehen noch näher beieinander als Zahl und Wort. Das wird in einigen Sprachen durch die Wörter bekräftigt, welche man für Namen und Zahl geprägt hat. Man denke an die lateinischen Wörter Nomen (Name) und Numerus (Zahl), denen sich als ein Drittes, Dazugehöriges das Wort Numen (Gottheit) beigesellt. In den französischen Wörtern le nom und le nombre wird der Zusammenhang besonders deutlich.«[314]

Eine 15, wie in der Ouverture zur *Zauberflöte,* würde im Hebräischen als JH niedergeschrieben (Jod=10, Hey=5).

Dies jedoch ist die Kurzform des unaussprechlichen Gottesnamens JHVH![315]

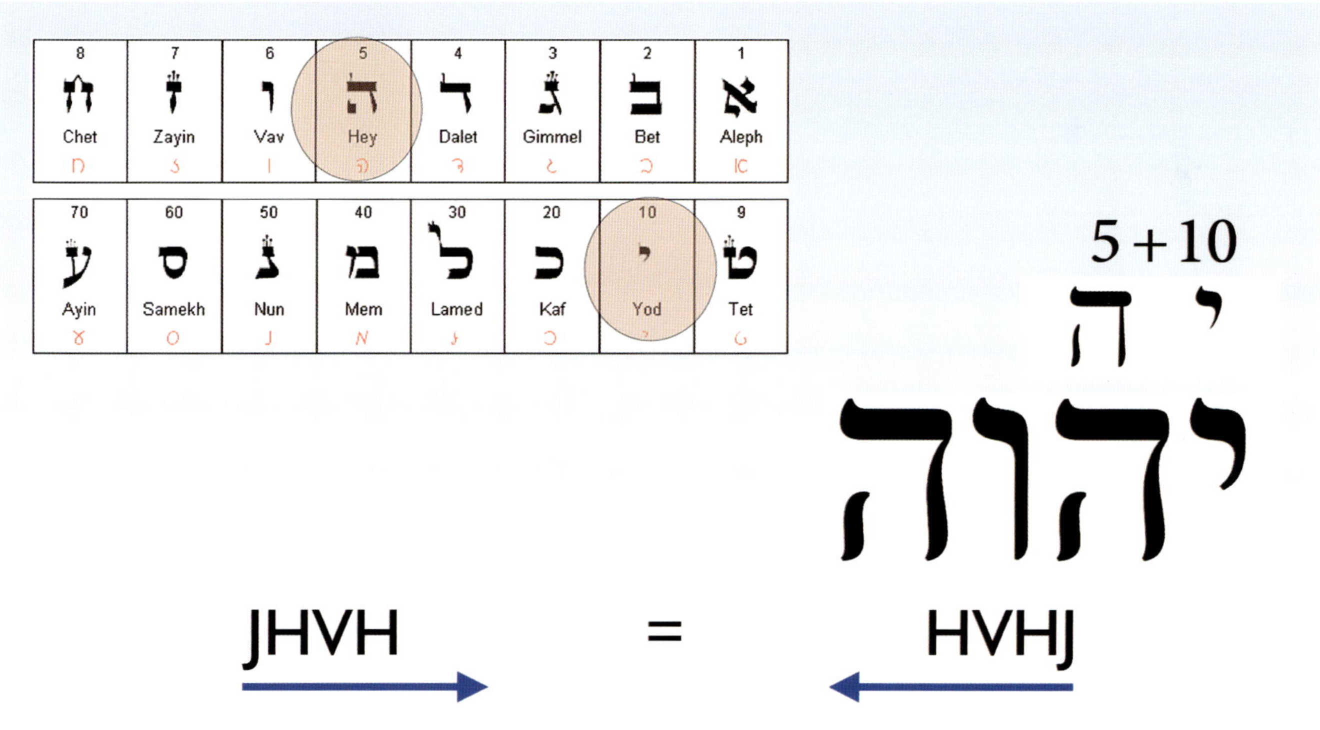

Als Konsequenz – um die Aussprache des Namen Gottes zu umgehen – schrieb man in jüdischen Texten dann eben eine ganz profane Fünfzehn, nicht JH (10 + 5), sondern ThV, das ist dann 9 + 6 in Zahlwerten. Trotz oder gerade wegen dieser Verhüllung ist der besondere Status der 15 als Gottes-Chiffre offenbar[316], in Mozarts musikalischer Kabbalistik erhält ein aus 15 Bläsern gebildeter Akkord eine ganz besondere Bedeutung!

Und durch diese Überlegung ist auch Sarastro mit seiner »unmöglichen« Arientonart rehabilitiert – seine Hallenarie ist die Nr. 15 in der laufenden Nummernreihenfolge der *Zauberflöte*.

Die Bedeutung der 15 war jüdisch-mystisches Allgemeingut. Wir können als gesichert annehmen, dass dies im kulturell gebildeten jüdisch-christlichen Milieu bekannt war – zumal Mozart in seiner Wiener Zeit regen Logenkontakt mit Brüdern hatte, die eine große Vortragstätigkeit auf dem Gebiet Esoterik und exotische Mystik entfalteten[317].

Vielleicht haben Sie Lust bekommen, bei unserem Glasperlenspiel, auf unserer spielerischen Reise in die wunderbare Welt der *Zauberflöte* noch etwas weiter in die Tiefe zu gehen?

Die Kernaussage der *Zauberflöte* ist eben nicht die Weihe eines freimaurerischen Männerbundes, sondern greift viel weiter: Es ist eine musikalisch-szenische Verherrlichung einer geheiligten Verbindung zwischen Männlichem und Weiblichem, und zwischen Irdischem und Transzendentem, Menschlichem und Göttlichem.

Die erstaunliche Tragweite des symbolhaft klingenden, musikalischen Pentagramms, das Mozart in den fünf Eingangsakkorden der Ouverture der Oper voranstellt, zeigt sich auch daran, dass in diesem die Proportionen des Goldenen Schnitts wesentlich enthalten sind.

Der Goldene Schnitt? Zu erklären braucht's viele Worte – zu erkennen ist er rasch: Das Verhältnis des Ganzen zum längeren Teil ist gleich der Proportion des längeren zum kürzeren. Ein wichtiges Konstruktionsprinzip in der gesamten bildenden Kunst. So gearbeitet sind z. B. die Gestaltung der Akropolis in Athen, die oben erwähnte Proportionsstudie Leonardo da Vincis nach Vitruv, sein »Abendmahl« und Albrecht Dürers berühmtes Selbstbildnis.

Dieser Goldene Schnitt ist – wie der aktuelle Stand der Wissenschaft zeigt – aber durchaus nicht nur eine weltferne, abgedrehte Leidenschaft von Renaissancekünstlern. In ihm manifestiert sich vielmehr nichts weniger als eines der wichtigsten Bauprinzipien der Schöpfung, wie wir heute u. a. aus Untersuchungen im Molekularbereich wissen.[318]

Diese faszinierende, ästhetisch äußerst ansprechende Proportion findet sich sowohl im Makrokosmos – zum Beispiel in Bahnresonanzen von Himmelskörpern – wie im Mikrokosmos bei Kristallstrukturen[319].

Insbesondere entsprechen z. B. nicht nur die Anordnung der Blütenstände von Sonnenblumen und der Schalenaufbau von Nautilus und Weinbergschnecke genau den Proportionen des Goldenen Schnitts. Auch die unterschiedlichen Abstände zwischen den Strängen der Doppelhelix der DNA – unseres Erbgutes – folgen exakt demselben Prinzip.[320]

Von diesen Untersuchungen mit dem Rasterelektronenmikroskop wussten Mozart und Schikaneder noch nichts. Natürlich nicht! Dass sie gleichwohl in ihrer Partitur intuitiv eine Balance zwischen realer Welt und Idealen, zwischen Natur und Prinzipien gesucht und angestrebt haben, ist offenkundig.

Frank Lloyd Wright: »Sobald ein Kunstwerk organischen Charakter hat, ist es ewig, so wie Sonne, Mond und Sterne, große Bäume, Blumen und Gras bestehen bleiben, wo immer sich auch der Mensch befindet.«[321]

Und vielleicht haben sie als Künstler etwas vorweggeahnt, für das andere Wissensbereiche eben ein bisschen länger gebraucht haben. Einer der ersten Wissenschaftler, die sich für die Beschäftigung mit Kunst zum ganzheitlichen Verstehen der Welt einsetzten, war der Philosoph und Logiker Ludwig Wittgenstein:

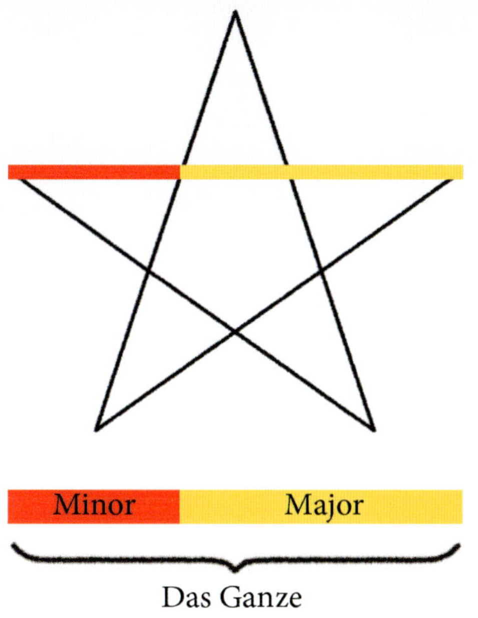

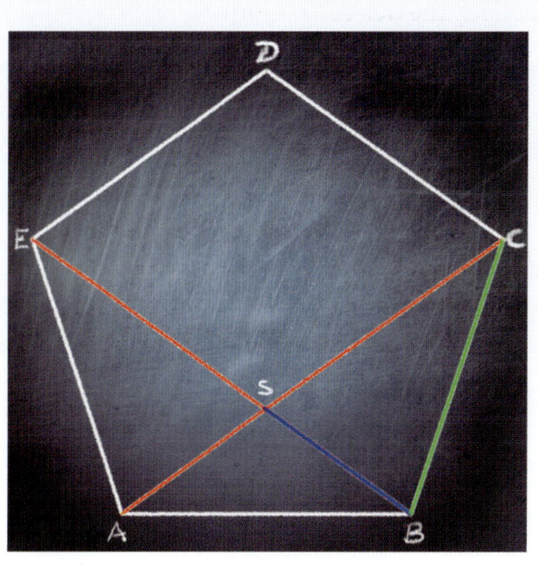

Pentagramm. Die Außenseiten schneiden sich im Goldenen Schnitt.
Fünfeck. Die Diagonalen ohne gemeinsamen Endpunkt teilen einander im Goldenen Schnitt (rot/blau). Die Länge einer Diagonale verhält sich zur Seitenlänge ebenfalls in der Proportion des Goldenen Schnittes (rot/grün).

»Die Menschen heute glauben, die Wissenschaftler seien da, sie zu belehren, die Dichter und Musiker etc., sie zu erfreuen. Daß diese sie etwas zu lehren haben, kommt ihnen nicht in den Sinn.«[322]

Und an anderer Stelle: »Sie [die Musik] ist in gewissem Sinne die raffinierteste aller Künste.«[323]

Raffinierterweise schafft es Mozart gleich zu Beginn der Ouverture, die Zahlensymbole der Eins, der Drei und der Fünf *gleichzeitig* erklingen zu lassen. Und das ohne jede Anstrengung.

Genauso mühelos verbindet seine letzte Oper als Ganzes höchste Eingängigkeit und leichteste Fasslichkeit, spielerisch-Assoziatives und streng Konstruiertes, mit staunenswertem, kunstfertigem Detailreichtum und symbolhafter Aufgeladenheit – perfekt symbolisiert im Schwarz-Weiß des musivischen Pflasters.

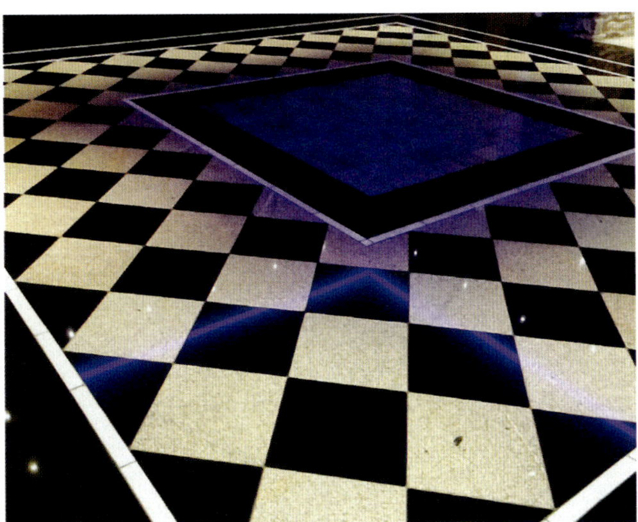

In der Darstellung von Gleichwertigkeit, Gleichberechtigung und Verbindung des männlichen *und* des weiblichen Prinzips geht die *Zauberflöte* nicht nur über den damaligen gesellschaftlichen Konsens weit hinaus. Sie schafft auch ein zeitloses Spiel, das bis heute in seinem Ansporn für unser tägliches Leben nichts von seiner Frische verloren hat.

Dass dabei in manchen Dingen mehr neue Fragen herauskommen, als alte beantwortet werden, sollten wir weder Mozart noch Schikaneder noch ihrem Werk ankreiden.

Es ist ein bisschen wie in Brechts »Gutem Menschen von Sezuan«: *»Das Stück ist aus, wir seh'n betroffen/ Den Vorhang zu und alle Fragen offen!«*

Aber dies ist ja das Wirkmächtige an guter Kunst: Sie hat die Kraft, in unseren Alltag hineinzuwirken – noch lange, nachdem der Roman ausgelesen, der Altar angeschaut, die Musik verklungen ist.

Um jedes Missverständnis zu vermeiden: Mozart war weder ein musikalischer Nostradamus, noch sollte man ihn zu einem monströsen Supercomputer für Tonkombinationen degradieren.

Der Zauber dieser Partitur liegt unter anderem auch in dem Geheimnis, was von den Autoren unbewusst, intuitiv, ganzheitlich-spielerisch erfasst worden ist – und wie viel von den Bezügen, Symbolen und Querverbindungen in die Partitur bewusst eingestreut wurde.

Lässt sich das beweisen?

Nun – *beweisen* lässt sich dies alles nicht. Es entzieht sich jeder akademischen Beweisbarkeit. Viele von unseren Schlussfolgerungen nach dem *Warum* hinter der Musik sind vom streng wissenschaftlichen Standpunkt her spekulativer Natur.

»Mastery is no mystery. Simple principles of Nature apply with peculiar emphasis and force to all the master does: [...] But what gives consequence to mastery is a mystery. It is Imagination.«[324] (Frank Lloyd Wright)

Nachweisbar ist allerdings glasklar, *was* in der Partitur steht. Und *dass* es in der Partitur steht. Dies nun macht für den Musiker die Frage nach dem *Warum* zweitrangig – das, was zweifelsohne als Partitur dasteht, ist beeindruckend genug.

Denn ohne Johann Joseph Schikaneder, genannt Emanuel, und Johannes Chrysostomus Mozart, genannt Amadé, gäbe es dieses einzigartige Opus mit all seinen wunderlichen Details nicht! Und – ob die Autoren ihre *Zauberflöte* in allen diesen Verästelungen *bewusst* geschaffen haben, oder ob sich manches, unbewusst von den Autoren, so gefügt hat – wen kümmert's? Beide zusammen *haben* das Werk geschaffen, und durch sie ist es, so wie es ist, in der Welt.

Der Autor Joachim-Ernst Behrendt hat mit seinen Büchern »Nada Brahma – die Welt ist Klang«[325] und »Das Dritte Ohr – vom Hören der Welt«[326] einer breiteren Öffentlichkeit aufgezeigt, wie stark Schwingungen, Klang und Musik den Kosmos durchpulsen und beeinflussen. Es gab sie also doch – die antike »Sphärenharmonie«, seit der Herausbildung der exakten Wissenschaften belächelt und als überholt angesehen.

Behrendt zog damit aber nur eine Schlussfolgerung aus Entdeckungen wie der Brown'schen Molekularbewegung, die bewiesen, dass zur Existenz jedes Lebens die Bewegung im Mikrokosmos zwingend dazugehört – und dass diese Frequenzen gleich Schwingungen nichts anderes als quasi musikalische Lautäußerungen sind.

In etwa demselben Zeitraum wie Behrendts Bücher kommt die Stringtheorie in der theoretischen Physik auf, »welche die elementarsten Quantenteilchen [...] als winzige Fädchen (›Strings‹) betrachtet, die in verschiedensten Frequenzen schwingen.«[327]

Interessanterweise! Von ganz anderem Ausgangspunkt her formuliert sie verwandte Gedanken – das Schwingungsverhalten von Saiten als wesentliches Erklärungsmodell im Universum. Damit verpasst sie der Vorstellung von einer Sphärenharmonie ungewollt eine Renaissance.

Alles im Kosmos ist also – Musik! Das Wort »kósmos« bedeutet im Griechischen schönsterweise gleichzeitig »Ordnung« wie auch – »Schmuck«[328] ... Wenn alles im Kosmos Schwingung ist, dann ist die Musik gewissermaßen selber eine »Überschrift«, ein »Motto« für alles, was es gibt:

»Überall ist die Fünf als quinta essentia verborgen und enthalten – erstaunlich ihre Omnipräsenz. Das Mysterium der Fünf ist das Mysterium der Liebe – einer Liebe, die den Bogen spannt von erotischer ›Anregung‹ und ›Verführung‹ [...] bis hin zur mystischen All-Liebe. Denn die Fünf (griechisch penta) ist auch auf das All (griechisch panta) – auf Alles – bezogen. [...] Ihr Weg – ihr tao – führt vom Allein-Sein zum All-eins-Sein in der Liebe.«[329] (Joachim-Ernst Behrendt)

Mozart hätte sich bestimmt nicht träumen lassen, dass einmal seine »Überschrift«, sein Motto in Tönen zu seiner letzten Oper, in einer solchen Tragweite geschaut wird.

Und dies ist nun sicherlich eine sehr spekulative Schlussfolgerung.

Wir dürfen aber als gewiss nehmen, dass er mit dem Ouverturenbeginn der *Zauberflöte* ein Zeichen – ein Ausrufezeichen – an den Opernanfang gestellt hat. Allzu offensichtlich ist der Signalcharakter im Partiturbeginn dieser Ouverture.

Er wollte mit etwas ganz Besonderem beginnen, das begreifen wir auch noch nach mehr als zweihundert Jahren.

Vielleicht ist sogar mehr aus dieser *Zauberflöte* geworden, als sich ihre Schöpfer selbst vorstellen konnten.

In jedem Fall ist dieser bunte, nachdenkliche, überbordend-fantastische Opern-Mix ein Abbild einer idealen Welt geworden: unendlich – planvoll – verwirrend – wunderbar.

Es liegt an Ihnen, ob Sie all dies, was wir gefunden, gestreift und entdeckt haben, in der *Zauberflöte* sehen wollen.

Erinnern Sie sich an Schiller? »*Wohl, wenn in's Eis des klügelnden Verstandes/das warme Blut ein wenig munt'rer springt.*«

Genießen – ist gut.

Verstehen – ist auch gut.

Besser ist es aber nicht ...

Verstehen *und* Genießen ist besser – viel besser.

Genießen wir also die *Zauberflöte* – unsere unbekannte Bekannte.

Es liegt an uns, diese letzte Oper Mozarts als Inspiration für unsere eigenen Ideale, für unsere eigene Welt zu begreifen.

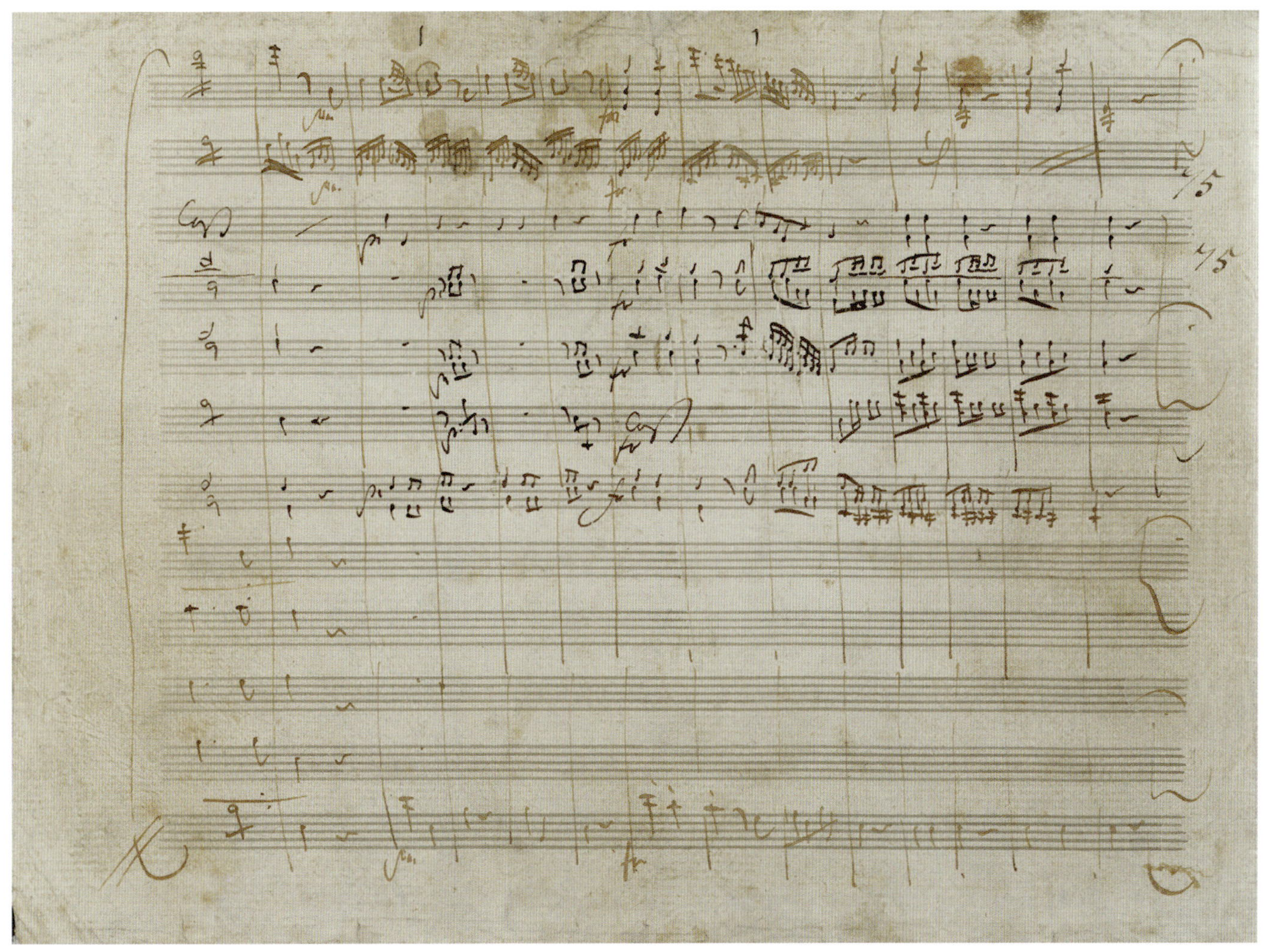

Literaturverzeichnis

Aufgeführt ist nur im Text behandelte Literatur

Abert, Hermann: W. A. Mozart. Neubearbeitete und erweiterte Ausgabe von Otto Jahns Mozart. Leipzig [6]1923

Assmann, Jan: Die Zauberflöte. Oper und Mysterium**.** München, Wien 2005

Behrendt, Joachim-Ernst: Nada Brahma. Die Welt ist Klang. Frankfurt 1983

Behrendt, Joachim-Ernst: Das Dritte Ohr. Vom Hören der Welt. Hamburg 1985

Berlioz, Hector: Lebenserinnerungen. Ins Deutsche übertragen und herausgegeben von Dr. Hans Scholz. München 1914, Nachdruck Bremen 2011

Bindel, Ernst: Die geistigen Grundlagen der Zahlen. Stuttgart [2]2003

Bock, Alfred: Deutsche Dichter in ihren Beziehungen zur Musik. 1900 o. O., Nachdruck Salzwasser Paderborn 2015

Busoni, Ferruccio: Entwurf zu einer neuen Ästhetik der Tonkunst. 2., erweiterte Ausgabe, Insel Leipzig o. J. [1916]

Busoni, Ferruccio: Entwurf eines Vorwortes zur Partitur des »Doktor Faust«. Berlin 1921

The Cambridge Mozart Encyclopedia. Hrsg. v. Cliff Eisen, Simon P. Keefe. Cambridge 2006

Chailley, Jacques: La Flute enchantée. Opéra maçonnique. Paris 1968, Reprint Editions d'aujour d'hui Paris 1975

Clément, Catherine: Opera or the Undoing of Women. Minneapolis 1988. Französisch L'opéra ou la defaite des femmes. Editions Grasset & Fasquelle 1979

Csampai, Attila (Hrsg.): Die Zauberflöte. Texte, Materialien, Kommentare. Reinbek bei Hamburg 1993

Debussy, Claude: Monsieur Croche, Sämtliche Schriften und Interviews. Stuttgart 1974

Deppisch, Walter: Richard Strauss. Reinbek bei Hamburg, 1968

Donington, Robert: Opera and its Symbols. New Haven & London 1990

Eckermann, Johann Peter: Gespräche mit Goethe. Hrsg v. Fritz Bergemann. [Frankfurt/M.] 1981

Einstein, Alfred: Mozart. Sein Charakter, sein Werk. Frankfurt am Main 1978

Ernst, Eva Maria: Zwischen Lustigmacher und Spielmacher. Dissertation Köln 2002, Münster, Hamburg, London 2003

Giacomo Fornari: Die Zauberflöte aus freimaurerisch-musikalischer Perspektive. In: Helmut Reinalter (Hrsg): Mozart und die geheimen Gesellschaften seiner Zeit. Studienverlag Innsbruck, Wien, Bozen 2006

Fromm, Erich: Haben oder Sein. Stuttgart 1976

Geier, Andrea/Kocher, Ursula (Hrsg): Wider die Frau. Zur Geschichte und Funktion misogyner Rede. Köln u.a. 2008

Gerder, Ernst Ludwig: Neues historisch-biographisches Lexikon der Tonkünstler, Vierter Teil. Hrsg. von Wessely, Othmar. Graz 1966

von Goethe, Johann Wolfgang: Sämtliche Werke. Band 18: Ästhetische Schriften I (1771-1805). Frankfurt am Main 1998

Gossett, Philip: Gioacchino Rossini. In: Ders. u.a.: Meister der Italienischen Oper. Stuttgart u.a. 1993

Gotteslob. Katholisches Gebet- und Gesangbuch. Katholisches Bibelwerk Stuttgart 2013

The New GROVE Dictionary of Music and Musicians. In 20 Volumes. Hrsg. von Sadie, Stanley. London 1980, Reprint 1993

Grund- und Aufbauwortschatz Griechisch. Bearbeitet von Meyer, Thomas und Steinthal, Hermann. Stuttgart [4]1981

Gülke, Peter: Triumph der Tonkunst. Kassel 1998

Hampe, Michael: Alles Theater. Reden und Aufsätze. Köln 2000

Hampe, Michael: Oper – Spiel ohne Regel. In: Don Juan Archiv Wien, Vorträge zum Theater 1, Wien 2013

Hampe, Michael: Opernschule für Liebhaber, Macher und Verächter des Musiktheaters. Wien 2015

Han, Byung-Chul: Duft der Zeit. Ein philosophischer Essay zur Kunst des Verweilens. transcript Verlag, Bielefeld 2014

Hartmann, Tina: Goethes Musiktheater, Singspiele, Opern, Festspiele, »Faust«. In: Hermaea. Germanistische Forschungen Bd. 105. Hrsg. von Heinzle, Joachim und Müller, Klaus Detlev, Bd 105. Tübingen 2004

Hemenway, Priya: Der geheime Code. Köln 2008

Henscheid, Eckhard: Kulturgeschichte der Missverständnisse. Studien zum Geistesleben. Stuttgart 1997

Hermand, Jost (Hrsg.): Das junge Deutschland, Texte und Dokumente. Stuttgart 1966

Hübler, Arved: Kritik als Königliche Kunst. Neun Texte. Verlag für Wissenschaft und Forschung Berlin [3]2004

Irmen, Franz-Josef: Mozart – Mitglied geheimer Gesellschaften. Zürich 1991

Istel, Edgar: Die Freimaurerei in Mozarts Zauberflöte. Berlin 1928

Jacobi, Jolande: Die Psychologie von C.G. Jung. Frankfurt am Main 1978

Jung, Carl Gustav: Der Mensch und seine Symbole. Olten und Freiburg im Breisgau 1968

Kant, Immanuel: Was ist Aufklärung? Ausgewählte kleinere Schriften. Hrsg. v. Brandt, Horst D. Hamburg 1999

Kesting, Hanjo: Der Musick gehorsame Tochter – Mozart und seine Librettisten. Göttingen 2005

Köhle-Hezinger, Christel/Scharfe, Martin/Brednich, Rolf Wilhelm (Hrsg.): Männlich. Weiblich. Zur Bedeutung der Kategorie Geschlecht in der Kultur. Münster/New York, München/Berlin 1999

Kommentarband zur Faksimile-Ausgabe der Zauberflöte. Hrsg. von Berke, Dietrich. Kassel 2009

Komorzynski, Egon: Emanuel Schikaneder. Der Vater der Zauberflöte. Wien 1990

Krzeszowiak, Tadeusz: Freihaustheater in Wien 1787 – 1801. Wien 2009

Kreutzer, Hans Joachim: Die Krönung von Schönheit und Weisheit – Die Zauberflöte. In: Kommentarband zur Faksimile-Ausgabe der Zauberflöte. Siehe ebda.

Kübler, Sabine: Rosenfreunde. Im dornigen Dickicht von Natur, Dilettantismus und Geschlecht. In: Köhle-Hezinger, Scharfe, Brednich (Hrsg.): Männlich. Weiblich. Siehe ebda.

Küng, Hans: Der Anfang aller Dinge. Naturwissenschaft und Religion. München 2005

Langenscheidt Taschenwörterbuch Hebräisch-Deutsch. Berlin 1912, [12]1959

Livio, Mario: Ist Gott ein Mathematiker? München 2014

Mann, William: The Operas of Mozart. London 1977

Meinhold, Günter: Zauberflöte und Zauberflötenrezeption. Studien zu Emanuel Schikaneders Libretto und seiner literarischen Rezeption, Hamburger Beiträge zur Germanistik 34, Frankfurt, New York 2001

Menge, Hermann: Enzyklopädisches Wörterbuch der griechischen und deutschen Sprache. Erster Teil: Griechisch – Deutsch, Berlin-Schöneberg, [19]1955

Meumann, Markus: Zur Rezeption antiker Mysterien im Geheimbund der Illuminaten: Ignaz von Born, Karl Leonhard Reinhold und die Wiener Freimaurerloge »Zur wahren Eintracht«. In: Neugebauer-Wölk, Monika u.a. (Hrsg): Aufklärung und Esoterik. Hamburg 1999 (Studien zum 18. Jahrhundert 24)

Metzger, Heinz-Klaus; Riehn, Rainer (Hrsg.): Musik-Konzepte, Heft 3: »Ist die Zauberflöte ein Machwerk?« München [2]1985

MGG – Die Musik in Geschichte und Gegenwart. Personenteil in 17 Bd. Hrsg. v. Finscher, Ludwig. Stuttgart [2]2005

Mittenzwey, Ingrid: Zwischen Gestern und Morgen. Wiens frühe Bourgeoisie an der Wende vom 18. zum 19. Jahrhundert. Wien 1998

Mozart, Wolfgang Amadé: Verzeichnis aller meiner Werke. Hrsg. v. Müller von Asow, E. H. Wien 1943

Novalis (=von Hardenberg, Georg Ph. Friedrich): Schriften. Band 1. Hrsg. v. Tieck, Ludwig und Schlegel, Friedrich. Berlin [5]1837

Ott, Karin und Eugen: Handbuch der Verzierungskunst in der Musik, Bd 4: Die Vokalmusik im 19. Jahrhundert. München 1999

Petracca, Vincenzo: Zahlenmystik und Gematrie. In: Neues Testament und Antike Kultur. Bd 3: Weltauffassung, Kult, Ethos. Hrsg. v. Erlemann, Kurt/Noethlichs, Karl Leo/Scherberich, Klaus/Zangenberg, Jürgen. Neukirchen-Vluyn 2005

Prokop, Clemens: Mozart der Spieler. Kassel u.a. 2005

Reinalter, Helmut (Hrsg): Mozart und die geheimen Gesellschaften seiner Zeit. Studienverlag Innsbruck, Wien, Bozen 2006

Riehn, Rainer: Die Zauberflöte oder Mozart, der dialektische Komponist. In: Die Zauberflöte. Hrsg v. Csampai, Attila. Siehe ebda.

Rosen, Charles: The Classical Style. New York 1972

Schiedermair, Ludwig: Die Briefe W. A. Mozarts und seiner Familie. 5 Bände. München/ Leipzig 1914

Schindler, Anton: Ludwig van Beethoven. Dresden [4]1988

Snoek, Jan A. M.: Einführung in die Westliche Esoterik, für Freimaurer. Zürich 2011

Snoek, Jan A. M.: Initiating Women in Freemasonry. Brill, Leiden, Boston 2012

Speller, Jules: Mozarts Zauberflöte, eine kritische Auseinandersetzung um ihre Deutung. Oldenburg 1998

Strawinsky, Igor: Musikalische Poetik 3. In: Schriften und Gespräche I. Darmstadt 1983

Wagner, Guy: Bruder Mozart. Wien 2006

Werkstatistik des Deutschen Bühnenvereins 2011/12 »Wer spielte was?«, zit. nach: http://www.buehnenverein.de/de/presse/pressemeldungen.html?det=359

Wittgenstein, Ludwig: Vermischte Bemerkungen. Hrsg. v. von Wright, Georg Henrik. Frankfurt am Main 1977

Wolff, Christoph: Musikwissenschaftliche Einführung. In: Kommentarband zur Faksimile-Ausgabe der Zauberflöte. Siehe ebda.

Wright, Frank Lloyd: An Autobiography. San Francisco 2005

Glossar

Allusion: latein. »ad« – zu, »ludere« – spielen. Anspielung, Andeutung, Vergleich mit einem analogen Fall

Alter ego: latein. »anderes Ich«. Starke Identifikationsfigur, auch zwei Seiten einer Medaille

Archetyp: griech. ἀρχή »archë« – Anfang, Urgrund, τύπος »typos« – Schlag, Modell, Darstellung. In der analytischen Psychologie C. G. Jungs u. a. aus Träumen, Märchen und Symbolen erschlossene Urformen, Konstellationen oder Grundmuster instinkthaften Verhaltens. Existieren unabhängig vom einzelnen Menschen, entstehen vermutlich aus der Interaktion von Gehirnstruktur und kulturellen Umweltreizen

Aria di bravura: ital. »Bravourarie«, gespickt mit technisch anspruchsvollen Passagen

Cabaletta: ital. bravouröser Schlussteil einer Arie, meist mit raschem, virtuosem Ende

Cavatina: ital. ruhiges, lyrisches Gesangsstück; weniger dramatisch als die Aria

Chiffre: arab. رفصلا »as-sifr« – leer, nichts, Null. Ab dem Mittelalter im Sinne von Zahlzeichen/«Ziffer«, später in der Bedeutung von Geheimzeichen. So auch im Rahmen einer anonymen Kommunikation, z.B. in Zeitungsanzeigen

Chtonisch: griech. χθῶν »chtõn« – Erde. Allgemein mit dem mütterlichen, weil lebensspendenden Prinzip assoziiert (»Mutter Erde«)

Duettino: ital. »kleines Duett«, Musikstückchen für zwei Stimmen

Eklektisch: zu griech. ἐκλεκτός »eklektós« – auswählend (heute abwertend: nur unschöpferisch, nicht neu erfunden)

Esoterik: griech. ἐσωτερικός »esoterikós« – dem inneren Bereich zugehörig, nur Eingeweihten zugänglich

Extemporieren: zu latein. »ex tempore« – »aus der Zeit«, nämlich »live«. Hier: das spontane Einarbeiten von aktuellen Tagesneuigkeiten in eine Theateraufführung

Faksimile: zu latein. »fac símile« – mach's gleich. Reproduktion nach dem Original

Fibonacci-Zahlen: seit der Antike bekannte Zahlenreihe, die aus der zweimaligen 1, und dann immer der Summe der beiden vorangegangenen Zahlen besteht: 1, 1, 2, 3, 5, 8, 13, 21, 34, 55, 89 … – Der Quotient zweier aufeinanderfolgender Fibonacci-Zahlen nähert sich dem Verhältnis des Goldenen Schnittes an

Gematrie: zu hebr. הירטמיג »gematr-ja«, griech. γεωμετρία »geometria« – Numerologie, Lehre von der mystischen Buchstabenauslegung. Der verborgene Sinn von Worten und Zahlen durch Umwandlungen der einen in die anderen. Im Hebräischen und Griechischen waren die Buchstaben gleichzeitig Zahlzeichen, gleiche Buchstaben und Zahlwerte haben gleiche spirituelle Natur

Goldener Schnitt: latein. sectio aurea, auch proportio divina (göttliche Proportion) – ein ideales Prinzip ästhetischer Anordnung, das bereits im Altertum beobachtet wurde. Das Ganze zum größeren Teil verhält sich wie der größere Teil zum kleineren. Hat seit der Renaissance große Auswirkungen auf bildende Kunst, Ästhetik, Architektur und verwandte Theorien. Der Goldene Schnitt lässt sich nicht als Verhältnis zweier ganzer Zahlen darstellen – was wesentlich zu dessen Reiz und seiner Verwendung in Kunst und Architektur beiträgt

Hermetisch: luftdicht verschlossen – nach Hermes, dem Urvater der Alchemie

Improvisieren: zu italien. »improvviso« – unerwartet. Etwas ohne Vorbereitung, aus dem Augenblick heraus darstellen. Erfordert ein Höchstmaß an Kreativität

Jambus: griech. ἴαμβος »iámbos« – Abfolge einer kurzen und einer langen Silbe. Gegensatz der Trochäus

Katechismus: zu griech. κατηχεῖν »kat-ëchein« – von oben herabtönen, unterrichten – Lehr- und Unterweisungsbuch

Misogynie: Frauenhass. Zu griech. μισεῖν »misein« – hassen, γυνή »gynä« – Frau. Griech. μισόγυνος »misógynos« – »Frauenfeind«

Mysterium: zu griech. μυστήριον »mystërion« – Geheimnis. Es entzieht sich sich eindeutiger Sagbarkeit und Erklärbarkeit

Obskur: zu latein. »obscuritas« – Dunkelheit. Dt: verdächtig, von zweifelhafter Herkunft

Okkult: zu latein. »occultus« – verborgen, verdeckt

Ouroboros: griech. Οὐροβόρος »Ourobóros« – wörtl. »Schwanzverzehrer«. Die endlose, sich selbst in den Schwanz beißende Schlange. Zu griech. οὐρά »ourá« – Schwanz und βόρος »bóros« – verzehrend. Symbol für einen sich wiederholenden Handlungsablauf, für ewige Wiederkunft

Postum: zu latein. »póstumus« – letzter (als Superlativ zu posterus). Die Herleitung von latein. »post humum« – »nachdem man unter der Erde liegt« ist frühmittelalterlich

Prima donna, primo uomo: ital. »Erste Dame«, »Erster Herr« unter den Ensemblemitgliedern

Profaner: zu latein. »pro fano« – vor dem Heiligtum stehend = Nicht Eingeweihter. Heute würde man sagen »Normalo«

Protagonistin: Hauptdarstellerin. Zu griech. πρῶτος »prõtos« – der erste, ἀγονιστης »agonistés« – Darsteller

Quintessenz: zu latein. »quinta essentia« – »fünftes Seiendes« – im übertragenen Sinne das Wichtigste (das nämlich die irdischen vier Elemente übersteigt)

Rezitativ: zu ital. Recitativo – freier zu gestaltender sprachähnlicher Abschnitt, in Tempo und Rhythmus der dramatischen Deklamation folgend

Sephira תוֹרִיפְס, Plural Sephirot הָרִיפְס: hebr. Ziffer. In der Kabbala eine der zehn göttlichen Erscheinungsformen im Lebensbaum, der in sich alle Erscheinungsformen irdischer und göttlicher Welt vereint.

Sistrum: antikes lärmendes Rasselinstrument. Typisches Attribut der Isis

Symbol: zu griech. σύμβολον »symbolon« – das Zusammengeworfene, nämlich ein Zeichen und seine Bedeutung

Synästhetisch: zu griech. συναισθάνομαι »synaisthánomai« – zusammen wahrnehmen. Kopplung mehrerer Wahrnehmungsbereiche

Transzendent: von latein. »trans« – über, »cendens« – schreitend = grenzüberschreitend. Außerhalb der Sinneswahrnehmung oder Erfahrung liegend

Travestie: zu französ. travesti – verkleidet. In der Literatur eine Form der Parodie, bei dem der Stoff beibehalten, der Stil aber verändert wird

Traversflöte: zu ital. »flauto traverso«. Querflöte in der heutigen Form, im Gegensatz zur Blockflöte in Längsform

Trochäus: zu griech. τροχαῖος »trocháios« – laufend. Abfolge einer langen und einer kurzen Silbe. Gegensatz der Jambus

Unio mystica: latein. »mystische Vereinigung«

Usurpieren: zu latein. »usurpáre« – widerrechtlich Besitz ergreifen

Anmerkungen

Angaben von Musiknummern ohne weiteren Titel beziehen sich immer auf die Zauberflöte: NMA II/5/19 (Neue Mozart-Ausgabe Serie II: Bühnenwerke, Werkgruppe 5, Band 19): »Die Zauberflöte«, hrsg. von Gruber, Gernot und Orel, Alfred, Kassel ed alt. 1970

1. Werkstatistik des Deutschen Bühnenvereins 2013/14, zit. nach: Oper und Tanz, 1/2016, S. 5. Auch: Werkstatistik des Deutschen Bühnenvereins 2011/12, Pressemeldung vom 15. 08. 2013. Zit. nach: http://www.buehnenverein.de/de/presse/pressemeldungen.html?det=359 Auch: Attila Csampai: Die Zauberflöte 1993, S. 9
2. Werkstatistik des Deutschen Bühnenvereins 2011/12, Pressemeldung vom 15. 08. 2013. A.a.O.
3. Catherine Clément: Opera or the Undoing of Women, S. 71
4. zwei Beispiele: http://www.afuamvd.de/kann-man-freimaurer-und-mitglied-in-einer-partei-sein/; http://www.freimaurerinnen.de/aurora-wie-wir-arbei.html
5. http://www.freimaurer-zw.de/index.php/de/freimaurerei/leitgedanke
6. http://www.internetloge.de/arst/faq100.htm, Artikel von Reinhold Dosch, Kapitel 029
7. Arved Hübler: Kritik als Königliche Kunst, S. 23
8. Michael Hampe: Alles Theater, S. 85
9. z. B. Christoph Martin Wieland: Agathon (1766/67), Karl Philipp Moritz: Anton Reiser (ab 1785), Johann Wolfgang von Goethe: Wilhelm Meister (1795/96)
10. Giacomo Fornari: Die Zauberflöte aus freimaurerisch-musikalischer Perspektive, S. 73
11. Duett No 11, Takt 1 – 5
12. Arie No 20, Takt 9 ff.
13. exemplarisch hierfür neben dem Buch von Catherine Clèment, a.a.O., z. B. der Aufsatz von Rebecca Grotjahn in: Andrea Geier/Ursula Kocher (Hrsg): Wider die Frau. Zur Geschichte und Funktion misogyner Rede, S. 37 ff. und Edgar Istel: Die Freimaurerei in Mozarts Zauberflöte, S. 15
14. Vorspiel 9 Takte, erste Gesangsphrase 4 + 1 + 6 Takte, nach dem Orchesterzwischenspiel 4 + 3 + 3 Takte, nach der 8-taktigen Schlussphrase 9 Takte Nachspiel
15. vgl. z. B. www.musicofvienna.com/de/glossar-p.htm
16. Nur eine von mehreren auffälligen Parallelen zwischen Wielands Oberon und Schikaneder/Mozarts Zauberflöte ist die Tatsache, dass die Paare in beiden Werken sowohl Feuer- als auch Wasserprobe bestehen müssen. Oberon, Siebter Gesang, Kapitel 22, Strophe 102: »Und wenn dieß edle Paar schuldloser reiner Seelen/Um Liebe alles gab, und unter jedem Hieb/Des strengesten Geschicks, auch wenn bis an die Kehlen/Das Wasser steigt, getreu der ersten Liebe blieb,/Entschlossen, eh' den Tod in Flammen zu erwählen,/Als ungetreu zu seyn selbst einem Thron zu Lieb' …« Zit. nach http://gutenberg.spiegel.de/buch/oberon-4631/22

17. Interview in: Die ZEIT Ausgabe 39/2013. Zit. nach: www.zeit.de/2013/39/roman-ian-mcewan-honig
18. Egon Komorzynski: Emanuel Schikaneder. Der Vater der Zauberflöte, S. 19
19. Wolfgang Rehm: Mozarts letzte da-Ponte-Oper Così fan tutte; im Booklet zu den CDs der Complete Mozart Edition, Così fan tutte, Philips Classics Production 1991, S. 42
20. http://www.operinwien.at/forum/dgprojekt/dg1788.htm
21. http://www.theater-wien.at/index.php/de/spielplan/production/14128/content
22. Hermann Abert: W. A. Mozart, S. 755
23. zwischen dem 17. September 1780 und dem 27. Februar 1781. Tadeusz Krzeszowiak: Das Freihaustheater in Wien, S. 98
24. Christoph Wolff, Musikwissenschaftliche Einführung, S. 64
25. Goethe, Faust, Vorspiel auf dem Theater Vers 45
26. Jost Hermand (Hrsg.): Das junge Deutschland, S. 21
27. Brief Leopold Mozarts an Wolfgang v. 11. Dezember 1780. In: Salzburg, Internationale Stiftung Mozarteum, Bibliotheca Mozartiana, Bauer/Deutsch Nr. 558. Zit. nach: http://dme.mozarteum.at/DME/briefe/letter.php?mid=1124&cat=
(NB: Die zu dieser Briefstelle gehörende Jahresangabe »1790« in Hanjo Kesting: Der Musick gehorsame Tochter – Mozart und seine Librettisten, Göttingen 2005, S. 22, ist eindeutig falsch.)
28. Brief Wolfgangs an Leopold Mozart vom 16. Dezember 1780. In: Salzburg, Internationale Stiftung Mozarteum, a.a.O., Bauer/Deutsch Nr. 563. Zit. nach: http://dme.mozarteum.at/DME/briefe/letter.php?mid=1129&cat=
29. vgl hierzu Heinz-Klaus Metzger und Rainer Riehn (Hrsg.): Ist die Zauberflöte ein Machwerk? S. 69.
30. Goethe, Faust, Vers 89 -100
31. vgl. hierzu www.ligo.de/prosa/dramaalt/staendeklauselundfallhoeheALT.html
32. Claude Debussy, Eindrücke vom »Ring des Nibelungen« in London, in: Ders.: Monsieur Croche, S. 185
33. Friedrich von Schiller: Die Schaubühne als moralische Anstalt, *1784*
34. »Wir sprachen vorher der Oper eine Art Wahrheit ab; (…) können wir ihr aber eine innere Wahrheit, die aus der Konsequenz eines Kunstwerks entspringt, ableugnen? - Wenn die Oper gut ist, macht sie freilich eine kleine Welt für sich aus, in der alles nach gewissen Gesetzen vorgeht, die nach ihren eignen Gesetzen beurteilt, nach ihren eignen Eigenschaften gefühlt sein will.« Johann Wolfgang von Goethe, Sämtliche Werke Band 18, S. 501- 507, hier: S. 504
35. Michael Hampe: Oper – Spiel ohne Regel, S. 12
36. Ferruccio Busoni, Entwurf zu einer neuen Ästhetik der Tonkunst, S. 18 f.
37. Claude Debussy, Wo steht die französische Musik? in: Ders.: Monsieur Croche, S. 279
38. Der Beiname »Jupiter« ist nicht von Mozart und kam erst rund 30 Jahre nach seinem Tod auf, mithin am Beginn der romantisierenden Verklärung des Komponisten.
39. Goethe, Gespräch mit Eckermann, 29. Januar 1827. Er spricht hier über seinen eigenen Faust II. Zit. nach http://gutenberg.spiegel.de/buch/-1912/79
40. Zit. nach Walter Deppisch: Richard Strauss, S. 84
41. Alfred Bock: Deutsche Dichter in ihren Beziehungen zur Musik, S. 257

42. Rainer Riehn: Die Zauberflöte oder Mozart, der dialektische Komponist. In: Metzger/Riehn, a.a.O., S. 52
43. »Es ging mir (…) bei den Fassungen für die Werkausgabe nicht darum, die theatergerechten, das heißt die gestrichenen Fassungen herauszugeben, sondern die literarisch gültigen. Literatur und Theater sind zwei verschiedene Welten.« Friedrich Dürrenmatt, Allgemeine Anmerkung zu der Endfassung 1980 meiner Komödien, in: Die Physiker, Werkausgabe Band 7, S. 8, Zürich 1980
44. Ferruccio Busoni, Entwurf eines Vorwortes zur Partitur des »Doktor Faust« 1921, zit. nach http://www.rodoni.ch/busoni/faustaggiunte/faust3.html
45. zit. nach: Kommentarband Faksimile-Ausgabe der Zauberflöte, S. 34
46. Alfred Einstein: Mozart, S. 436
47. Ferruccio Busoni, Entwurf eines Vorwortes zur Partitur des »Doktor Faust«, a.a.O.
48. nur zwei Beispiele: Jules Speller, Mozarts Zauberflöte, S. 113 – Günter Meinhold, Zauberflöte und Zauberflötenrezeption, S. 51 – 57
49. Transkription des Briefes von Ignaz v. Seyfried an Georg Friedrich Treitschke (dem Librettisten von Beethovens »Fidelio«), zit. nach: http://dme.mozarteum.at/DME/objs/raradocs/transcr/pdf/Doc1840c_1_mup.pdf
50. Hermann Abert: W. A. Mozart, S. 758 ff.
51. No 8, Takt 406 ff.
52. Zit. nach: http://www.spiegel.de/spiegel/print/d-13513903.html
53. No 21, Takt 278 ff.
54. No 3, Takt 3 f.
55. KV 183 (1773) und KV 500 (1788)
56. KV 516
57. man vergleiche No 4, Takt 41 ff. (bei »ihr ängstliches Beben«) in der 1. Arie der Königin mit No 17, Takt 25 f. (»so wird Ruh' im Tode sein«) in Paminas Arie
58. Charles Rosen, The Classical Style, S. 320
59. und zwar seit seiner »Entführung aus dem Serail« von 1782: Konstanzes leidenschaftliche Arie »Traurigkeit« No 10 beginnt, wie später die Auftrittsarie der Königin der Nacht, mit einem Orchester-Rezitativ in B-Dur; die daran anschließende Arie steht in g-Moll. Auch der von Leidenschaften »zerfressene« Osmin singt in seiner Auftrittsarie in derselben Oper in g-Moll: No. 2 »Wer ein Liebchen hat gefunden«
60. Finale No 21, Andante ab Takt 534 ff.
61. Eines der berühmtesten Beispiele ist die erschütternde Wirkung 8 Takte vor Schluss in J. S. Bachs c-Moll-Passacaglia BWV 582, die Ausweichung in den »Neapolitaner« Des-Dur
62. No 4, Takt 19
63. No 14, Takt 7 (»Tod und Verzweiflung«), Takt 80 (letztes »Alle Bande der Natur«) und Takt 92 (Abschluss des langen »hört der Mutter Schwur«)
64. No 17, Takt 32
65. No 21, Andante ab Takt 534 ff. (»Nun wohlan, es bleibt dabei …«)
66. No 21, Takt 539
67. Hector Berlioz, Lebenserinnerungen, S. 140
68. ebda., S. 66
69. Eckhard Henscheid, Kulturgeschichte der Missverständnisse, S. 40
70. Entführung aus dem Serail, No 6, Takt 1 ff.
71. zu deutsch »Ich weiß nicht, wo ich bin, was ich tue«, Le nozze di Figaro, No 6
72. aus Don Giovanni, No 8

73. in der Zahlensymbolik gelten gerade Zahlen als »weiblich«, ungerade Zahlen als »männlich«. Die Eins als Urgrund von Allem steht für das Göttliche und zählt dabei nicht mit. Vgl. hierzu Mario Livio: Ist Gott ein Mathematiker?, S. 286
74. »Always, I think, she is in essence that Great Mother of a thousand names.« Robert Donington, Opera and its Symbols, S. 68
75. vgl. dazu ebda., S. 67
76. No 1, Takt 24 in der Urfassung – siehe autographe Änderung Mozarts
77. vgl. Franz-Josef Irmen, Mozart – Mitglied geheimer Gesellschaften, S. 308. Er vermutet recht schlüssig hier den Anlass für die – später verzerrt kolportierte – Bruchtheorie.
78. latein. »bezahnte Vagina« – ein von Sigmund Freud geprägter Begriff. Wenn dies derart weit hergeholt wäre, gäbe es nicht sogar zwei Trash-Horror-Filme, die dieses Thema einer hungrigen Vagina behandeln: »Teeth« (2007) und »Penetration Angst« (2003)
79. der endlosen, sich selbst in den Schwanz beißenden Schlange.
80. Goethe, Faust 1, Vers 512 – 517
81. Text Arie No 4, Andante, Takt 22 -27
82. Dialog 2. Aufzug, 8. Auftritt
83. No 14, Takt 98
84. Peter Branscombe: Artikel »Benedikt Schack«. In: The New GROVE Dictionary, Bd 16, S. 583, rechte Spalte. Dieser zit. in: Artikel »Benedikt Schack«, MGG/Personenteil, Band 14, S. 1155, linke Spalte
85. siehe das Werkverzeichnis der Stanford University Libraries: http://operadata.stanford.edu/?f[composerSort_facet][]=Schack%2C+Benedikt&f[composerSort_query][]=s_composers
86. 1796, fünf Jahre nach Mozarts Tod, versuchte Schack mit der Komposition einer Oper »Die Zaubertrommel« offenbar, auf der Erfolgswelle der »Zauberflöte« weiterzureiten – allerdings ohne nennenswerten Erfolg. Ernst Ludwig Gerder: Neues historisch-biographisches Lexikon der Tonkünstler, Vierter Teil, S. 35
87. Hermann Menge: Enzyklopädisches Wörterbuch Griechisch – Deutsch, S. 434
88. Fürst Karl Alois Johann Nepomuk von Lichnowsky (1761 – 1814) war Logenbruder; u. a. 1784 1. Aufseher in Mozarts Wiener Loge »Zur Wohltätigkeit«
89. vgl. dazu Irmen, a.a.O., S. 335 f.
90. eine hochinteressante Ausnahme: Jan Assmann: Die Zauberflöte. Oper und Mysterium. Hierzu: S. 69 f.
91. laut Irmen, a.a.O., S. 307, machte eine fehlende Unterlänge des Fraktur-»p« in »japonisch« daraus das bis heute bekannte »javonisch«
92. Szenenanweisung im 1. Finale No 8, Takt 160 f
93. Hans Joachim Kreutzer: Die Krönung von Schönheit und Weisheit, S. 36
94. http://www.worldcat.org/title/k-k-der-freimaurer-und-ihr-hauptsymbol-flammender-stern/oclc/248805949
95. http://www.amazon.de/Flammender-Stern-Federica-Cesco/dp/3473520608
96. https://de.wikipedia.org/wiki/Flammender_Stern
97. Zweiter Aufzug, 1. Auftritt, Szenenanweisung
98. vgl. die Einführung von Helmut Reinalter in: Mozart und die geheimen Gesellschaften seiner Zeit, S. 13
99. Ingrid Mittenzwey: Zwischen Gestern und Morgen, S. 299
100. Constanze Mozarts Brief vom 27. Nov. 1799, zit. nach: Guy Wagner: Bruder Mozart, S. 176
101. 2. Finale No 21, Takt 190

102. 2. Finale No 21, ab Takt 745 ff.
103. 2. Finale No 21, ab Takt 830 ff.
104. Ein interessantes, gut recherchiertes und gut lesbares Fakten-Kompendium zum Thema »Mozart und Geld« findet sich auf der Website des Salzburger Tourismus-Portals: »In seiner ersten Wiener Zeit war Mozart sehr gefragt und brachte es zu großem Wohlstand. Davon zeugten die prächtige Wohnung im heutigen »Figaro-Haus« hinter dem Stephansdom, das eigene Reitpferd und die rauschenden Feste und Bälle. Mozart war in dieser Zeit ein gefeierter Pianist und umschwärmter Lehrer. (...) Ein festes Gehalt bezog Mozart ab Dezember 1787 als K.K. Kammermusicus – sein erster regelmäßiger Verdienst, seit er 1781 Salzburg verlassen hatte. Mozarts Finanzlage verdeutlicht, dass der Komponist verhältnismäßig gut leben konnte – mit einem Jahreseinkommen, das immerhin zwischen 2000 und 6000 Gulden betrug. (...) Viele haben seine Misere auf ein ausschweifendes Leben oder eine völlige Unfähigkeit, mit Geld umzugehen, zurückführen wollen, doch es kamen noch zwei weitere Faktoren hinzu: Zum einen bewegten sich Mozart und seine Frau in wohlhabenden Kreisen, und das in einer ohnehin teuren Stadt. Zum andern waren Mozarts Einkünfte von seinem Wohlbefinden und seiner Schaffenskraft abhängig. Die Verschlechterung seines eigenen Gesundheitszustandes und die ständige Sorge um seine kranke Frau Ende der 1780er Jahre riefen weitere Geldnöte hervor. Nach Mozarts Tod wurde das Vermögen des Verstorbenen genau errechnet: 500 Gulden standen dreitausend Gulden Schulden gegenüber – beim Schuster, Schneider und Apotheker. Die sechzig Gulden Bargeld im Haus erlaubten nur ein Begräbnis dritter Klasse." http://www.salzburg.info/pressetexte_rtf/pressetexte_deutsch/mozart/mozart-undgeld_0406.rtf
105. Tadeusz Krzeszowiak: a.a.O., S. 196 – 198
106. Mozart, Brief an den Vater, 7. Mai 1783. In: Salzburg, Internationale Stiftung Mozarteum, a.a.O., Bauer/Deutsch Nr. 745. Zit. nach: http://dme.mozarteum.at/DME/briefe/letter.php?mid=1313&cat=
107. Mozart, Brief vom 31. Juli 1782. In: Salzburg, Internationale Stiftung Mozarteum, a.a.O., Bauer/Deutsch Nr. 681. Zit. nach: http://dme.mozarteum.at/DME/briefe/letter.php?mid=1248&cat=
108. Egon Komorzynski, a.a.O., p 35
109. 1. Finale, Takt 370
110. 2. Finale, vor Takt 613
111. Quintett No 5, Takt 3 ff.
112. Terzett No 6, Takt 66
113. Finale 1 No 8, Takt 306 ff.
114. Finale 1 No 8, Takt 443
115. Quintett No 12, Takt 156 ff.
116. Finale 2 No 21, Takt 93 ff.
117. Finale 2 No 21, Takt 106
118. Finale 2 No 21, Takt 624 ff.
119. Finale 2 No 21, Takt 362: »man hört Feuergeprassel und Windgeheul, manchmal auch den Ton dumpfen Donners, und Windgeräusch« und Takt 774: »man hört dumpfen Donner und Wassergeräusch«
120. z. B. »sogleich wird ein heftig erschütternder Akkord mit Musik gehört«: Dialog 1. Akt, 5. Auftritt – »...dann ein Donnerschlag, das Feuer schlägt zur Tür heraus, starker Akkord« und »Donner, Feuer und Akkord wie oben«: Dialog 2. Akt, 22. Auftritt
121. Dialog, 1. Akt, 5. Auftritt, vor der No 4, der Auftrittsarie der Königin der Nacht: (Tamino:) »Kommt Mädchen! Führt mich! – Pamina sei gerettet! – Der

Bösewicht falle von meinem Arm; das schwör' ich bei meiner Liebe, bei meinem Herzen!« (sogleich wird ein heftig erschütternder Akkord mit Musik gehört) »Ihr Götter! Was ist das?« (Die Drei Damen:) »Fasse dich! …«

122. No 7, Takt 1, 4. Achtel bis Takt 2, 3. Achtel
123. diese Bezeichnung wird u. a. Rossini und Gounod zugeschrieben, aber erscheint seit der Frühromantik auch in schwärmerischen Rezensionen diverser Zeitschriften. Vgl z.B. »Berliner Allgemeine musikalische Zeitung«, Nr 23 v. 07. Juni 1824: »O göttlicher Mozart! Dir wollte ich nachstreben, ein zweiter Mozart werden!«
124. Eva Maria Ernst: Zwischen Lustigmacher und Spielmacher, S. 244
125. No 12, Takt 1
126. No 6, Takt 1 – 2
127. vgl. hierzu Michael Hampe: Opernschule, S. 79 – 81
128. No 4, Takt 1 – 11
129. No 2, Takt 1 – 26
130. Mozart, Brief an den Vater, 7. Feb. 1778. In: Salzburg, Internationale Stiftung Mozarteum, a.a.O., Bauer/Deutsch Nr. 419. Zit. nach: http://dme.mozarteum.at/DME/briefe/letter.php?mid=983&cat=
131. Hampe, Opernschule, a.a.O., S. 83
132. Introduktion No 1
133. Arie No 2
134. No 8 Finale 1, Takt 327 ff.
135. Franz Schubert, Heideröslein, D 257. Komponiert 1815
136. Arie No 3
137. Arie No 4
138. Quintett No 5
139. Duett No 7
140. Schiller, An einen Moralisten
141. Joseph II. hatte mit Nachdruck die Schaffung eines Deutschen Nationaltheaters betrieben, 1778 im Burgtheater das Deutsche Singspiel mit begründet und seit seinem Regierungsantritt 1780 die deutschsprachigen Bühnenwerke entscheidend gefordert und gefördert. Vgl. dazu: Tina Hartmann, Goethes Musiktheater, S. 273 f.
142. ebda., S. 283
143. http://www.bl.uk/manuscripts/Viewer.aspx?ref=zweig_ms_63_fs001r; f 29r
144. Charles Rosen, a.a.O., S. 254
145. The Cambridge Mozart Encyclopedia, S. 381
146. Christoph Wolff, a.a.O., S. 63
147. http://www.haydn107.com/index.php?id=21&pages=besetzung
148. KV 425
149. Mozart, Brief an den Vater vom 11. April 1781. In: Salzburg, Internationale Stiftung Mozarteum, a.a.O., Bauer/Deutsch Nr. 588.
Zit. nach: http://dme.mozarteum.at/DME/briefe/letter.php?mid=1154&cat=
150. Clemens Prokop, Mozart der Spieler, S. 129
151. http://operamrhein.de/de_DE/house/facts
152. Diese und die folgenden Angaben nach: Tadeusz Krzeszowiak, a.a.O., S. 159 f.
153. »Herr Schikaneder ist ein schön gebauter Mann, ein guter Schauspieler besonders in alten Soldaten Rollen, nur gar zu gerne verfällt er manchmal in das niedrig komische …« – Theaterjournal für Deutschland, Gotha 1782 bey Carl Wilhelm Ettinger, 19. Stück, S. 38. Zit. nach Krzeszowiak, a.a.O., S. 98
154. Diese Kunst hat sich übrigens in der Operette bis in unsere Zeit gehalten. Auch im süddeutschen »Schna-

dahüpfl« – Schikaneder stammte aus Straubing! – lebt die launige Stegreif-Erfindung von improvisierten Versen weiter. Hinweis von Jürgen Pelzer

155. Papagenos dritte Arie »Papagena, Papagena, Papagena …!« ist Teil vom Finale des 2. Aktes (No 21, Takt 413 – 543) und ist von allen die längste, facettenreichste und schwierigste.

156. Artikel »Benedikt Schack«, MGG/Personenteil, Band 14, S. 1155, rechte Spalte

157. Artikel »Benedikt Schack«, Verf. Peter Branscombe. In: The New GROVE Dictionary, Bd 16, S. 583, rechte Spalte

158. Vgl. dazu: Anton Schindler, Ludwig van Beethoven, S. 166 f. und 615. Ferner: Karin und Eugen Ott, Handbuch der Verzierungskunst in der Musik, S. 6

159. Brief von Ignaz von Seyfried an Georg Friedrich Treitschke von 1840 oder 1841: »… weil M: [Mozart] nie lange an dem nehmlichen Werke, u: überhaupt schnell arbeitete. Meistens schrieb er in Gerl's Wohnung, oder in Sch:s [Schikaneders] Garten, nur wenige Schritte am Theater; ich selbst war oft Gast an demselben Tische, u: hielt viele Proben im nehmlichen Salon, oder auf deutsch: Holzhütte.«
zit. nach: http://dme.mozarteum.at/DME/objs/raradocs/transcr/pdf/Doc1840c_1_mup.pdf

160. Oesterreichisches Musiklexikon – http://www.musiklexikon.ac.at/ml/musik_S/Schikaneder_Ehepaar.xml

161. Ignaz von Seyfried berichtet, die Ouverture »kam sogar noch in nassen Auflagparten zur Generalprobe«, Brief an Georg Friedrich Treitschke, a.a.O., zit. nach: http://dme.mozarteum.at/DME/objs/raradocs/transcr/pdf/Doc1840c_1_mup.pdf

162. W. A. Mozart, Verzeichnis aller meiner Werke, S. 96

163. zit. nach: Tadeusz Krzeszowiak, a.a.O., p 150

164. Ludwig von Köchel gibt in seinem 1862 erschienenen »Chronologisch-thematischen Verzeichniss sämmtlicher Tonwerke Wolfgang Amadé Mozart's« der »Zauberflöte« das KV (Köchel-Verzeichnis) 620, der »Clemenza di Tito« das KV 621. Das Köchel-Verzeichnis ist bis heute die international übliche Zählung von Mozarts Werken. Es folgt Mozarts Eintrag in seinem eigenen Kompositionsverzeichnis – diese bildet aber nicht immer die Chronologie ab

165. Ouverture »Entführung«, Andante ab Takt 119. Dieser Kunstgriff ist ein genialer: Das vorweggenommene Belmonte-Zitat steht in c-Moll, schafft dadurch einen wirkungsvollen Gegensatz zum C-Dur des Ouverturen-Presto davor und danach. Nach dem verklingenden Halbschluss der Ouverture bringt Mozart das Belmonte-Motiv nun wiederum als Arienvorspiel, aber in Dur – ein sehr wirkungsvoller Auftritt des Helden, und wie später in der »Don Giovanni«-Ouverture ein attacca-Übergang aus der Ouverture in die Handlung der Oper. Durch dieses »offene Ende« sind übrigens diese beiden Mozart-Ouverturen ohne einen nachkomponierten Schluss nicht für sich im Konzertsaal spielbar

166. Eine Ausnahme sind Rossinis später »Tell« und die Ouverture zu »Il Signor Bruschino«, hier beziehen sich die mit ihren Bögen auf die Pulte klopfenden Geigen direkt auf die Handlung: nämlich den später an der Terrassentür Einlass begehrenden Liebhaber. Der komische Operneinakter ist allerdings frühestens 1810 komponiert, zwei Jahrzehnte nach Mozarts Tod

167. wohl berühmtestes Beispiel für diese Praxis ist Rossinis »Barbière di Siviglia«. Vgl. Philip Gossett: Gioacchino Rossini, in: Gossett et al., Meister der italienischen Oper, S. 36

168. 18. Januar 1827. Eckermann, Gespräche mit Goethe, S. 198
169. exemplarisch Einstein, a.a.O., S. 438; Peter Gülke, Triumph der Tonkunst S. 89; und Giacomo Fornari, a.a.O., S. 70
170. KV 429: Kantate »Dir Seele des Weltalls«; KV 471: Kantate »Maurerfreunde«
171. Maurerische Trauermusik KV 477, Adagio und Fuge KV 546
172. so z.B. im Eintrag in das Stammbuch von Edmund von Weber (Halbbruder des Komponisten Carl Maria von Weber) v. 8. Jan. 1787 und in das Stammbuch von Johann Georg Kronauer v. 30. März 1787. Siehe Franz-Josef Irmen, a.a.O., S. 224 f.
173. KV 622
174. KV 581
175. Finale 1, No 8 »Zum Ziele führt dich diese Bahn«
176. No 8, Takt 102
177. No 8, Takt 131
178. Finale No 8, Takt 88-90
179. Finale No 8, Takt 100
180. Auch im »Don Giovanni« ist dieses Prinzip durchgehalten. Im Verständnis der damaligen Zeit wurde ein Musikstück »aus« dem Tonvorrat der Tonart geschrieben, ohne Rücksicht auf das Tongeschlecht, also unsere heutige Präzisierung in Dur oder Moll. Vgl. z. B. Mozarts Brief vom 9. Juni 1784, in dem er »3 Sonaten auf Clavier allein« ankündigt, davon »die erste ex C, die andere ex A und die 3. ex F«. Insofern ist der »Don Giovanni« quasi »ex D« geschrieben – dass der Beginn in d-Moll und das Ende in D-Dur stehen, tut der Geschlossenheit nicht nur keinen Abbruch, sondern verstärkt noch die dramatische Spannung der Opernhandlung.
181. so ist beispielsweise der Versuch mancher Wissenschaftler, auch Mozarts drei letzte Sinfonien – besonders die in Es-Dur KV 543 – als »Freimaurer-Sinfonien« zu deuten, hochgradig spekulativ. Vgl. Peter Gülke, a.a.O., S. 84 ff.
182. Igor Strawinsky: Musikalische Poetik, S. 213
183. Wagner, Die Meistersinger von Nürnberg, 3. Aufzug, 2. Szene
184. KV 477, aufgeführt November 1785
185. KV 465
186. Faksimile-Ausgabe der Zauberflöte, Bärenreiter Kassel 2009
187. genau mit dem Seitenwechsel im Autograph, No 8, Beginn von Takt 299 – Faksimile-Ausgabe der Zauberflöte, a.a.O., S. 186/187
188. Mozart, Brief v. 8./9. Oktober 1791. In: Salzburg, Internationale Stiftung Mozarteum, a.a.O., Bauer/Deutsch Nr. 1195. Zit. nach: http://dme.mozarteum.at/DME/briefe/letter.php?mid=1766&cat=
189. z. B. Matthäus 7, 7. Dieser Gedanke findet sich aber schon im jüdischen Tanach: Jeremiah 29, 13
190. in seiner 1784 erschienenen Schrift »Beantwortung der Frage: Was ist Aufklärung?«
191. In der originalen Szenenanweisung (No 8, zu Takt 82) klopft Tamino übrigens noch nicht bei den ersten beiden Pforten, sondern erst bei der dritten Tür – worauf sofort ein »alter Priester« erscheint und die Handlung ihren Fortgang nimmt.
192. No 3, Takt 1 f.
193. No 8, Takt 9 f.
194. No 8, Takt 353 f.
195. No 15, Takt 1 f.
196. No 21, Takt 1 f. und Takt 11 f.
197. No 8, Takt 511 f.

198. No 8, Takt 1
199. Ouverture, Takt 1 f.
200. No 8, Takt 395 f.
201. No 21, Takt 190 ff.
202. Terzett No 19, Takt 69, ab 2. Viertel, mit staccato-Keilen
203. In verblüffend ähnlicher Weise verwendet der bekennende Mozart-Fan Richard Strauss in seinem »Rosenkavalier« (1911) die tropfenden Uhrenschläge als Zeichen für die unerbittlich verstreichende Zeit. Im »Zeit-Monolog« der Marschallin (»Die Zeit, die ist ein sonderbar Ding«, 1. Akt) sind nach den Worten »Manchmal steh' ich auf/mitten in der Nacht/und laß' die Uhren alle, alle stehn« (bei Studierziffer 311) deutlich die Stundenschläge im Orchester zu hören. Das Publikum begreift die Zeit-Symbolik, ironischerweise notiert Strauss jedoch dreizehn Uhrenschläge (»jetzt schlägt's Dreizehn«) – ein vom Publikum nicht wahrzunehmender Gag, der genauso wie die Manostatos-Stelle der Zauberflöte nur dem einsamen Tastaturglockenspiel-Spieler Vergnügen bereitet. Strauss war ein guter Kollege.
204. Novalis, Schriften, Band 1, S. 147
205. Bindel, Die geistigen Grundlagen der Zahlen, S. 122
206. Goethe, Faust 1, Studierzimmer, Vers 1533
207. http://freimaurer-wiki.de/index.php/Traktat:_Die_vielen_'Lichter'_der_frühen_Freimaurerei
208. Dialog 2. Akt, 6. Auftritt
209. No 8, Takt 160 ff.
210. 2. Akt, Dialog im 17. Auftritt. Eine der vertrackten Stellen, an der Mozart szenische Musik vorschreibt (»Tamino bläst auf seiner Flöte«) ohne uns zu verraten, welche Noten. Oft wird hier bequemerweise die Flötenmelodie aus der »Orpheus-Stelle« im 1. Akt gespielt – kompletter Nonsens, da diese Melodie in ganz anderem Kontext steht und andere Bedeutung hat. Besser ist es, Tamino – den Orchesterflötisten – hier die Melodie der Bildnisarie spielen zu lassen, mit der er zuerst an Pamina gedacht hat.
211. No 21, »Marsch« T. 362 ff.
212. No 21, Takt 325 ff.
213. vgl. dazu das Kapitel »Sex, Sexte, Terz und Fünf« in: Joachim Ernst Behrendt, Das Dritte Ohr, S. 206 ff.
214. No 1, Takt 18
215. No 4, Takt 11
216. No 21, Takt 426 f.
217. No 4, Takt 64 f.
218. No 8 Takt 375 f
219. No 21, Takt 362 f.
220. No 16, Takt 1
221. No 19, Takt 1 ff.
222. No 21 Takt 391 f.
223. mit der Spitze nach oben mit positiver Bedeutung, zeigt die Spitze nach unten, verkehrt sich die Bedeutung ins Gegenteil – als »Druidenfuß«. Diese Konnotation (durch Goethes Faust, 1808) war allerdings zu Mozarts Zeit noch unbekannt. Hinweis von Klaus Bettag
224. Finale 1 No 8, Takt 16 – 18
225. vgl. hierzu http://www.masonic-lodge-of-education.com/letter-g.html
226. Partitur, 2. Aufzug, 20. Auftritt.
227. 2. Aufzug, vor No 9, dem Priestermarsch: »18 Sitze von Blättern; auf jedem Sitze steht eine Pyramide …«
228. 15 Bläser, Pauken und 5 Streichergruppen
229. 2. Finale No 21, T 830 ff
230. Genesis 8, 22
231. Goethe, »Ginkgo biloba«. Aus: West-Östlicher Divan

232. 1. Könige 7, 15 – 22
233. Diesen Fehler, Sarastro und die Königin als gescheitertes Liebespaar zu sehen, macht u.a. neben Ingmar Bergman in seinem unzweifelhaft sehr poetischen Opernfilm auch Catherine Clément, a.a.O.: »… you will be able to hear the violence of a family quarreling over a daughter« S. 71; (…) »These two, the Queen of the Night and Zarastro, no doubt loved each other once« S. 73; (…) »… about their parents' divorce to make them lose heart. Zarastro and the Queen of the Night: a real couple, full of hate, arguing over their baby girl.« S. 75. Hier verstellt die feministische Voreingenommenheit sogar die saubere Textrecherche: »Zarastro carved it [the flute] from an oak one stormy night« ist schlicht falsch. Siehe Paminas Erzählung in No 21, Takt 315 ff.: Die Flöte wurde von Paminas Vater geschnitzt, der ist aber eben nicht Sarastro.
234. Dialog, zweiter Aufzug, 8. Auftritt.
235. No 21, Takt 315 ff.
236. Robert Donington, a.a.O., S. 68
237. Arie No 15
238. 1. Akt, Finale No 8, Takt 437 ff.
239. 1. Akt, Finale No 8, Takt 121 ff.
240. Wolfgang Hildesheimer: Brief an Rainer Riehn, in: Metzger/Riehn, a.a.O., S. 71 f.
241. Clément, a.a.O., S 74
242. Dialog 1. Akt, 5. Auftritt
243. Arie No 4, Takt 32 ff
244. Quintett No 12, Takt 1 – 17
245. Quintett No 12, Takt 54 – 69
246. Quintett No 12, Takt 1 – 3
247. Mozarts Wahl der Tonart G-Dur in seinen Opern scheint musikalisch immer wieder bewusst einen bukolischen, volkstümlichen Charakter der jeweiligen Szene zu unterstützen – am deutlichsten in den Bauernchören wuselnder Plebejer: im frühen Idomeneo (No 3, »Godiam la pace«) genauso wie später im 2. Akt des "Figaro" (No 8+9, »Giovani lieti«) und besonders beim Auftritt von Zerlina und Masetto mit Chor im Don Giovanni (No 5, »Giovinette che fate all'amore«). Bezeichnenderweise stehen alle diese Chöre in derselben Tonart G-Dur, die Mozart später in der Zauberflöte für die Papageno-Szenen wählen wird.
248. C. G. Jung: Der Mensch und seine Symbole, S. 79
249. Jolande Jacobi, Die Psychologie von C. G. Jung, S. 56
250. Byung-Chul Han, Duft der Zeit, S. 19
251. ebda., S. 20 f.
252. Immanuel Kant, Was ist Aufklärung?, S. 20-22.
253. vgl. hierzu: Andrew Porter: Giuseppe Verdi. In: Gossett, a.a.O., S. 256 f.
254. und zwar gleich zweimal ein tiefes D (eine Terz tiefer als das tiefe F Sarastros): in der Arie »O, wie will ich triumphieren« No 19, Takt 62 und Takt 183 – 190 (7 Takte lang, da kann man nicht mogeln!)
255. »zur Liebe will ich dich nicht zwingen, - doch …« No 8, Takt 422
256. E-Dur ist generell in Mozarts Meisteropern eine äußerst seltene Tonart für eine Arie. Ansonsten kommt sie seit 1782 nur noch in »Così fan tutte« vor: No 25, Fiordiligis Arie »Per pietà, ben mio, perdona«. Diese ist übrigens (bis in die Tonart und Instrumentenbehandlung – Hörner!) direkte Inspiration für Beethovens große Leonoren-Arie im »Fidelio« und Webers Agathen-Arie im »Freischütz«
257. Einstein, a.a.O., S. 439
258. No 3, Takt 28
259. No 7, Takt 36 ff.
260. No 21, Takt 147 ff.

261. No 21, Takt 855
262. 2. Akt, Finale No 21, Takt 315 ff.
263. Erich Neumann: Archetypische Symbolik des Matriarchalischen und Patriarchalischen in der »Zauberflöte«, in: Attila Csampai, a.a.O, S. 238
264. 2. Akt, Finale No 21, zu Takt 819 ff.
265. 2. Akt, Finale No 21, Takt 267 ff.
266. No 21, Takt 278 ff.
267. No 16, Takt 22
268. Finale 1. Aufzug, No 8, Takt 149 f.
269. C. G. Jung, a.a.O., S 31
270. Textbeginn der Sarastro-Arie No 10
271. C. G. Jung, a.a.O., S. 183
272. C. G. Jung, a.a.O., S. 72
273. Das große alchemistische Ideal der Rosenkreuzer
274. Duett No 7, Takt 33 – 48
275. Goethe, Zueignung
276. Goethe, Faust 1, Studierzimmer
277. Goethe, Faust 1, Osterspaziergang
278. Mozart, Brief an Constanze v. 7./8. Oktober 1791. In: Salzburg, Internationale Stiftung Mozarteum, a.a.O., Bauer/Deutsch Nr. 1193. Zit. nach: http://dme.mozarteum.at/DME/briefe/letter.php?mid=1764&cat=
279. Mit diesem Verfahren, den Notentext mit freimaurerischer Symbolik aufzuladen, ohne dass dies offensichtlich hörbar sein muss, steht Mozart in seiner Zeit nicht allein. So findet sich beispielsweise im Schaffen des kurfürstlich-sächsische Hofkapellmeisters Johann Gottlieb Naumann (1741–1801) umfangreiche Freimaurermusik, die ein ähnliches Repertoire an masonischen Anspielungen bringt: punktierte, klopfende Rhythmen, die prominente Dreizahl in Taktart und Melodiebildung, und – siehe da – eine Ritualkomposition »Die [Bruder-]Kette« mit exakt 33 Takten Länge. – Wir erläutern: Jesus wurde 33 Jahre alt, die 33 Freimaurer-Grade des »Schottischen Ritus« entstanden nur ein Jahrzehnt nach der Entstehung der Zauberflöte. Vgl den Aufsatz »Johann Gottlieb Naumann – Freimaurerische Musik aus Dresden« von Dr. Kornél Magvas in HUMANITÄT, Das Deutsche Freimaurer-Magazin, Hrsg. Hannes Brach, Leipzig, 42. Jahrgang, Nov./Dez. 2016, S. 18-21. Hier: S. 20
280. Dass Mozart in seinem eigenhändigen Werkverzeichnis über die »teutsche Oper« vermerkt »in 22 Stücken« (»Verzeichnis«, a.a.O., S. 96), also die Ouverture mitzählt, zeigt, wie viel Bedeutung er dem Symbolgehalt dieser Opernouverture bereits im Juli 1791 für die Gesamtkonzeption zumisst. Die Zahl 22 ist kabbalistisch: es ist die Gesamtzahl der Buchstaben im hebräischen Alphabet. – Trotzdem begann er die Komposition der Zauberflöte mit der No 1 (nämlich nicht mit der erst spät nachkomponierten Ouverture! vgl. Anm. 161). Die No 7, das Duett Pamina-Papageno, war eben so oder so die im Ablauf für die 7. Stelle komponierte Musiknummer.
281. Irmen, a.a.O., S. 306: »In Wahrheit schuf er (Mozart) (…) ein variables System, mit dem er – in gewissen Grenzen – jede gewünschte Zahl darstellen konnte, ohne daß er (…) auch nur einen einzigen Ton seiner Komposition ändern mußte.« – Die Akribie, mit der Irmen Belege für diese These zusammenträgt, ist bewundernswert. Ob man ihm in allen seinen Schlüssen folgt, mag jeder selbst entscheiden; die Reduktion Mozarts auf einen verschlüsselungstechnischen Supercomputer wird nicht jeder teilen. Es muss nicht alles etwas bedeuten. Das, was klar und ohne allzu große gedankliche und mathematische Verrenkungen etwas bedeutet, ist beeindruckend genug.

282. Wir sind uns im Klaren darüber, das eine vollständige Diskussion des Textbuches zur Zauberflöte auch Untersuchungen zur evtl. Autorschaft Carl Ludwig Gieseckes umfassen muss – wie Mozart und Schikaneder war auch er Freimaurer, Mitbruder Mozarts in dessen Wiener Loge. Er erhob nach Mozarts Tod Anspruch auf die Urheberschaft des Zauberflöten-Textbuches. – Diese Diskussion sprengte den Rahmen dieser Studie, die Erkenntnisse haben nur geringsten Einfluss auf unsere primär musikalischen Fragestellungen. Wir verweisen Interessierte auf entsprechend fokussierte Literatur.

283. Giacomo Fornari, a.a.O., S. 73

284. Robert Donington, a.a.O., S. 75: »And when Sarastro sings now that ›the rays of the sun dispel the night‹, is not this the oldest of images for the consciousness which sets us apart from other animals …?«

285. Robert Donington, a.a.O., S. 67

286. Thamos, KV 345, Musik zum 2. Aufzug, Takt 1 ff.

287. auch die in der Klassik sehr seltene Klangfarbe der gedämpften Pauken (wie an dieser Stelle auch die Trompeten »con sordini«, Beginn des 1. Finales No 8, Takt 1 – 38) findet sich bereits im »Thamos«: dort in der No 7 »Ihr Kinder des Staubes«, dem Finale des Werkes

288. Finale 2 No 21, Takt 855 ff.

289. Goethe, Faust 1, Studierzimmer, Vers 534

290. Mario Livio: Ist Gott ein Mathematiker?, S. 286

291. Erich Fromm, Haben oder Sein, S. 145

292. Jan A. M. Snoek: Initiating Women in Freemasonry. – Einige von uns willkürlich herausgegriffenen Beispiele aus seiner Chronologie von S. 389/390: »1783 L'Adoption, ou la Maçonnerie des Dames«; »1785–Stendal MS Der angenomenen Frei=Mäurerey oder der Frei=Maurerey der Damen (Rituels of the lodge in Stendal)«; 1786 MS »Statuts pour les Dames Maçonnes … et Réception … [de la] Loge La Candeur« Paris; »1791 Free Masonry for the Ladies; or the Grand Secret Discovered, (…) [London]«

293. vgl hierzu: ebda., S. 165: »During the second half of the 18th century, Adoption lodges were not only popular in France, but also in other European countries and their colonies. Often one used the French language rituals there too, and in two cases French rituals were even published outside France (…). But sometimes translations were made. I mentioned above already the translations of La Maçonnerie des Femmes, Londres [= Paris?] 1774 [Ado1774a] into German in 1775, Dutch in 1778, and again German in 1783.« Weiterhin a.a.O., p 414: »Maçonnerie d'Adoption (GON 123.C.49) is officially estimated to be from ca. 1780 as well.«

294. ebda., S. 166: »The rituals contained in this manuscript turn out to be a translation of those in L'Adoption, ou la Maçonnerie des Femmes, en trois grades (…) They are those, as they were in use in 1793 in the lodge ›Zur gekrönten Hoffnung‹ in Vienna.«

295. ebda., u.a. S. 400/401: »Loge d'Adoption en Quatre Grades Savoir Apprentisse, Compagnone, Maitresse et Parfaite (…) belongs to the Clermont tradition.« (…) »Even more unusual for early manuscripts is that it has no less than 18 times the fivepoint ⁙!«; weiterhin: a.a.O., p 414: »Maçonerie d'adoption. Ap[renti]ve 1er gr[a]de ⁙« in: Chansons des Apprentis (…). »This undated ritual of the first degree is very close to Ado1765c and Ado1785a, both belonging to the Grand Orient tradition.« Auch a.a.O., S. 390: »1785c MS »Maçonerie d'adoption. Ap[renti]ve 1er gr[a]de ⁙«

296. weiterführend hier: Christel Köhle-Hezinger, Martin Scharfe, Rolf Wilhelm Brednich (Hrsg.): Männlich. Weiblich. Zur Bedeutung der Kategorie Geschlecht in der Kultur, darin insbes.: Sabine Kübler: Rosenfreunde. Im dornigen Dickicht von Natur, Dilettantismus und Geschlecht, S. 517
297. zwei Beispiele aus dem katholischen Gesangbuch »Gotteslob«: »Sagt an, wer ist doch diese/die auf am Himmel geht, (…) Sie kommt hervor von ferne/es schmückt sie Mond und Sterne/die Braut von Nazaret. – Sie ist die reinste Rose/ganz schön und auserwählt/die Magd, die makellose, die sich der Herr erwählt (…)« GL Nr 531, S. 565 – »Es ist ein Ros' entsprungen/aus einer Wurzel zart/(…) – Das Röslein, das ich meine, davon Jesaja sagt/ist Maria, die reine/die uns das Blümlein bracht (…)« GL Nr. 243 S. 336.
298. Jacques Chailley: La Flute enchantée. Opéra maçonnique, S. 188
299. Takt 97 ff.
300. Andante-Mittelteil ab Takt 119, mit dem Belmonte-Zitat
301. ab Takt 8 mit dem Motiv »Così fan tutte«, aus der letzten Nummer vor dem Finale 2. Akt
302. ganze Andante-Einleitung der Don Giovanni-Ouverture bis Takt 30, die den Auftritt des Commendatore im Finale 2. Akt vorweg zitiert
303. diese Technik, die Ouverture thematisch sich auf die dann folgende Opernmusik beziehen zu lassen, ist für lange Zeit das »Markenzeichen« der deutschen Opernkomponisten (s. S. 53). In die italienische Oper übernimmt es erst Verdi regelmäßig, z.B. in »Nabucco«, »Rigoletto«, »Traviata«, »Aida« u.a.
304. und zwar sämtlich im 2. Aufzug. Zunächst im Dialog der 1. Szene vor No 10, der »Isis«-Arie Sarastros. Dann sofort nach dem Quintett No 12 »Wie, wie, wie« (»dann fängt der dreymalige accord an«); und ein drittes Mal in der 19. Szene, direkt vor dem Priesterchor No 18 (»dreimaliger Posaunenton« während des Dialoges).
305. 1. Akt Larghetto Takt 395 f. des 1. Finales No 8, gleich nach Sarastros erstem Auftritt; dann nach der Chorzeile »Es lebe Sarastro… er lohnet und strafet in ähnlichem Kreise« Takt 511 f; dann der prägnante Trochäus des Mottobeginns im Finale des 2. Aktes zu Beginn der Geharnischten-Szene, Adagio Takt 190 ff. – Hier wird das Fünftonmotiv erst im übernächsten Takt (Takt 192, letzte zwei Noten) »komplettiert« und durch musikalische Einschiebung zu einer melodischen Figur von neun Tönen (!) erweitert. Die Rahmentöne des Mottos sind hier in der Harmonisierung der »Thamos«-Frühform (in Moll). Gleichzeitig dreitaktige Melodiebildung und neun spielende Bläser (sic!). Weiter No 21, Takt 807 f. in den 1. Violinen, vor »Zerschmettert, zernichtet ist uns're Macht« des Rachequintetts; ein weiteres Mal dann Takt 822 ff. vor Sarastros »Die Strahlen der Sonne …«
306. Chailley, a.a.O., S. 188: »la batterie de Cinq accords de l'initiation féminine«
307. Chailley, a.a.O., S. 188: »la triple batterie des Trois accords de l'initiation masculine«
308. Finale No 8, Takt 518 f. in Posaunen und Chor der »maskuline« Dreierrhythmus der »Drey Accorde« (»Wenn Tugend«), direkt folgend T 520 f der »feminine« Fünferrhythmus des Ouverturenmottos (»und Gerechtigkeit«).
309. Finale 2 No 21 Takt 822, ab 3. Viertel in allen Bläsern, Pauken und tiefen Streichern der »maskuline« Dreierrhythmus, simultan (!) in 1. + 2. Violine der »femi-

nine« Fünferrhythmus. Bei letzteren ein triolischer Vorschlag, der in der Notenschrift die Vorzeichnung der arabischen Ziffer 3 fordert.

310. Dialog 2. Aufzug, 1. Auftritt, vor No 10
311. Chailley, a.a.O., S. 266: »Mais cette fois ›homme‹ traduit Mensch et non Mann: il s'agit de l'humanité et non plus de la lutte des sexes.«
312. Vincenzo Petracca, Zahlenmystik und Gematrie, S. 240
313. herzlichen Dank an Klaus Bettag, dem ich diesen Hinweis und viele weitere wertvolle Anregungen verdanke!
314. Bindel, a.a.O., S. 232 f.
315. Die hebr. Wurzel »–jah« als Kurzform des Gottesnamens ist Bestandteil vieler biblischer Namen und Begriffe, z. B. »Elijah« (»mein Gott ist Jah-«); »Jeremijah« (»den Jah- erhöht«); »Jesajah« (»Jah- hilft«); »Malchijah« (»mein König ist Jah-«); »Obadjah« (»Diener Jah-'s«); »Abijah« (»mein Vater ist Jah-«); »Hallelujah« (»lobt Jah-«) usw.
316. vgl. das Langenscheidt Taschenwörterbuch Hebr.-Deutsch 1912, S. 91, unter Buchstabe »Thet«
317. eine kleine Auswahl aus dem Wiener Umfeld zur Mozart-Zeit: Anton von Scharf »Über die Kabala der Hebräer« 1782; Ignaz von Born »Über die Mysterien der Ägyptier« 1784; »Über die Mysterien der Indier« 1783; Carl L. Reinhold »Die hebräischen Mysterien« 1788 – vgl. dazu Markus Meumann, Zur Rezeption antiker Mysterien im Geheimbund der Illuminaten, in: Monika Neugebauer-Wölk, Holger Zaunstöck (Hg): Aufklärung und Esoterik. Studien zum 18. Jhdt. Hamburg S. 288 – 304. Zit. nach: http://www.izea.unihalle.de/cms/fileadmin/documents/forschergruppe/materialien/aufsaetze/meumann_mysterien.pdf. Weiter auch: Jan Snoek, Einführung in die Westliche Esoterik, S. 234, und S. 253
318. Mario Livio, a.a.O., S. 289
319. Gut verständliche Darstellung des Goldenen Schnitts im Makrokosmos: www.klauspodirsky.at/pdf/Info3_Artikel_Der_Kosmos_ein_Lebewesen.pdf.
Eine lesenswerte Abhandlung über die Goldene Spirale in der Natur mit Beispiel u. a. des Nautilus unter http://www.mathe.tu-freiberg.de/~hebisch/spiralen3/goldenespirale.htm
320. Priya Hemenway: Der geheime Code, S. 140.
321. zit. nach: ebda, S. 91. – Englisches Original: »Once organic character is achieved in the work of Art, that work is forever. Like sun, moon, and stars, great trees, flowers and grass it is and stays on while and wherever man is.« In: Frank Lloyd Wright, An Autobiography, S. 423. Der Architekt Wright formuliert diesen Satz übrigens bezogen auf Beethovens Musik (!)
322. Wittgenstein, Vermischte Bemerkungen, S. 75
323. ebda., S. 25
324. Frank Lloyd Wright, a.a.O., S. 423.
325. Joachim Ernst Behrendt, Nada Brahma 1983
326. Joachim Ernst Behrendt, Das Dritte Ohr 1985
327. Hans Küng, Der Anfang aller Dinge, S. 30
328. Langenscheidt Grund- und Aufbauwortschatz Griechisch, S. 46. Hans Küng entfaltet die Bedeutungen weiter: »Das griechische Wort ›Kosmos‹ hat eine lange Geschichte. Es meint ursprünglich ›Ordnung‹: früheste Erwähnung bei Homer im 8. Jh. v. Chr. für das geordnet aufgestellte Heer. Dann ›Schmuck‹: erstmalig belegt bei Pythagoras im 6. Jh. v. Chr. Schließlich um die Zeitenwende ›Harmonie‹, bezogen auf das Weltall (...), Kosmos als Gegensatz zum Chaos.« Küng, a.a.O., S. 15
329. Joachim Ernst Behrendt, Das Dritte Ohr, S. 213

Der Autor

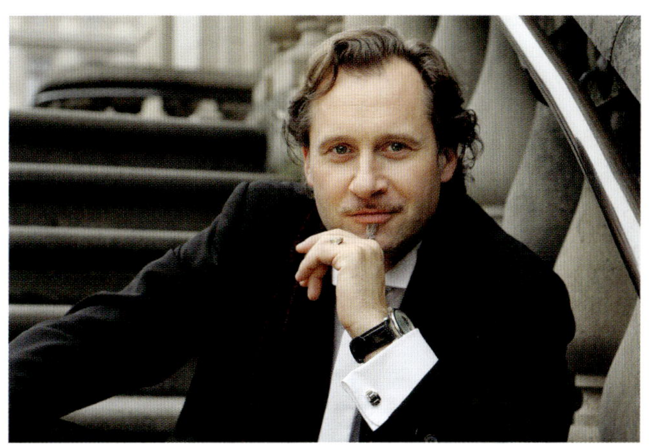

Ekhart Wycik gilt als einer der vielseitigsten Dirigenten seiner Generation. Geboren in Hagen/Westfalen, studierte er Dirigieren, Musikwissenschaft und Philosophie »mit Auszeichnung« in Düsseldorf und Wien. Seitdem arbeitete er zunächst an verschiedenen Deutschen Operntheatern, später auch mit Symphonieorchestern im In- und Ausland. Bis heute stand er in mehr als 800 Vorstellungen in Oper und Konzert am Pult, sein Opernrepertoire umfasst mehr als 70 dirigierte Werke.

Seit langem ist er auch auf dem Gebiet der Musikvermittlung erfolgreich – am Anfang mit selbst moderierten Jugendkonzerten, dann als Rundfunkmoderator, in Interviews, Coachings, Programmheftbeiträgen und Vorträgen. Nach Lehraufträgen an den Musikhochschulen Saarbrücken, Köln und Düsseldorf wurde er im Oktober 2016 zum Professor für Orchesterdirigieren an die *Hochschule für Musik* Franz Liszt Weimar berufen.

Mozarts *Zauberflöte* begleitet ihn während seiner gesamten Karriere – als Musiker und als Mensch. Keine Oper hat er öfter dirigiert, einige seiner neun kompletten Neuproduktionen dieses Werks im In- und Ausland wurden von der internationalen Fachpresse mit Preisen ausgezeichnet, so von *theater pur* (Deutschland), dem britischen *Guardian* und *operaclick* (Italien).

www.ekhartwycik.com
www.redner.de/redner/132-ekhart-wycik.html

Dank

Gewidmet ist diese Arbeit meinen drei Vätern Rudolf Wycik, Prof. Hans Kast und Klaus-Dieter Brandtmann: dem leiblich-geistigen, dem dirigentischen und dem masonischen. Durch sie bin ich der geworden, der ich bin.

Der erste Dank gilt Laurie Gibson, meiner Frau: ohne sie hätte ich die »Dreipunktebrüder« nicht so früh, in idealer Konstellation und genau im richtigen Moment kennengelernt …

Dann Franz-Josef Granzeuer, Gerhard Weidemann und meinen ehemaligen Lehrern am Albrecht-Dürer-Gymnasium Hagen für die Heranführung an die wichtigsten Fertigkeiten des mündigen Menschen: Staunen, Zweifeln, Fragen.

Cornelius Rinne für seine geduldig gestaltende Arbeit an meinen Tafeln. Als Nicht-Musiker einen Musiker auf musikalischem Gebiet zufriedenzustellen: keine leichte Aufgabe!

Bastian Salier für den verlegerischen Mut, ein Buch mit doppeltem Nischenthema herauszubringen: Klassik und Freimaurerei.

Roman Reckling für unzählige überfallartige Hilfssitzungen: Keynote, Notensatz und IT-Krisen.

Prof. Jan Snoek für spontanen Zuspruch auf einer Forschungstagung und die Erkenntnis, dass hier wirklich viel interessanter musikalischer Kram zusammengesammelt wurde (der sich mit seinen wissenschaftlichen Erkenntnissen deckte).

Jürgen Pelzer, Prof. Giacomo Fornari und Klaus Bettag für geduldiges Lesen, die richtigen Ansprechpartner in Archiven und viele viele anregende Gespräche...

Thank you so much, Simon Higlett, for giving me the sketch from our *Magic Flute* production at Scottish Opera as a present. Now this piece of art will be shared with many readers.

Der Forschungsvereinigung »Frederik« für die großzügige Unterstützung dieses Buchprojekts.

Dem Bärenreiter-Verlag und der Stiftung Preußischer Kulturbesitz Berlin für die Hilfe bei der Beschaffung und Überlassung ansehnlicher Dateien aus dem Urtext und Mozarts Autograph.

… und den vielen, vielen Musikerinnen und Musikern, mit denen ich Mozarts Meisterwerk in den vergangenen zwei Jahrzehnten musiziert, diskutiert und gestaltet habe: in Deutschland, Korea, Großbritannien, Italien und den USA.

Ekhart Wycik, im November 2016

Abbildungsverzeichnis

Ekhart Wycik/Cornelius Rinne: *16, 19, 45, 47, 62, 66/67, 78, 83, 84, 99, 102, 106, 112, 115, 123 (li.), 125, 129, 141, 147, 149, 151, 152*

Bärenreiter-Verlag Karl Vötterle GmbH & Co. KG (Klavierauszug Urtext und Partitur *Die Zauberflöte*, Kassel 1970): *93 (2), 94 (4), 95 (6), 102 (3), 103 (6), 106 (li.), 109 (2), 110, 112, 119, 130, 133, 138, 139, 147*

Staatsbibliothek zu Berlin – Preußischer Kulturbesitz, Musikabteilung mit Mendelssohn-Archiv (Autograph *Die Zauberflöte*): *46, 51 (3), 60, 76, 89, 90, 91, 125, 133, 155*

bpk-Bildagentur/Kupferstichkabinett SMB/Jörg P. Anders: *10*

bpk-Bildagentur/Centre Pompidou - Musée national d'art moderne - Centre de création industrielle, Foto: Philippe Migeat/ADAGP, Paris: *32*

F. Harper Collins Publishers/P. Craig Russell: *51 (li.)*

Landesmuseum Mainz: 21, 81

Freies Deutsches Hochstift/Frankfurter Goethe-Museum, Foto: David Hall: *123 (re.)*

IMAGNO brandstaetter images GmbH/Wien Museum: *7*

IMAGNO brandstaetter images GmbH/Austrian Archives/Gesellschaft der Musikfreunde, Wien: *8*

IMAGNO brandstaetter images GmbH/Austrian Archives: *73*

Roman Reckling: *37, 95*

Cornelius Rinne: *14, 79 (2)*

Ekhart Wycik: 97 *(Privatbesitz), 177*

Salier Verlag Leipzig: *12, 25, 53, 56, 70*